Cartas marruecas
Noches lúgubres

Letras Hispánicas

José Cadalso

Cartas marruecas
Noches lúgubres

Edición de Joaquín Arce

DECIMONOVENA EDICIÓN

CATEDRA

LETRAS HISPANICAS

Ilustración de cubierta: Mauro Cáceres

© Ediciones Cátedra, S. A., 1998
Juan Ignacio Luca de Tena, 15. 28027 Madrid
Depósito legal: M. 22.132-1998
ISBN: 84-376-0145-2
Printed in Spain
Impreso en Huertas, S. A.
Fuenlabrada (Madrid)

Índice

NOCHES LÚGUBRES

Introducción

Vida y obras de Cadalso: Visión de conjunto

Formación cosmopolita

De familia de ricos comerciantes, por parte de su abuelo materno y de su mismo padre, nació José Cadalso y Vázquez en Cádiz, el 8 de octubre de 1741. La familia, sin embargo, procedía por línea paterna del señorío de Vizcaya, donde era tenida por noble. La madre murió, según confiesa el propio Cadalso, a consecuencia del parto, y el padre, ausente por negocios en América, iba a tardar casi trece años en conocer al niño. Tuvo que encargarse de su educación un tío jesuita, el padre Mateo Vázquez, hombre de letras que llegó a ser rector del Colegio de jesuitas gaditano. Él fue quien envió al futuro escritor, ornado desde entonces con esta aureola europeizante, a estudiar a Francia, al Colegio de Luis el Grande, de París, también de jesuitas, famoso a mediados del siglo XVIII por el nivel de sus estudios y la calidad de sus alumnos. Cuenta el mismo Cadalso en sus *Apuntaciones autobiográficas,* hasta hace muy poco desconocidas y que aquí tendremos en cuenta en esta semblanza, que llegó al Colegio de nueve años, cuando estaba a su frente el padre Latour, protector de Voltaire en su incorporación a la Academia.

Vuelto el padre de Indias, desembarcó en España y se dirigió a París a conocer a su hijo. Y ansioso siempre de nuevos ambientes, se fue después a Inglaterra, donde tanto se entusiasmó, que llamó con él a Londres al educando, que también llegó a hacerse con el idioma inglés. Tras otro año de estancia en París, pasando por Holanda, regresó por fin a España el muchacho cosmopolita, entrando en un país, según declara, que le era «totalmente extraño», ya que «lengua, costumbres, traje, todo era nuevo para un muchacho que había salido niño de España y volvía a ella con todo el desenfreno de un francés y toda la aspereza de un inglés».

Estudios españoles y vuelta al extranjero

. Temeroso el padre de que tan prolongada estancia fuera de España hubiera relajado en el muchacho sanos hábitos tradicionales, le hace ingresar en el Real Seminario de Nobles de Madrid, previa la correspondiente información de nobleza de su apellido. Así, Cadalso se convierte en un joven elegante, a la moda, de educación refinada y con una preparación lingüística no frecuente; dotado, en suma, de una cultura, ampliada poco después con nuevos viajes, más extensa que profunda, como derivada de un directo contacto con mundos diversos. Empieza a sentir por entonces la vocación militar, a la que su padre se oponía. Por ello después de llevarle a Cádiz para divertirse, le hace atravesar nuevamente la frontera. Entre los dieciocho y los veinte años vivió de nuevo en París y Londres, dedicándose a comprar «los mejores libros» que podía, hasta que le llegó noticia de la muerte de su padre, ocurrida en Dinamarca (1761). Tuvo entonces que regresar a España y, alistándose voluntario en el Regimiento de Caballería de Borbón, intervino en la campaña de Portugal, en 1762. Su carrera militar, juzgada desde sus aspiraciones, fue lenta en el ascenso. En 1764 logra el grado de capitán, para lo que tuvo que aportar cincuenta caballos. Es ésta una etapa que le va situando en la Corte: relaciones con la nobleza, amoríos y vida social, contactos con personajes literarios. En Alcalá conoció, en 1766, a Jovellanos, que nos dice que el «ingenio» de Cadalso era «ya entonces celebrado» y que él mismo empezó a dedicarse a la poesía «quizá aguijado / de tan ilustre ejemplo». En el mismo año, el militar-poeta se armó caballero de la Orden de Santiago, pudo contemplar directamente el motín de Esquilache —en el que salvó la vida al general irlandés conde de O'Reilly— y entró en relación con el nuevo ministro de Carlos III, el conde de Aranda. Aranda acababa de ser nombrado, al ser destituido Esquilache para la presidencia, Presidente del Consejo de Castilla, que era el Tribunal Supremo encargado de la administración de la justicia y de la gobernación del Reino. Y como presidente del Consejo, le correspondió poner en ejecución la pragmática de expulsión de los jesuitas (1767), los cuales seguían manifestando por su antiguo alumno, José Cadalso, más aprecio del que probablemente él sentía hacia ellos en estos momentos finales de la permanencia en España de la Compañía.

Vida social y destierro

Con gran escándalo de la nobleza y de encopetadas damas de la corte, circuló por Madrid un libelo titulado *Calendario manual y Guía de forasteros en Chipre,* parodia de la Guía común de forasteros, donde se hacía una descripción de las costumbres amorosas típicas de la sociedad dieciochesca, conocidas con el nombre de cortejos. El público, confiesa el mismo Cadalso, «me hizo el honor de atribuírmelo, diciendo que era muy chistoso». Como consecuencia de ello, tuvo que salir desterrado de Madrid a Zaragoza, «empeñado, pobre y enfermizo», al finalizar el mes de octubre de 1768. Ya había empezado por entonces a frecuentar los salones de la condesa-duquesa de Benavente en el tan dieciochesco placer de las tertulias y la grata conversación. No se olvide que en las mismas *Cartas marruecas* el personaje Nuño, que es trasunto del autor, confiesa haber tenido «algunas temporadas de petimetre», es decir, de jovenzuelo afectádo y

15

a la moda; e incluso ya antes de los veinte años, cuando Cadalso estudiaba en el jesuítico Real Seminario de Nobles, destacaba por su vistoso, atildado y rico vestuario.

Aunque había sido desterrado por seis meses, a fines de 1768, el escritor militar permaneció en Zaragoza hasta 1770. Y fue allí donde empezó a dedicarse más intensamente a la poesía, en época en que ya nos consta su amistad con Nicolás Fernández de Moratín, quizás debida a la mediación del conde de Aranda.

El amor y la muerte de una actriz

Pasados los seis meses del destierro, regresa Cadalso a Madrid, donde permanece entre 1770 y 1772, como secretario de un Consejo de guerra. A esta etapa, caracterizada por sus relaciones intermitentes con el conde de Aranda y por sus apuros económicos, pertenece uno de los episodios más significativos de la vida del escritor, de inmediata repercusión literaria. Se trata de sus amores con una de las más notables actrices de la época, María Ignacia Ibáñez, la «Filis» de sus poesías, que han dado lugar a toda una leyenda de marcado sabor romántico. Lo indiscutiblemente cierto es la sinceridad de ese amor y su breve duración, por la muerte inesperada de María Ignacia, de tifus, a los veinticinco años, en abril de 1771; como son incuestionables las críticas de la sociedad cortesana, escandalizada porque él era un militar, y por añadidura de la Orden de Santiago, mientras ella era sólo «una famosa cómica», como dice el propio Cadalso, «la mujer de mayor talento que yo he conocido, y que tuvo la extravagancia de enamorarse de mí cuando yo me hallaba desnudo, pobre y desgraciado». Fue un amor de unos meses tan sólo, que hizo al poeta recuperar su fe en valores humanos de que habitualmente dudaba. No puede extrañar la grave enfermedad que le aquejó y la soledad en que se sintió vivir; no es necesario hacer literatura para interpretar su dolor y desesperación. Se comprende perfectamente que ello le haya llevado al desahogo literario de las *Noches lúgubres,* sin que tampoco se deba entender que los gestos y actos allí contados sean estrictamente autobiográficos.

Sin duda le sirvieron, si no de consuelo, de distracción al menos, sus contactos con los salones y los círculos literarios madrileños, sobre todo con la famosa tertulia de la Fonda de San Sebastián, de la que era asiduo su amigo Nicolás Fernández de Moratín, que empezó a reunirse coincidiendo con la marcha a París del conde de Aranda, como embajador (1773). Con obras extranjeras, leían algunos de los contertulios producciones propias, como hizo Iriarte y quizás el mismo Cadalso con sus *Cartas marruecas,* que no llegaron a publicarse en vida de su autor.

Iniciación poética y dramática

El conjunto de las composiciones líricas que escribió fundamentalmente durante su destierro aragonés, junto con otras posteriores, forman el libro que se publicó en 1773, con el título de *Ocios de mi juventud.*

Son poesías que pertenecen a los distintos géneros típicos del momento: anacreónticas, pastoriles, amatorias, filosóficas y satíricas. Los modelos, declarados por él mismo, abarcan desde Anacreonte y Ovidio hasta Tasso y Garcilaso, sin olvidar a Quevedo. La situación personal de tristeza y soledad que acompañó al destierro justifica alguno de estos nombres:

> *Así los tristes versos que leía*
> *templaban mi fatal melancolía...*

Aunque el lenguaje y la adjetivación insinúan a menudo estados de ánimo todavía no frecuentes en la poesía dieciochesca, alcanzó fama, sin embargo, en el convencional género de la anacreóntica. Tanto Nicolás Fernández de Moratín como Cadalso resucitan esta forma poética olvidada desde Villegas. Pero que en nuestro autor era algo consustancial con su manera de sentir, lo demuestra el que, al caracterizar en sus *Apuntaciones autobiográficas* el tipo de vida que había llevado en Madrid, parece resumir los temas tópicos de la anacreóntica: «Mesa, juego, amores y alguna lectura ocuparon mi tiempo.» Y hasta una novedad formal debe asignársele: la consonancia, en la estrofa sáfico-adónica, entre el segundo verso y la mitad del tercero, es decir, el empleo de una rima *al mezzo* o leonina en esta estrofa clásica de versos libres; la innovación fue imitada por Jovellanos, Iglesias, Noroña, Gallego y Cabanyes.

Perdidas otras dos obras teatrales de Cadalso —*Solaya o Los Circasianos* y *La Numantina* o *Numancia*—, sólo nos resta *Don Sancho García,* que fue estrenada privadamente en el palacio del conde de Aranda en 1771. Responde formalmente al tipo de tragedia neoclásica, en cinco actos, sometida a las tres unidades y en endecasílabos pareados, pero con un tema tomado de la historia medieval española, tratado ya en la *Crónica General* y materia de otra obra posterior de Cienfuegos, *La condesa de Castilla.*

Por complacer a su amante Almanzor, rey moro de Córdoba, la condesa viuda de Castilla, doña Ava —papel que representó María Ignacia—, intenta envenenar a su hijo Sancho García; pero al final es la condesa quien bebe el veneno preparado para su hijo. No obstante la monotonía que produce la reiteración del metro y de las rimas pareadas, la tragedia mantiene cierto decoro expresivo, ya que la lengua utilizada evita en todo momento la hinchazón y la extravagancia, para adaptarse a un buscado e irrelevante tono medio.

Obras en prosa

A los años comprendidos entre 1771 y 1774 corresponde su más efectiva actividad literaria: desde las *Noches lúgubres,* compuestas muy probablemente en el periodo de turbación y soledad que siguió a la muerte de María

Ignacia y que quedaron incompletas e inéditas en vida del autor, hasta las *Cartas marruecas,* para las que pidió licencia de publicación en 1774, sin conseguirla, pasando por *Los eruditos a la violeta,* que se publicó con éxito en 1772, y por las poesías de *Ocios de mi juventud,* que se imprimieron al año siguiente. Con el producto de estas obras, una vez más se aleja de Madrid para incorporarse a su regimiento en Salamanca, confesándose «bien desengañado de Corte, amigos y pretensiones, y entregado a mis libros».

Correspondiendo al espíritu crítico que caracteriza la actividad intelectual del siglo XVIII, escribió Cadalso *Los eruditos a la violeta* y las *Cartas marruecas.* Son obras, sin embargo, muy distintas: la primera es una sátira breve y ligera contra un tipo de educación entonces frecuente y que él mismo padeció: la erudición meramente superficial. El contenido y estructura quedan claramente reflejados en el subtítulo puesto por su propio autor: «Curso completo de todas las ciencias, dividido en siete lecciones, para los siete días de la semana, publicado en obsequio de los que pretenden saber mucho estudiando poco.»

En el *Suplemento* a la misma obra, que publicó por separado en el mismo año, se defiende precisamente de quienes le acusan de haberse retratado a sí mismo, porque acepta que «sabe poco», pero no que «aparente mucha ciencia». Publicó ambas con el nombre de José Vázquez, que volverá a utilizar al año siguiente en los *Ocios de mi juventud,* como había empleado el de Juan del Valle para su *Don Sancho García.*

Los eruditos a la violeta fueron, en vida del autor, su obra más famosa, ya que quedaron inéditas sus dos más logradas expresiones literarias en prosa: la interpretación crítica de la España de su tiempo, en las *Cartas marruecas,* y el desahogo emocional de un amor y dolor vividos, hechos literatura, en las *Noches lúgubres.*

Cadalso dio término a las *Cartas marruecas* durante su breve estancia en Salamanca (1773-1774). Fue un corto periodo, pero suficiente para que se formara en torno a él un círculo de amistad y de convivencia literaria. Allí, además de su afectuosa relación con fray Diego González y Juan Pablo Forner, estrechó sobre todo amistad con dos jóvenes poetas, el salmantino José Iglesias de la Casa y el extremeño, estudiante en la Universidad de Salamanca, Juan Meléndez Valdés. Sobre ellos ejerció una sugestiva influencia humana y literaria, que ambos proclamaron ostentosamente.

Una nueva etapa de su peregrinaje la constituye Extremadura, adonde pasa con su regimiento, en momentos de desengaño que debilitaron hasta su antiguo entusiasmo militar. Se le siguieron negando sus varias solicitudes de ascenso. Incluso pretendió, sin conseguirlo, tomar parte en la desafortunada expedición a Argel (1775). Sin embargo, le nombran sargento mayor en 1776 y al año siguiente comandante de escuadrón. En su deseo de ganar méritos, pide intervenir en el sitio de Gibraltar en 1779 y consigue participar como ayudante de campo del general español. Concibió hasta un proyecto para tomar la plaza, que mandó a Floridablanca, consistente en un bloqueo por tierra y mar.

Inspeccionando la línea del frente en la noche del 26 de febrero de 1782. un casco de granada le hirió en la cabeza y le causó la muerte casi instantánea. Fue sin duda una muerte en acto de servicio, pero consecuencia fortuita de un desgraciado accidente. Tenía sólo cuarenta años y apenas hacía un mes que le había sido conferido el grado de coronel, desde mucho tiempo antes pretendido.

Cartas marruecas

Historia y problemas del texto

No había cumplido aún Cadalso los treinta y tres años, cuando puso término a las *Cartas marruecas,* escritas al inmediato calor de algunos acontecimientos. Él mismo afirma haber compuesto la obra durante su estancia en Salamanca, es decir, entre mayo de 1773 y agosto de 1774. Precisa además el año en la Carta LXVII, al referirse al que, si el calendario no le mentía, «es el de 1774 de la era cristiana», y el «16 del reinado de nuestro religioso y piadoso monarca Carlos III»; éste, en efecto, proclamado rey, desembarcó en Barcelona, procedente de Nápoles, en 1759. Por otra parte, da como acaecida la muerte del gran marino Jorge Juan, que había tenido lugar en julio de 1773 (Carta VII); cita libros anunciados en la *Gaceta* en 1772 (LXXVII), y señala, como publicadas, obras suyas de 1772 y 1773. *(Protesta literaria del editor.)*

Más dudoso es, en cambio, aunque no descartable, que ya en 1768 estuviera escribiendo alguna de las *Cartas* —cuya ordenación actual no tiene por qué corresponder a la seguida en la redacción— como pudiera insinuarlo la XLIII. Lo cierto es que, ya ultimadas, fueron en octubre de 1774 presentadas al Consejo de Castilla para obtener la licencia de publicación. Era obligado el parecer de los censores de la Real Academia de la Lengua, que le autorizaron, según las investigaciones de Glendinning, ya a principios del año siguiente, a llevar a cabo la impresión.

Sin embargo, el propio Cadalso no se hacía muchas ilusiones sobre la opinión unánime de la corporación académica, a juzgar por lo que dejó escrito en sus hasta hace tan poco desconocidas *Apuntaciones autobiográficas:* «Tuve noticia de haberse dado a examen de la Academia de la Lengua mis *Cartas Marruecas,* obra crítica que compuse en Salamanca; y desde luego me formé muy corta esperanza de su éxito, respecto de haber en la Academia muchos del sistema opuesto a cuanto digo en ellas, tocante a la Nación.» Y lo cierto es que sólo años después, en junio de 1778, le fue devuelta su obra, hecho que ya ni comenta: «Recogí el manuscrito de las *Cartas Marruecas.*» No parece, sin embargo, que se pueda dar mucha credibilidad, como dicen Dupuis y Glendinning, a una mera renuncia a publicarlas, cuando ellos mismos recuerdan una carta de Cadalso a Tomás de Iriarte, de 1776, en la que claramente se vislumbran sus dificultades frente a la anquilosada actitud de autoridades y censores; «obra... que detengo sin imprimir porque la superioridad me ha encargado que sea militar exclusive».

Sólo en febrero de 1789, siete años después de la muerte de Cadalso, empezaron a publicarse las *Cartas marruecas* en el *Correo de Madrid* —donde ya en el año anterior se habían impreso un par de fragmentos—, y continuaron hasta julio del mismo año. Aunque el original era ya conocido por los amigos del escritor, no llegó éste a verlo impreso. En el *Correo* faltaban dos cartas, la LV y la LXXXIII, además de la final *Protesta literaria del editor.* Cuatro años después, en la imprenta de Sancha, se hizo una nueva edición, ahora en libro, con numerosas correcciones formales en relación con la aparecida anteriormente por entregas. Pero todos los indicios me llevan a la casi certeza de que tales manipulaciones textuales no tienen que ver con la voluntad del autor, sino con la pretensión correctora y uniformadora, desde un punto de vista gramatical, del propio Sancha o de algún escritor amigo de Cadalso.

El hecho, sin embargo, de que hoy se conozcan cuatro copias manuscritas de las *Cartas* completas, una en Nueva York y las otras tres en Madrid, es indicio de que pudo alcanzar cierta difusión en algunos círculos literarios durante los años que median entre su composición y publicación. Desgraciadamente ninguno de estos cuatro manuscritos es autógrafo, lo que invalida cualquier posibilidad de considerar alguno de ellos como más cercano a la versión definitiva a que pudo aspirar su autor. Las dos impresiones mencionadas quedan asimismo descartadas en relación con lo que pudiéramos considerar la redacción más genuina, ya que ambas aparecieron póstumas. Esto explica que las ediciones más recientes de las *Cartas marruecas,* que presentan entre sí grandes diferencias, aunque casi exclusivamente formales, hayan seguido distintos textos base: así, la de «Clásicos Castellanos» ha aceptado el texto del *Correo,* con algunas variantes del de Sancha; la de los hispanistas L. Dupuis y N. Glendinning se ha basado en el manuscrito de la Biblioteca Nacional; y la presente edición, por primera vez, se apoya en otro de los manuscritos, el que actualmente se halla depositado en la Real Academia de la Historia de Madrid.

No parece haber duda sobre el hecho de que el manuscrito exhumado y transcrito por los dos hispanistas, con ciertas correcciones, corresponde a una redacción inicial, posiblemente a la presentada por el autor al Consejo de Castilla. Ello no quiere decir, sin embargo, que las otras copias obedezcan a manipulaciones o intromisiones de los censores, ya que muchas de las enmiendas pueden deberse, espontáneamente o no, al propio Cadalso. En este caso, responderían a una fase de redacción posterior de la obra, más cercana incluso a la forma definitiva, aun cuando algunas de las alteraciones o leves supresiones estuvieron condicionadas por el informe de la censura y aceptadas con la esperanza de facilitar la publicación. Lo cierto es que el manuscrito que sirve de base a la presente edición tiene todo el aspecto de corresponder a una versión más cuidada y revisada, pero no por manos ajenas al autor.

La forma epistolar y los corresponsales

La obra se nos presenta como un conjunto de noventa cartas, precedidas de una *Introducción* y rematadas por una *Nota,* más la final *Protesta literaria del editor.* El género adoptado no es original ni ha sido tampoco elegido arbitrariamente. Tiene inmediatos precedentes extranjeros, a los que Cadalso alude en la *Introducción,* y permite la posibilidad de ofrecer distintos y cruzados puntos de vista. Los corresponsales que intervienen son tres y actúan como remitentes y como destinatarios; es decir, que son, según los casos, receptores o emisores. Dos son árabes, concretamente marroquíes; el tercero, español y cristiano. La elección de dos extranjeros no es tampoco casual: se trata precisamente de ofrecer las impresiones que, ante nuestro país, recibe quien viene con la mirada limpia y ajena a prejuicios nacionalistas.

Las cartas, sin fechas y no coordinadas, se proponen tratar del «carácter nacional, cual lo es en el día y cual lo ha sido» *(Introducción),* y fueron principalmente escritas «en el centro de Castilla la Vieja» *(Protesta literaria);* su falta de sistematización pudiera obedecer a hondas motivaciones intencionales, o así intenta justificarla el autor: al igual que en el mundo no hay método y se confunde «lo sagrado con lo profano» y «lo malo con lo bueno», del mismo modo que se pasa de «lo importante a lo frívolo», también él puede y quiere escribir «con igual desarreglo» (Carta XXXIX). Pero puede también suponerse que las *Cartas* no llegaron a alcanzar su organización definitiva.

Cadalso procura en todo momento salvar los límites entre lo fingido y lo real. La ficción novelesca, con su indiscutible antecedente cervantino, consiste en afirmar que «la suerte» quiso que en sus manos cayera un manuscrito por muerte de un amigo; el cual «era tan mío y yo tan suyo, que éramos uno propio» y tan rigurosamente coetáneo «que nació en el mismo año, mes, día e instante que yo». *(Introducción.)* El reconocimiento, pues, del alcance personal de las *Cartas* está abiertamente declarado por el propio Cadalso, aunque aparente crear una desviante red de referencias y de intermediarios en el juego de la visión plural de los tres corresponsales.

El mismo esquema literario, convencional y de moda, busca a pesar de todo la verosimilitud. No sólo se refiere en muchos casos a acontecimientos y personajes auténticos, sino que algunos son muy inmediatos. Además, en el pretexto de la ficción, el autor no ha buscado países extraños, sino que concilia la moda dieciochesca del exotismo con las posibilidades reales del viaje. Marruecos, por su cercanía y relaciones con España, admite fácilmente esa posibilidad; es más, Cadalso ha procurado que el lector de la época pudiera poner en conexión su inventado viajero con un personaje histórico y reciente. Muy pocos años antes, en 1766, un embajador de Marruecos, Sidi Hamet al Ghazzali, conocido precisamente por El Gazel —el nombre utilizado por Cadalso— había estado en España durante varios meses, despertando la natural curiosidad, todavía viva en algunos sectores.

Tampoco le preocupa al autor la originalidad de los temas y de las reacciones, porque la verdad está por encima de todo: «Otros lo han dicho antes que yo; pero no por eso deja de ser verdad y verdad útil» (LXVIII). Del mismo género epistolar hay claros precedentes extranjeros que no ignora y que incluso nombra; así, al hacer notar en la *Introducción* lo increíble que al lector español hubiese resultado su obra si tuviera el título de «Cartas Persianas, Turcas o Chinescas», nos da la clave de los antecedentes exóticos por él aclimatados y adaptados a territorio cercano y relacionado con España. El modelo más recordado por la crítica, ya desde el primer momento, fueron las *Lettres Persanes* (1721), sátira de la vida en la Corte y en París, del filósofo y escritor francés barón de Montesquieu. El título semejante adoptado por Cadalso hizo caer en la fácil conexión, sin profundizarla en muchos casos, inicialmente utilizada como comparación negativa. Ya Quintana llamó la obra del español «desigual imitación» de la francesa. Y Menéndez Pelayo, que consideraba a Cadalso como «mediano escritor» (¡excepto en los *Eruditos a la violeta!*), exageró la nota denominándola «pálida imitación», tópico que repitió Cotarelo variándolo ligeramente: «imitación débil». En época reciente, Tamayo modificó la interpretación crítica, aclarando que nunca es Cadalso «imitador servil» y que sólo el título y el plan general recuerda al francés. Y fue después Hughes quien precisó con más exactitud la parte que puede tener mayor vinculación con las *Lettres persanes.*

Háy que distinguir obviamente la mera imitación de lo que es relación cultural; y ésta puede ser grande, y no fue ocultada, dado que eran precisamente las *Cartas Persas* la muestra más conocida del género en el siglo XVIII. Hughes distingue tres núcleos en las *Lettres persanes:* un análisis de las leyes del universo y de las instituciones humanas; las actividades pintorescas y eróticas del harén de Usbeck, y la crítica de las instituciones no sólo francesas sino también de Europa y Asia. Sólo este último aspecto permite, según él, relacionar las *persanes* con las *marruecas.* Además, la actitud de Cadalso es más afectiva, frente a la perspectiva intelectual, sin prejuicios tradicionales, de Montesquieu. Aparte, pues, del enfoque de la forma exterior y de la coincidencia en algunos temas, las *Lettres* y las *Cartas* difieren hondamente en la intención y en el tono.

Otra significativa fuente literaria, primero sólo apuntada, después discutida, y finalmente remachada por Sebold, es la de Oliver Goldsmith, *El ciudadano del mundo (The Citizen of the World,* 1762). Aparecida primero en un periódico, en forma de cartas de un mandarín chino que escribe desde Londres a su país, fueron después recogidas en volumen con ese título. Evidentemente hay también aquí cierta identidad de temas y actitudes, pero el dato que más lleva a confirmar su conocimiento por parte de Cadalso es que, según el citado hispanista, una de las cartas coincide también en detalles y ambiente con un fragmento de las *Noches lúgubres*.

De las noventa cartas, más de los dos tercios —exactamente 66— son las que Gazel envía a Ben-Beley; las de respuesta de éste a aquél son ocho. Nuño recibe tres de Gazel y tres de Ben-Beley, mientras manda cuatro a éste y seis a Gazel. Porcentaje más aparente que real, ya que Nuño es el auténtico impulsor de lo contenido en la mayor parte de las cartas que Gazel escribe. Este juego de interrelaciones cruzadas permite la exposición de argumentos y enfoques distintos y sitúan a las *Cartas* dentro de la literatura que Baquero llama perspectivística.

De los dos marroquíes, el joven viajero Gazel había venido a España en la comitiva de un embajador de Marruecos. Pero como su objeto era, muy dentro del espíritu del siglo, «viajar con utilidad» (I), se queda aquí por su cuenta, al regreso del embajador. Tiene así ocasión de transmitirnos una visión dinámica de lo que sorprende y observa. Vestido como cristiano, penetra en los ambientes españoles, guiado por un amigo español, Nuño Núñez, que considera «su entendimiento a la verdad muy poco cultivado, pero su corazón inclinado a lo bueno» (XLII). Nuño intenta explicarle muchas cosas del carácter nacional y de las costumbres de España. Gazel pregunta y pide explicaciones porque —como su amigo— profesa «la imparcialidad» (V, IX), y ajeno a la política sólo desea «ser filósofo» (LIX), lo que efectivamente su amigo le reconoce al llamarle «espíritu filosófico y retirado» (LXXI). Sus impresiones se las comunica al prudente y sabio Ben-Beley, a quien fue confiado cuando se quedó huérfano (XVIII), el cual le enseñó a «amar la verdad», pero ahora transcurre su «vejez sana y alegre» (I) en un remoto lugar de África, «apartado de la corte del emperador» (LXXXVIII). Ben-Beley es más bien receptor de cartas y sus consideraciones suelen tener un carácter universal sobre el comportamiento ético de los hombres.

El tercer interlocutor, Nuño, presenta muchos rasgos

biográficos y morales relacionables directamente con el propio Cadalso. Y aunque éste divida sus opiniones e impresiones entre los tres, es indudable que Nuño personifica al propio autor. Experto conocedor de los ambientes mundanos, frecuentador de tertulias en las que introduce a Gazel, se muestra en un momento de su vida en que está «separado del mundo», considerándose «encarcelado dentro de sí mismo» (I). No viciado de nacionalismo (III), se caracteriza por su «dulzura natural» e «imparcialidad» (LXXXVII), se presenta como «un verdadero cosmopolita, o sea, ciudadano universal» (LXXX) y representa en su proyección autobiográfica, dentro de la tipología humana de su siglo, al «hombre de bien». Su protagonismo está disimulado porque muchos de sus razonamientos e ideas no están expresados en cartas propias, sino expuestos por Gazel al transmitirlos a su maestro africano. Y a través de Gazel nos llega este definido autorretrato: «yo nací para obedecer, y para esto basta amar a su rey y a su patria: dos cosas a que nadie me ha ganado hasta ahora» (VIII).

La «crítica de una nación»

Escudándose contra posibles impugnaciones, Cadalso proclama, al final de la *Introducción,* que no es más que un «hombre de bien» que se ha permitido imparcialmente tratar del más delicado asunto, «la crítica de una nación». Cierto que ha dicho poco antes que, si se permite aspirar a publicarlas es porque, salvo incidentales ocasiones, en las *Cartas* «no se trata de religión ni de gobierno».

En la obra hay, sin embargo, bastante más que eso: lo que pudiéramos referir al problema de España se aborda desde dos perspectivas, la diacrónica, en la consideración del pasado nacional, y la sincrónica, al enfrentarse con la situación española presente, a veces relacionada con la coetánea de otros países; pero, además, en las *Cartas* se tratan problemas de orden general sobre el hombre y su conducta, al margen de la propia tradición, que es la que condiciona el devenir histórico, y de la fuerza de la moda, motor del vivir social presente. El contenido de las *Cartas* lo examinaré, pues, en esta triple dimensión: en la de las coordenadas temporales, la historia nacional; en la de las espaciales, la sociedad española dieciochesca; y, por encima, la proyección moral del ser humano. Separadamente me referiré también a las partes o fragmentos de carácter narrativo o anecdótico, que aligeran y animan el tono expositivo, y son, a su vez, elementos consustanciales en el entramado de las *Cartas*.

El problema de la historia patria lo enfoca Cadalso fundamentalmente en tres momentos de la misma: los Reyes Católicos, los Austrias y los Borbones. Casi al principio hará una síntesis histórica elemental de los «eventos políticos», con intención de ir tratando después de las «consecuencias morales» (III). Evitará complacer tanto a los que desearían ver sólo improperios contra su país como a los que sólo esperan alabanzas *(Introducción)*. Reconoce la dificultad de no caer en yerros, porque «el amor de la patria es ciego»; ello no quita para que estime que, al finalizar el siglo XVI, España se derrumbó como una casa grande que fue sólida (XLIV). El más feliz momento de la monarquía española coincidió con la época de la muerte de Fernando el Católico. Y del período de máximo esplendor destaca sobre todo a dos personajes, «los dos mayores hombres» que la Península ha producido (LXXXVII), Cortés y Cisneros. Consciente de la función representada por la conquista de las tierras americanas en nuestra historia, hace, frente a la contraria opinión de los «europeos» —que, en cambio, esclavizan negros— una apasionada defensa de Cortés y de la conquista de Méjico (IX). Carlos V es tachado de ambición, y lo mismo Felipe II, pero éste fue ya menos afortunado que aquél. Y así, por este camino, a la muerte de Carlos II España era sólo «el esqueleto de un gigante» (III).

El tema estrictamente histórico parece dejarse de lado en una serie de cartas intermedias, tras la preocupación manifestada en las iniciales. Insistirá en él más adelante para hacer el elogio de los Borbones, desde Felipe V a Carlos III. Y, sorprendentemente, de este último hace un elogio que casi pudiera parecer encubierta censura de su paternalismo: «se olvidó que era rey, y sólo se acordó que era padre» (LXXIII). De todos modos, para lograr el progreso de España, bastaría repetir lo que era a la muerte de Fernando el Católico, rey, por cierto, que los extranjeros ignoran por completo (LXXIV). Se haría imprescindible trabajar en las ciencias positivas para empezar a contar desde hoy, suponiendo que la Península se hubiera hundido a mediados del siglo XVII y sólo hubiese resurgido de la mar a fines del XVIII (LXXVIII).

Aunque Nuño pretende escribir una historia heroica de España (XVI), desea no caer en excesos, ya que el patriotismo mal entendido es más defecto que virtud; admite que el carácter español no ha cambiado prácticamente, y que sigue juntando, al valor y al sentimiento religioso monárquico, vanidad y pereza (XXIX). No obstante, los distintos países tienen sus peculiaridades, y Cadalso, en su afán de imparcialidad y objetividad, reconoce que toda nación es «un mixto de vicios y virtudes» (XXIX). Consciente del relativismo de las apreciaciones humanas, sabe que una palabra, como *victoria,* tiene distinto significado según quien cuente las batallas: todo es, pues, problemático, «menos la muerte de veinte mil hombres, que ocasiona la de otros tantos hijos huérfanos, padres desconsolados, madres viudas, etc.». (XIV). Por otra parte, cuando la historia no se refiere a hechos contemporáneos, es difícil distinguir lo verdadero de lo falso, porque es frecuente equivocar «la fábula con la historia», si bien sólo «la verdad es digna de ocupar al hombre, sobre todo al político» (LIX). Y hasta puede darse el caso de que el libro de un loco, como el *Quijote,* sea mucho más profundo de lo que en apariencia parece (LIX).

En cuanto a las leyendas tradicionales, como la de la aparición de Santiago en la batalla de Clavijo, Cadalso parece distinguir, para su valoración, entre los ilustrados y el pueblo; y a pesar de no admitirlas, piensa que ciertas creencias pueden ser útiles al Estado, ya que teme lo que pasaría, si hasta el pueblo se metiese a filosofar. No se trata, pues, ni de un rechazo del criticismo contemporáneo, la «secta hoy reinante» de los «libertinos», como cree Hughes, ni que sean frases dichas en tono irónico, como objeta Alborg, sino que, en su relativismo, pretende distinguir entre patriotas activos y reflexivos filósofos, entre el exceso a que pueden llegar el intelectual crítico y el pueblo creyente (LXXXVII). Asimismo las corridas de toros, aunque por los extranjeros consideradas bárbaras, fueron en lo antiguo diversión de hombres austeros, lo que a su vez podría explicar las mortandades de antiguas batallas (LXXII). Una vez más, la tendencia a contrapesar ideas contrarias, cada una con su parte de verdad, obliga a Cadalso, en su pretendida imparcialidad, a mantener posiciones un tanto ambiguas. Puesto que, a fin de cuentas, «una nación compuesta toda de filósofos no tardaría en ser esclavizada por otra» (LXXI). Y ello no parece muy compatible, por otra parte, con el carácter de la provincia donde se escribieron las *Cartas marruecas*, «en el centro de Castilla la Vieja, provincia seca y desabrida que no produce sino buen trigo y leales vasallos» *(Protesta literaria)*.

La sociedad, la «concurrencia», la moda

La observación e interpretación de la vida contemporánea ocupan una gran parte de las *Cartas marruecas*, por las múltiples perspectivas que el asunto ofrece. La época en que Cadalso vive, con sus peculiares costumbres ciudadanas, es objeto de análisis en distintos sectores, que van del vestuario a la lengua, del lujo al trato social. Todo ello, implicando al propio autor en cuanto activo personaje de su tiempo, se convierte en tema dominante. Dado el entrecruzamiento de puntos de vista, paralelo al gusto por las conversaciones en los salones elegantes el verbo «concurrir» y el sustantivo «concurrencia» son términos reiterados y frecuentes en la composición de las *Cartas,* en cuanto voces clave del vivir dieciochesco.

El placer de la conversación, sin embargo, se hace intolerable, por los argumentos que tratan, con los ricos, los nobles, los sabios, los eruditos, ya que en ninguno de ellos «ha depositado naturaleza el bien social de los hombres»: sólo la amistad es la «madre de todos los bienes sociables» (XXXIII). Esta nueva dimensión del vivir colectivo —«la sociedad o vida social»—, aunque favorecedora del trato entre los hombres, impide la debida soledad y reflexión (XL). La conversación puede llegar a quitar la melancolía, pero a veces la reacción de las damitas y de los elegantes, ante los obstáculos para conseguir las banalidades de la moda, convertidos en tragedia, hace gracia al sorprendido Gazel (LVI).

El tema de la nobleza y de la educación de la nobleza despierta el interés y la preocupación de los máximos escritores y poetas ilustrados, como Cadalso y Jovellanos, Meléndez y Cienfuegos. Varias son las cartas en torno a esta cuestión. Desde la graciosa definición de nobleza hereditaria (XIII), quizás tomada de Rousseau, hasta los cocheros que tienen vasallos propios (XII), en conexión con la común aspiración por todos sentida para que se les trate con títulos (XXV), incluido el absurdo abuso del *don* (LXXX). Por este afán desmesurado a la ascensión social, una de las causas de la decadencia de las artes útiles en España reside en que son muchos los que no quieren seguir «la carrera de sus padres» (XXIV).

Consecuencia a su vez de esta actitud es la desmesurada afición al lujo: por una parte, se señala el paso de la austeridad a la abundancia y afeminamiento (LXVIII); por otra, se hace una valoración económica del lujo, al considerarlo útil si sirve para que distribuya mejor el dinero y no se estanque; conveniente sería por ello inventar un lujo nacional, aun cuando iba a ser más una imitación que una invención (XLI). En todo caso, es inútil ya declamar contra el lujo, puesto que intentar prevenirlo es tan infructuoso como detener el mar (LXXXVIII).

La actitud cadalsiana de sano relativismo, con su reconocimiento plural de distintas realidades y su búsqueda de conciliación entre los contrastes, se refleja en la afirmación de que «cada nación tiene su carácter» (XXIX), como también cada provincia española (II); y asimismo, es el propio siglo XVIII el que presenta peculiaridades distintivas no por todos igualmente valoradas. Los europeos —afirma— se envanecen del siglo en que viven, pero no hay que dejarse «alucinar de la apariencia», sino ir a «lo sustancial»: no se discute que hay «cierta ilustración aparente», pero Cadalso parece negarse a admitir que se haga la apología del siglo basándose en que se come «con más primor», o en que no se desafían ya maridos y amantes, o en la invención de placenteras frivolidades (IV). Así está expuesto por boca de Gazel al principio, pero más adelante se reconocerá que el verdadero progreso radica en los «adelantamientos» científicos, en la mayor «humanidad en la guerra», en la posibilidad de traducciones, que permiten «el mutuo comercio de talentos» (XLVIII).

La situación de España es distinta: aquí, donde se ha perseguido siempre a los grandes, hay que desear tener hijos tontos (LXXXIII) y sólo bastará trabajar en las ciencias positivas para que «no nos llamen bárbaros los extranjeros»; en efecto, todavía entre nosotros abundan los sabios escolásticos, no sólo de aquellos que «estudian a Newtón en su cuarto y explican a Aristóteles en su cátedra», sino que creen que lo que ellos no enseñan ni aprendieron de sus maestros es «desatino físico y ateísmo puro» (LXXVIII). Y a la crítica de la filosofía escolástica y de los libros inútiles (XXXII y LXXVIII), se une la de esos creadores de absurdos proyectos que se llaman *proyectistas* (XXXIV).

En cuanto a las costumbres, cierto es que entre los cristianos no existe la poligamia, pero de hecho, dada la relajación de costumbres de muchos jóvenes, salen éstos a muchas más mujeres por día que las que nunca haya podido tener cualquier emperador turco o persa (X). Se da además el caso de que una cristiana, casada seis veces por muerte de los cónyuges, siguiendo la voluntad paterna y no su gusto, no encuentra distinción, frente a las leyes mahometanas, entre «ser esclava de un marido o de un padre» (LXXV).

La preocupación lingüística, casi diría léxico-semántica, está en clara conexión con la vida del tiempo y con las nuevas costumbres. Si Nuño pretende hacer un diccionario es precisamente para que las palabras recuperen su auténtico y originario sentido (VIII). Y es que la lengua se transforma al par de la sociedad, de modo que un tatarabuelo no entendería ya el lenguaje del tiempo en que Cadalso escribe, como lo demuestra la carta de una hermana de Nuño, petimetra a la moda (XXXV); también ha cambiado a nivel retórico, ya que la figura llamada antítesis es la equivalente a lo que era en el siglo anterior el equívoco (XXXVI). Por otra parte, al igual que se propaga el uso de «bello», con la consiguiente desaparición de «bueno» y «malo» (XXXVII), se ve obligado el autor a matizar el exacto alcance semántico de vocablos como «tertulia» (XI), «victoria» (XIV), «antigüedad» (XLIV), «político» (LI), «fortuna» y «hacer fortuna» (LIV), «proyectista» (XXXIV), «lujo» (XLI), «fama póstuma» (XXVII y XXVIII), «cosmopolita» (LXXX), y hasta el nuevo pasatiempo de la «coquetería» (LXXVI), que tiene su paralelo en el galicismo léxico entonces introducido. Cadalso, ante la función pública del creador literario, siente la necesidad de autojustificarse; así, al distinguir entre los escritores europeos a los que escriben lo que quieren de los que hacen lo que les mandan, él declara que escribir una cosa y hacer la contraria es burlar la sencillez del pueblo (LXVI).

El espíritu conciliador de Cadalso, que se burla de todo exceso y no niega nunca la parte defendible que pueda encerrar incluso lo negativo, no permite dejar siempre clara su postura definitiva. En todo caso, Gazel, ya en la última de las cartas, habla del regreso a su país; y abiertamente confiesa que tiene que dejar la tierra española y el trato de Nuño, cuando ambos habían empezado a inspirarle «ciertas ideas nuevas»; así que volverá para concluir el único negocio que le preocupa. Todo ello podría indicar, como ya señaló H. J. Lope, una transformación en el ánimo del moro Gazel, que, en uso de su libertad individual, acaba comprendiendo la parte positiva de las costumbres innovadoras del nuevo siglo. Parece, pues, un reconocimiento final del progreso, al que es difícil sustraerse y al que Gazel no piensa ya renunciar.

La «hombría de bien» y el «justo medio»

Superando la noción espacial de su patria y la temporal de su siglo y de la historia, hay en las cartas una serie de consideraciones de orden universal, psicológico y filosófico, que afectan al comportamiento ético del ser humano. Esta dimensión moral y la consiguiente actitud crítica constituyen otro importante núcleo en la organización temática de las cartas. Evidentemente el intento de disección de la historia o de la sociedad comporta una actitud de honestidad y prudencia en el que juzga. Cadalso procurará, por tanto, fijar el talante que le caracteriza o que él estima como ideal. Si la categoría humana fundamental en el siglo XVIII la constituye el «filósofo», nuestro autor busca otra denominación menos enfática y pretenciosa, de menor alcance intelectual, pero con más acentuado sentido de la ecuanimidad y respeto, tanto al pasado, como a las mejoras del presente. La expresión que él va a utilizar, definidora de esta dimensión del comportamiento moral, es la de «hombre de bien»; paralelamente, en la consideración y enjuiciamiento de las cuestiones planteadas, buscará un equilibrado «justo medio».

Fijémonos que la postura moral no corresponde a la propia naturaleza humana, ya que Nuño proclama, reflejando el pesimismo del autor, que «los hombres corrompen todo lo bueno» (LXXX), y que «el hombre es mísero desde la cuna al sepulcro» (LIII). No obstante, la bondad ha de ser una aspiración, un objetivo constante. El maestro Ben-Beley no desea dejar fama de héroe; se contentaría con que en su epitafio se recordara que «fue buen hijo, buen padre, buen esposo, buen amigo, buen ciudadano» (XXVIII). La familia, la amistad y el servicio a la comunidad constituyen sus máximas aspiraciones. Por eso no es suficiente el cumplimiento de los propios deberes personales, si no va acompañado del servicio a los demás. Tras la descripción de un ideal de vida en paz y en familia, en las propias posesiones con labradores y criados, representado en el «huésped» retirado que acoge a Gazel en la carta LXIX, Nuño le contestará en la siguiente que es «lastimosa para el estado la pérdida de unos hombres de talento inédito que se apartan de las carreras útiles a la república»; puesto que «no basta ser buenos para sí y para otros pocos; es preciso serlo para el total de la nación» (LXX). El concepto de «hombre de bien», por tanto, no sólo es superador de lo personal, sino incluso de la patria, de la raza, de las creencias religiosas, como Nuño dirá a Ben-Beley: «sé que eres un hombre de bien que vives en África»; y, por consecuencia, «sabrás que soy un hombre de bien que vivo en Europa» (XLII). Ni se trata tampoco de una noción meramente literaria aplicada a unos personajes de ficción, sino de algo vivo y personal.

Tanto es así que, en sus *Apuntaciones autobiográficas,* el propio Cadalso dejó escrito, unos diez años antes, que había hecho su primera experiencia de «hombría de bien» (y reiterará de sí mismo por otras dos veces: «hombre de bien y buen amigo»; «mi hombría de bien y amistad») dando un informe con que hubiera podido hacer un gran negocio, según fuera en favor de los jesuitas o del ministerio; pero no lo hizo, al informar «como hombre de bien la verdad lisa y llana». Y eso que se refería a «la Compañía —dice con su acerada ironía crítica de hombre ilustrado— que se llamó de Jesús hasta que se la llevó el diablo». Como se ve, pues, la hombría de bien no tiene que ver con lo eclesiástico y religioso, tema que, como hemos visto, excluye voluntariamente de las cartas, que no tratan «de religión ni de gobierno» *(Introducción).*

Sí tiene que ver el ideal de hombre de bien, en cambio, con la verdad, con la amistad («de ella infiero —escribe Ben-Beley refiriéndose a la que une a Nuño y Gazel— que ambos sois hombres de bien», XLVI), con la virtud y con la ponderación. Por eso, Cadalso declara al final de la *Introducción:* «yo no soy más que un hombre de bien, que ha dado a luz un papel, que me ha parecido muy imparcial...»; y poco antes ha precisado que «la imparcialidad que reina en ellas», es decir, en las *Cartas,* es «el justo medio» que debe seguir el hombre que usa su razón. Por ejemplo, si los jóvenes censuran la pesadez de los viejos y éstos rechazan el desenfreno de los jóvenes, en fin de cuentas tienen todos razón, porque hay que burlarse de los extremos y «tomar el medio justo» (LXXIX). Obsérvese curiosamente, en cambio, que el siempre buscado justo medio no es aplicable a la hombría de bien: «entre ser hombres de bien y no ser hombres de bien, no hay medio» (LII). Esta actitud es la que coloca a Cadalso entre tradición e innovación, entre naturaleza y progreso, entre el filósofo reflexivo y el hombre de acción, entre su espíritu patriótico y su antibelicismo. Al fin y al cabo «todas las cosas son buenas por un lado y malas por otro, como las medallas que tienen derecho y revés» (XI): aspectos contrastantes que también presentan las actividades públicas, como la milicia, la toga, la vida de palacio, las ciencias (LXX).

Queda así delineado el ideal humano en las *Cartas:* por un lado, como «conjunto de un buen talento y buen corazón» (LXIX); pero si bastan esas virtudes viviendo en el retiro y la soledad, no son suficientes para el hombre de bien, puesto que «aunque sea hombre bueno, será mal ciudadano», y «el patriotismo es de los entusiasmos más nobles» (LXX).

Otro concepto de alcance general, examinado desde distintos puntos de vista, es el de la fama póstuma, que se aborda en cuatro cartas. Empieza Gazel criticando el desmesurado afán por adquirirla, sobre todo por ser cosa que uno no ha de gozar, pues supera la vida del individuo (XXVII); pero Ben-Beley le aclarará que si, en efecto, la fama «de nada sirve al muerto, puede servir a los vivos con el estímulo del ejemplo que deja el que ha fallecido» (XXVIII). De igual modo, unos tres decenios después, el máximo poeta italiano entre los dos siglos, Ugo Foscolo, justificará el significado y valor de las tumbas, que aun siendo inútiles para los muertos —de los que nada, según él, sobrevive—, sirven para darles una forma de perpetuidad en el recuerdo de quienes los aman.

Aunque Ben-Beley insistirá más adelante en que es, al menos, un alivio el desear la fama tras la muerte (LXXXIV), Nuño rebatirá, pensando en su patria, que en España lo que predomina es la indiferencia, y que son muchos los que miran cada último día como el fin de su existencia, sin otro género de preocupación que el de cumplir ritualmente la rutina cotidiana (LXXXV). A pesar del pesimismo de la situación concreta, Cadalso había dejado establecido que lo importante es que el género humano sepa que «su verdadera gloria y ciencia consiste en la virtud», de donde es fácil inferir el valor de «la fama póstuma del justo y bueno» (XXVIII). Y de la virtud sola también había dicho en una de las cartas iniciales que «es la cosa más amable cuanto más la conocemos y cultivamos»; de ahí la sencilla y contundente lección de Ben-Beley a Gazel condensada en esta frase: «hacer bien a todos, mal a ninguno» (XVII). Sin embargo, el que estos principios universales tengan vigencia y validez en todo tiempo y lugar, no parece deducirse del relativismo pesimista de Cadalso.

La dimensión narrativa y los aspectos formales

A pesar de la forma elegida para su obra, o quizá como consecuencia de ella, las *Cartas* presentan distintos niveles estilísticos fácilmente constatables. Predomina ciertamente el tono expositivo propio del género epistolar, cuando meramente se propone abordar la problemática general del ser humano o cuando afronta el examen del propio país en el pasado o en el presente. Pero hay además otras cartas, o fragmentos de cartas, en que se alcanza una dimensión narrativa, un propósito de exposición dinámica en la presentación de situaciones, acciones o personajes. Incluso se llega, más sintéticamente, a enunciados incisivos que participan plenamente de las características del cuentecillo o anécdota, y hasta del chiste. La variación, pues, del contenido de las distintas cartas permiten el paso de la actitud meditativa o didáctica a lo que es fruto de observación directa, reflejado en forma estática y descriptiva, y a lo que participa de la agilidad dinámica del contar. Al haber además personajes, tiene también importancia el diálogo, que comporta a su vez el nivel estilístico de la lengua conversacional. Los distintos niveles, por tanto, del diálogo, la descripción, narración y exposición se van sucesivamente alternando.

Estos cambios de registro formal dan la dimensión literaria de las cartas, en las que sólo la forma sentenciosa de algunas cláusulas, en distribución antitética o paralelística, demuestra una intención estilística que nada tiene que ver con la prosa poética de las *Noches lúgubres*. No hay aquí intención de lograr cadencias sugeridoras, reiteraciones o paralelismos rítmicos, sino de alcanzar la claridad expositiva en un estilo llano, neutro, cuya máxima eficacia se logra cuando la personal ironía del autor altera esa realidad, desenfocándola conscientemente y llegando en algunos casos a una visión deformante. La presencia del escritor en los hechos narrados o en las situaciones expuestas es un claro indicio del subjetivismo de las cartas, pero no en el sentido de explosión afectiva personal, sino en el de la actitud distanciadora, burlona y hasta grotesca.

Al marco de los procedimientos narrativos y al de la extralimitación caricaturesca de lo descrito, pertenecen fragmentos más o menos extensos, como el del señorito andaluz y el tío Gregorio, considerado por Hughes el episodio más destacable artísticamente (VII); el gracioso modo de establecer cuantitativamente la forma de poligamia que cultivan los cristianos (X); el abuso e inmoderada ansia de títulos de nobleza (XII), situación reiterada en la mención de Pedro Fernández, que, a pesar de sus títulos, siempre será Pedro Fernández (XXV); el curioso tipo humano del proyectista y su idea de dividir en aspa la península para su administración y gobierno (XXXIV); la vivaz descripción de las tertulias (X, XXXIII y LVI); el orgullo de los hidalgos españoles provincianos (XXXVIII); la anécdota personal de cuando se quedó sin un zapato (LXIV); el cuentecillo de los anteojos, que los soldados franceses suponen parte del vestuario de los españoles (LX); las sucesivas muertes de los seis maridos de una cristiana (LXXV), etc.

La falta de una edición preparada por el propio autor impide calibrar hasta qué punto la organización del epistolario responde a su última voluntad o a un simple momento de su composición. Se comprende, por tanto, la tentación de emprender la investigación estructural de las cartas, sea en su conjunto, sea individualmente, y hasta el intento de su ordenación temática por argumentos unitarios, como ha hecho Glendinning en su última aportación a esta obra. Destaca incluso la incongruencia del itinerario de Gazel, cuya continuidad no aparece respetada en la usual colocación epistolar. Lo más objetivo parece, sin embargo, aun admitiendo la falta de corrección final, estimar ese fragmentarismo como intencionado, sin que sea necesario llegar a la perfecta sistematización del conjunto. Al igual que no hay un sistema coherente de actitudes morales o críticas, es el mismo estudio de la estructura profunda y de la estructura superficial de las cartas el que demuestra, según Glendinning, los contrastes y aspectos conflictivos que hay en el interior de la obra.

Que no existe corrección definitiva, y me parece indudable, lo manifiesta el aspecto formal de la lengua y estilo. Al no conocer el autógrafo de las *Cartas,* no podemos llegar en este sentido a conclusiones válidas e indiscutibles; sin embargo, mis objeciones a una regularización y racionalización de los elementos léxicos y morfológico-sintácticos de la obra, como han hecho hasta ahora los editores, se basan en que creo que ello falsea el verdadero carácter del estilo de Cadalso. Tanto en las notas a las dos obras que ahora publico, como en mis *Problemas lingüísticos y textuales de las «Cartas Marruecas»*, citados en la Bibliografía, he insistido en este aspecto, por lo que me considero ahora eximido de volver sobre el mismo argumento.

En cuanto al estilo, puede aceptarse como fórmula definitoria, sin que ello suponga una utilización consciente, la de denominarlo «casi anónimo», como ha hecho Marichal, refiriéndose precisamente al «ideal estilístico del justo medio». Efectivamente, el estilo de Cadalso carece de rasgos brillantes o eminentemente caracterizadores e individualizantes; es quizá esa variedad de registros en las *Cartas marruecas* lo que más le caracteriza. Y su lengua responde a un ideal de claridad y precisión para lo que no rehúye ni el neologismo moderado, ni el arcaísmo; y asimismo, aun censurando el exceso de la moda gálica en el lenguaje, que afecta incluso a las estructuras morfosintácticas, tampoco queda él totalmente inmune del contagio.

Su prosa en las cartas participa, por tanto, de los rasgos que han de caracterizar el género ensayístico, al responder primordialmente a una actitud intelectual y crítica ante los temas, pero sin llegar a un vocabulario especializado ni a una formulación rígida, ni comprometerse con posiciones ideológicas establecidas. Además, la agilidad expresiva, la brevedad en la exposición, la variedad de ejemplos le sitúan en la línea de escritores que alcanzarán su culminación en un Larra o en los noventayochistas —lo que explica la simpatía de Azorín— sin olvidar, entre los grandes precedentes clásicos, ni a Cervantes ni a Quevedo. De los prosistas extranjeros menciona a Montesquieu (XLIX), pero no a Rousseau, y suprime el nombre de Voltaire al revisar la redacción inicial (XLIX, nota 2).

Por último, dos declaraciones del propio Cadalso parecen obedecer más a una autojustificación que a una autodefinición estilística: una la que finge que le dirige el editor en la *Protesta literaria* final: «el estilo jocoso en ti es artificio; tu naturaleza es tétrica y adusta». Otra en la *Introducción,* cuando dice que algunas cartas «mantienen todo el estilo, y aun el genio, digámoslo así, de la lengua arábiga su original».

Noches lúgubres

Hay obras que parecen destinadas a tener un significado histórico superior o diferente al de su valor intrínseco. Una de esas obras son las *Noches lúgubres:* no puede afirmarse que se trate de un monumento literario de primer orden, pero es innegable la importancia de un texto tan significativo y problemático. Se ha empezado por dudar de su paternidad, de su atribución al propio Cadalso, como ha hecho Díaz-Plaja; pero éste parece un problema ya superado desde las pruebas aportadas por Tamayo y reforzadas por estudios y documentos recientes. Se ha discutido también su alcance autobiográfico, la medida en que ha reflejado situaciones o reacciones vividas; y no hay motivo para dudar del punto de partida real de unos hechos, reelaborados después literariamente con arreglo a una moda europea del tiempo. Admitido el autor y hasta los episodios, han preocupado a Montesinos los límites entre poesía y realidad, llegando a afirmar que lo radicalmente falso de las *Noches,* por parecer mentira, es que todo sea verdad. Y si más recientemente Edith F. Helman considera esta obra como plenamente romántica y a Cadalso como un romántico antes del Romanticismo, Glendinning, en cambio, cree que la fuente probable es literaria, una historia basada en un romance popular y en un tema tradicional español. Otra curiosa particularidad de esta obra es que, habiéndose reeditado multitud de veces a lo largo del siglo pasado, sus impresiones y versiones más antiguas eran desconocidas. Se consideraba como primera edición la de 1798; pero Díaz-Plaja dio a conocer una versión algo distinta publicada en el *Diario de Barcelona* en 1793. Fue J. A. Tamayo quien, al considerar esta última como un plagio, señalaba en 1943 una edición genuina en una *Miscelánea erudita de piezas escogidas,* de 1792. Posteriormente, E. F. Helman encontraba y publicaba la verdadera primera edición, aparecida por entregas en el *Correo de Madrid (o de los ciegos),* entre diciembre de 1789 y enero de 1790. Y todavía diez años más tarde, en 1961, N. Glendinning daba a conocer una copia manuscrita existente en el Museo Británico y que fechaba en torno a 1775.

Cuestión asimismo problemática es la de su extensión y conclusión. Tanto el manuscrito londinense como las primeras seis ediciones constan de tres noches, la última notoriamente inconclusa. En la edición de 1815 se publica el final de la tercera noche, que es indudablemente apócrifo; e incluso en ediciones posteriores apareció una cuarta noche, que, junto a otras imitaciones, demuestran el éxito alcanzado por la obra en el siglo pasado y la facilidad con que se recreaba el tono y el ambiente de la misma.

Vida y literatura

El peso que la biografía personal de Cadalso pudo haber tenido en la narración de las *Noches* es otro de los problemas debatidos. Ignoro por qué la que me parece la explicación más sencilla y probable, es decir, la «literaturización» de un hecho y, sobre todo, de unos sentimientos reales, no ha sido debidamente formulada. Es evidente que la leyenda de un Cadalso desenterrador del cadáver de su amada y el destierro consiguiente ha nacido de la obra en sí, o sea, de la literatura. Pero es incuestionable que a su vez esa literatura ha arrancado del dolor personal derivado de una situación real y vivida: el amor por María Ignacia, la fidelidad que ella demostró hacia el arruinado militar, la perturbación de éste y su grave enfermedad como consecuencia de la prematura muerte. Pero Cadalso ha viajado por Europa, ha aprendido muy bien el inglés y el francés, ha tenido que leer la literatura de moda en los años, precisamente, en que se va a la exaltación del sentimiento, en que el oculto poder evocador de las tinieblas y de los sepulcros ejerce un nuevo y misterioso atractivo. Cuando de adolescente fue por primera vez a Inglaterra, hacía apenas unos diez años que el poeta inglés Edward Young había ido publicando, entre 1742 y 1745, sus nueve *Noches,* que tuvieron un inmediato éxito literario y económico. Esos *Pensamientos nocturnos (Night Thoughts)* de Young, con sus reflexiones, personales o generales, sobre la vida, la muerte, la inmortalidad, el tiempo, la amistad, etc., dieron lugar a una literatura sentimental, meditativa, apoyada en un estilo ampuloso y declamatorio, en que la impresión de soledad del individuo, como consecuencia de la muerte de seres queridos, encuentra cobijo y desahogo en las tinieblas de la noche. Young perdió a su mujer, a su hija y a su yerno, y en edad madura alcanzó la fama literaria vertiendo su dolor en versos vehementes teñidos de esa mezcla característica de lo lóbrego y lo sepulcral. No puede sorprender que la reacción literaria de Cadalso, ante la muerte de la persona en quien tenía depositada su fe en la vida, coincidiera en el tono, en el estilo, en la forma de la meditación entre tinieblas y tumbas —y sólo en esto— con la moda inglesa de Young, seguida en su misma patria por las *Meditaciones entre los sepulcros* (1748), de James Hervey, al que también pudo haber tenido en cuenta el poeta español. Y junto a estos modelos ingleses hay que mencionar en primer plano otro francés, el de Rousseau, por el estilo entrecortado y sugerente, vehículo de una intensa subjetividad y de la meditación dolorosa y filosófica.

La leyenda cadalsiana sobre el desatinado propósito del poeta de desenterrar el cadáver de su amada tiene su punto de partida en una famosa carta, de 1791, firmada con las letras «M. A.», que apareció en la edición de 1822 y en alguna otra posterior, en la que se cuenta lo que el título dice explícitamente: *Carta de un amigo de Cadalso sobre la exhumación clandestina del cadáver de la actriz María Ignacia Ibáñez*. En ella se dice que la enfermedad de la cómica motivó «que al tercer día de cama expirase en los brazos de su amante». Ello tanto le perturbó, «que casi terminó en demencia». Cadalso no se apartaba de la losa que cubría a la muerta, hasta que «últimamente paró su violento dolor en la extravagancia de desenterrar el cadáver; pasó al pie de la letra todo lo que describe en la *Primera noche*». Por la vigilancia de espías puestos por el conde de Aranda —sigue diciendo la carta— no pudo el infeliz enamorado llevar a efecto su intento, y el Conde terminó por desterrarlo. La obra se habría compuesto «recientes estos lances» y su autor se vio obligado a interrumpirla por la intervención de un amigo; y cuando, «disipada la melancolía», quiso concluirla, «le fue imposible seguir el mismo estilo, confesando que aquella obra era sólo hija de su sentimiento».

He aquí la vida hecha literatura o, mejor todavía, la literatura convertida en vida, en leyenda. A estos hechos no se hizo referencia en vida de Cadalso. Tanto la composición de la carta como su difusión muy posterior, tienen lugar bastantes años después de la muerte del soldado poeta. Hay, pues, que reducir a sus justos límites los elementos biográficos incorporados a las *Noches*. Pero, en idéntica actitud de contrapeso, hay también que limitar adecuadamente el alcance de las fuentes literarias que dieron forma, con su peculiar tonalidad, a un sentimiento vivido y engendrado por el dolor real de una muerte. Fuentes que sitúan la obra en un contexto nacional y europeo, con independencia de su dimensión personal, y que están ya hoy bien precisadas no sólo por Glendinning y Helman, sino también por Sebold y Edwards.

La novedad de las «Noches»

Precisamente la novedad radical de la obra consiste en haber pretendido aclimatar en la literatura española el género sepulcral, con su típica escenografía y sus reflexiones pesimistas sobre los hombres y su destino, enraizadas en lo más íntimo de una situación personal y expuestas en una prosa mórbida y lenta para producir efectos emocionales. Cierto es que la obra de Young estaba en verso; pero ya la famosa traducción francesa de Le Tourneur era en una prosa grandilocuente y melódica, de intención poética, como también las obras de Rousseau y las *Meditaciones* de Hervey. No cabe duda que al ambiente, a la tonalidad, al modo de tratar el tema y a la especial carga sentimental de esa prosa rebuscada es a lo que se refiere el propio Cadalso cuando afirma taxativamente que se propone imitar el estilo del inglés Young; o, dicho de otro modo, cuando intenta aclimatar un género y una forma que responde a una moda europea, sobre todo nórdica. Cadalso es un escritor de su tiempo, empapado en la ideología de la Ilustración, que cree en el hombre, en la razón humana, pero en ese momento clave del arte europeo de la segunda mitad del siglo XVIII en que empieza a descubrirse y a revalorizarse la fuerza del sentimiento, el valor de las lágrimas, el sentido humanitario que lleva a hacerse eco del dolor propio y del ajeno; y ese momento de exaltación de la propia sensibilidad se expresó de una manera enfática e hinchada, que no es más que otra característica de la época. Cadalso es, en una palabra, el introductor en la literatura española de lo que se ha llamado el Prerromanticismo. Lo cual no quiere decir, naturalmente, que toda la obra de Cadalso deba considerarse prerromántica, ya que lo característico de estos autores, de Cadalso, de Jovellanos, de Meléndez Valdés, es el hallarse en el punto de intersección de corrientes diversas, pero todas ellas confluyentes en la ideología de la Ilustración.

Ver en Cadalso el «primer romántico en acción», como aceptó y repitió Menéndez Pelayo, o a un «romántico antes del Romanticismo», que es la fórmula empleada por Edith F. Helman, es forzar la interpretación en sentido biográfico, porque es examinar la obra como desahogo inmediato y apasionado de una actitud vital. En mi opinión, Cadalso es fiel a una moda literaria, que no es la de cincuenta años más tarde, sino la de su tiempo; participa de caracteres que luego llevará a sus últimas consecuencias el Romanticismo, pero sigue anclado en su siglo y fiel a los modelos de su siglo. Y por eso se le puede llamar prerromántico o, hasta si se prefiere, con otra denominación; pero al calificarlo de romántico, corremos el riesgo de falsear históricamente las perspectivas.

Para Sebold es Cadalso, incluso, *el primer romántico «europeo» de España,* pero no por el peso de su vida reflejado en las *Noches,* sino porque ya está en él la nueva cosmología, la concordancia entre la naturaleza borrascosa y el paisaje interior del alma del protagonista, el «fastidio universal» y la idea del suicidio, tratado por primera vez románticamente. Creo, sin embargo, que se olvidan otros aspectos de la obra propios de la personalidad de los ilustrados: la constante actitud raciocinadora, que niega lo que de misterioso y aterrador hay en un bulto porque resulta ser un perro, dando lugar a un solo comentario lógico: «qué causa tan trivial para un miedo tan fundado»; o los presuntos fantasmas, que pueden hacer temblar en el primer instante, pero —comenta el protagonista— «en el de la reflexión, me aquietara». La falta de elementos concretos con su consiguiente anulación de realidad, observada justamente por Sebold, le llevan a afirmar que más que lugares, «hay *ideas* de lugares»; es decir, reconoce la tendencia a lo abstracto y genérico, frente a la individualización romántica. No son, pues, los sentimientos personales los predominantes, sino las expresiones afectivas vinculadas a principios generales; por eso se exalta como «virtud» —palabra clave del Dieciocho ilustrado—, la amistad, tema que ya está en

Young; o se insiste en la dieciochesca idea de la fraternidad universal. Ni hay, a pesar de la apariencia tumultuosa del estilo, desahogo irreprimible, sino consideraciones sobre los grandes problemas, ante los que se sitúa, sin anularlos en su yo. Y ese intento explicativo, justificativo —no presentativo ni representativo— invalida, además, en mi opinión, la tentación a interpretar la obra como teatral, ya que, además de razonar, casi experimentalmente, las impresiones («lo que te espanta es tu misma sombra con la mía, que nacen de la postura de nuestros cuerpos respecto de aquella lámpara»), se aclaran de palabra los actos realizados, en vez de presentarlos o sugerirlos a un eventual espectador: «ya piso la losa...»; «ya he empezado a alzar la losa de la tumba»; «hacia mí vienen corriendo varios hombres»; «ha expirado asido de mi pierna».

Cadalso es, con todo, el creador, en nuestra literatura, del género sepulcral, dentro de una concepción pesimista del hombre cuya voluntad —más ostentada que realizada— de destrucción y autodestrucción es manifiesta: «Haz un hoyo muy grande, entiérralos todos ellos vivos, y sepúltate con ellos. Sobre tu losa me mataré...» Pero ello no significa que el romanticismo haya nacido medio siglo antes, sino que hasta ese grado llegó —y se ha olvidado con frecuencia— la ilustración prerromántica española.

Por otro lado, la búsqueda de nuevas fuentes literarias españolas, evidentes algunas, harto discutibles las otras, tiene el peligro de desenfocar la manifiesta intención del autor. En este sentido, los estudios cadalsianos tienen una deuda inapreciable con N. Glendinning; pero no hay necesidad de sacar las cosas de quicio. Todos los grandes autores del siglo XVIII conocen bien sus clásicos, sus clásicos españoles; aprenden en ellos su expresión literaria, la reconocen, la proclaman. Pero Cadalso declara abiertamente que se propone seguir el estilo de un autor nórdico. Y que consiguió plenamente su objetivo de lograr un producto extraño a nuestra tradición, lo confirman las reacciones de su tiempo. Recuérdese sobre todo a Quintana, que dio en la clave de la cuestión antes de que la crítica posterior enturbiara la inicial interpretación: «Un lance funesto en sus afectos juveniles le dio ocasión a exhalar su dolor en sus *Noches lúgubres,* imitación también harto infeliz de las *Noches de Young,* ejecutada en una prosa extraña y defectuosa, ajena enteramente de la índole castellana.» Y que ni el gusto ni el ambiente español estaban preparados para recibir semejante obra, que por algo quedó inédita en vida del autor, lo reconoce el propio Cadalso en la LXVII de sus *Cartas marruecas,* cuando confiesa con amargo humor: «Si el cielo de Madrid no fuese tan claro y hermoso, y se convirtiese en triste, opaco y caliginoso como el de Londres..., me atrevería yo a publicar las *Noches lúgubres* que he compuesto a la muerte de un amigo mío, por el estilo de las que escribió el doctor Young. La impresión sería en papel negro con letras amarillas...»

Cuando N. Glendinning, tras rechazar la historia del desenterramiento como suceso verdadero, se pregunta que de dónde le habrá venido la idea, podría fácilmente objetársele que muy bien se le pudo haber ocurrido al propio Cadalso, aunque no lo haya llevado a cabo, en los momentos de debilidad y desequilibrio que siguieron a la muerte de su amada. El crítico inglés, en cambio, relaciona dicha historia con una leyenda folklórica universal que tuvo su versión española en la leyenda de *La difunta pleiteada,* base de un drama, con ese mismo título, atribuido a Lope. A decir verdad, ni hay prueba alguna de que Cadalso conociera esa leyenda ni ciertos detalles vagamente coincidentes, sacados de un romance popular —como la crítica de la codicia («el interés mueve al hombre») o el levantamiento de la losa con ayuda («entre el ermitaño y él / levantan la losa arriba»)— pueden servir de convincente prueba. Es más: nada tienen que ver las *Noches lúgubres* con el tema central de la leyenda, resumido así por María Goyri de Menéndez Pidal en su estudio *La difunta pleiteada,* Madrid, 1909: «Una mujer que, después de sepultada, recobra la vida, y luego disputan, sobre su posesión, dos o más hombres que se creen con derecho a ella.» Por lo mismo, no alcanzo a ver la conexión entre dicho núcleo temático y el desenlace de *Romeo y Julieta,* de donde —según J. K. Edwards— pudo haber tomado Cadalso el motivo sepulcral de la leyenda europea.

Sí, en cambio, son de agradecer al editor e hispanista inglés las relaciones, más concluyentes, entre Cadalso y la tradición moralística española, no sólo con Quevedo y Calderón, ya señaladas por B. Wardropper y reforzadas por el mismo Glendinning, sino con fray Luis de Granada. Y todo ello, naturalmente, más otras nuevas fuentes que pudieran hallarse, sitúan a Cadalso en una obvia tradición hispánica de la que no puede ni debe dudarse. Pero sin olvidar su pretensión de novedad, esa prosa extraña, sugeridora y balbuciente, que supone una adecuación rítmico-reflexiva a unos temas de moda, los cuales, por ser eternos —la muerte, la infelicidad, el dolor, el infortunio—, encuentran fácil correspondencia en cualquier otra época o género literario. No es, pues, nuevo el tema sepulcral por sí mismo, sino la manera de abordarlo, de sentirlo con valor autónomo, sin referencias a la vida eterna y con su solo aparato escenográfico potenciado en el misterio de la noche. Esa muerte sin destino superior, como anulación total, hasta del mismo sufrir humano, es lo que no podía aparecer en nuestros clásicos y ni siquiera se da en el mismo Young, que habla como creyente, y en quien tampoco se encuentra la mezcla con los motivos carcelarios.

A la falta de referencias a la inmortalidad en las *Noches,* hay que añadir la del nombre de Dios; aparece mencionado, sin embargo, cinco veces, pero, al modo de los ilustrados, como Criador o Ser Supremo.

Contenido y forma

Las *Noches* son tres, en forma aparente de diálogo, aunque predominan los parlamentos o soliloquios del protagonista, Tediato. Las tres empiezan con un monólogo de Tediato y terminan con reflexiones del mismo protagonista en respuesta a Lorenzo. Éste, su interlocutor habitual, es un sepulturero, de quien brevemente aparece un hijo en la segunda *Noche*. También en esta parte, a modo de variación, aparecen otros interlocutores, como el Justicia y un Carcelero. En la primera y la última sólo intervienen Tediato y Lorenzo. El nombre de este último deriva de Young, donde está aplicado a un amigo o hijo a quien también el poeta dirige sus reflexiones. Y Lorenzo llamará asimismo Ugo Foscolo al destinatario de las cartas del protagonista de las *Ultime lettere di Iacopo Ortis,* el más acabado modelo de la prosa prerromántica italiana.

La mucha menor extensión de la *Noche* última, a pesar de la idéntica forma del comienzo, con largo monólogo, lleva a la evidencia de que la obra quedó inconclusa. Sin embargo, mi impresión es que el propio autor la aceptó así después porque, en el fondo, no podía llegar a consecuencias distintas a las previsibles en lo ya tratado. Creo admisible que no se tratase de lograr el desenterramiento del cadáver, ya que el intento es sólo pretexto argumental, la única acción de la obra como sustentáculo de la actitud reflexiva del protagonista en torno a la humanidad. Si en las dos primeras *Noches* el anuncio del amanecer obstaculiza la fúnebre tarea, en la tercera no se llega ni mucho menos al alba. La acción sí queda interrumpida, porque no asistimos al nuevo intento de levantar la losa; pero la intención del autor ha quedado ya expuesta: desde la soledad y desesperación del individuo, cuando cree al principio de la primera *Noche* que todo lo creado está contra él («el cielo también se conjura contra mi quietud»), a través de la compasión por su interlocutor, ya al final de la *Noche* segunda («te compadezco tanto como a mí mismo, Lorenzo»), hasta la conclusión humanitaria, que remata la *Noche* última, de que lo único que puede aliviar nuestras penas es ayudar a los que sufren: «El gusto de favorecer a un amigo debe hacerte la vida apreciable, si se conjuraran en hacértela odiosa todas las calamidades que pasas. Nadie es infeliz si puede hacer a otro dichoso.» El verbo *conjurarse,* contra el hombre como víctima, resulta así palabra clave al principio y al final de la obra, e incluso en la parte medial, referida a su amigo Virtelio: «conjurarte con la muerte contra un triste»; pero de una tajante afirmación se llega a una mera concesión, subordinada a la voluntad personal de apoyo al necesitado.

El espectáculo de naturaleza con que se abre la obra es una típica y tópica estampa prerromántica: silencio, tinieblas, lamentos carcelarios, tormenta, llanto. También lo es la descripción de Lorenzo, el sepulturero: «pálido, flaco, sucio, barbado y temeroso», con su «vestido lúgubre», en una extensiva aplicación del adjetivo a lo inanimado. Además de la puerta del cementerio que se resiste, de la losa, de la apertura de la tumba, del hedor y los gusanos, como elementos escenográficos, se abordan en la primera *Noche* otras cuestiones: el interés que mueve a los humanos, la utilidad del dinero sólo si es en pequeña cantidad, el tema dieciochesco de la infeliz América sacrificada, la explicación racionalista del misterioso bulto que parecía juego fantasmal de la fantasía, el egoísmo de los padres, que lleva a la pérdida de significado del parentesco, la amistad como virtud ya desterrada, cuya falta es origen de los males de la sociedad. Del amor no se habla. Es sólo condición psicológica, situación personal de tormento en el protagonista, base de sus meditaciones nocturnas, ansia de unión, incluso de las mismas cenizas tras la muerte.

En el monólogo del principio de la *Noche* segunda, Tediato alude a Virtelio, el único amigo, aunque también terminó por abandonarlo. Ahora el protagonista, mientras espera a Lorenzo para la fúnebre misión, es por error detenido; y se hace así la crítica de la justicia y del carcelero, con el tema de la virtud y la inocencia frente al tormento, y el adecuado cortejo de grillos, verdugos y gemidos en la noche. Libertado horas después, está aún a tiempo, aunque tarde, de acudir a la cita con Lorenzo, a quien no encuentra, pero sí a un niño; es éste el mayor de los siete hijos del sepulturero, que le pone al corriente de las repentinas y acumuladas desgracias de la familia, en forma de muertes, enfermedades y deshonor.

En la *Noche* final, Tediato se expone por tercera vez, dice en su monólogo, al capricho de la fortuna. Y ahora será él quien intenta consolar al desdichado Lorenzo, haciéndole sentirse útil con su pico y su azadón, «viles instrumentos a otros ojos..., venerables a los míos». El final, incierto, refuerza la impresión de una estructura no compactamente articulada. Pero en la actitud vital se ha pasado manifiestamente del obsesivo sufrimiento personal, que llevaba al desprecio del prójimo, a la hermandad de los hombres ante el dolor.

Formalmente, frente a la tradicional y exagerada desvalorización de las *Noches*, como obra de arte, se exagera en sentido opuesto por parte de Sebold. En efecto, no sólo la considera tan innovadora como el *Werther* —a la que quizá se anticipa—, sino que destaca en ella el dominio de esa técnica negadora de la realidad, en la que se justifica la brevedad de la última parte, cuya conclusión es «artísticamente feliz». Me parece, sin embargo, más evidente la impresión de lo acerbo, de lo intuido que no llega a plenitud, como si la frustración de la acción argumental se hubiese contagiado a la estructura literaria.

El adorno de lo verdadero y lo ficticio

En la primera de las cartas cadalsianas publicadas por Ximénez de Sandoval, donde se prueba que las *Noches* eran conocidas ya manuscritas y que Meléndez Valdés, a quien dirige la carta, las había leído en Salamanca, aclara Cadalso que había explicado a su amigo «lo que significaban la parte verdadera, la de adorno y la de ficción». Hemos visto lo que pudo ser verdad (la muerte de María Ignacia, el desvarío y enfermedad del poeta, el amigo que intenta consolarle) y lo que pudo ser ficción (el desenterramiento, la figura de Lorenzo y las desgracias de su familia, el injusto encarcelamiento de Tediato). Nos hemos también referido al «adorno», quizá la novedad mayor de la obra, consistente en un sentido distinto del ritmo de la prosa, como medio de crear un clima emocional que actúe en la sensibilidad del lector.

Dos son las direcciones fundamentales en que se manifiesta esta novedad formal en la que ahora insisto: las rebuscadas cadencias de una prosa conscientemente poética y la utilización de determinados recursos lingüísticos. Los efectos rítmicos de la prosa no sólo se obtienen con la incrustación de algunos endecasílabos, entre ellos —de los citados por Glendinning— varios discutibles y hasta inexistentes, sino y sobre todo, según he dicho en un estudio mío de 1966 sobre *Rococó, Neoclasicismo y Prerromanticismo en la poesía española del siglo XVIII,* con otra serie de unidades rítmicas: señalo, sólo a título de ejemplo, los grupos fónicos octosilábicos en posición relevante («Cada vez que siento el pie, / me parece hundirse el suelo»; «las dos están al caer»; «pronto volveré a tu tumba»; «no me espantan sus tinieblas»); los heptasílabos o hexasílabos paralelos («el lecho conyugal, / teatro de delicias»; «sepulcro de vivos, / morada de horror»); los pies métricos de tres sílabas que surgen a intervalos cadenciosos («El cielo / también se / conjura...»; «cubrílos / de polvo, / cenizas, / gusanos / y podre»; «el mismo ho / rroroso / conjunto / de cosas») o los grupos tetrasilábicos y pentasilábicos, que se engarzan acompasadamente («he enterrado / por mis manos / tiernos niños»; «y besado / tantas veces / con mis labios»; si mueres dentro / del breve plazo / que te señalan»). A los mismos efectos contribuyen las repeticiones frecuentes y las distribuciones paralelísticas, antitéticas o no: «de la infeliz América a la tirana Europa»; «sin cuidarse del virtuoso que padece ni del inicuo que triunfa»; «lleno de aflicciones, privado de bienes».

Desde el punto de vista estilístico-gramatical, hay clara preferencia por determinadas construcciones que dan como resultado esa prosa lenta y enervante, más estática y lírica que narrativa y dinámica, con sus adjetivos antepuestos («vecina cárcel»; «dulce intervalo»; «el día, el triste día»; «prodigiosos entes»; «la trémula llama»; «negro manto de densísima tristeza»; «corto resuello»; «infeliz mortal»; «dulce melancolía»...); y el predominio del estilo nominal, con frecuentes enumeraciones o series rectilíneas de sustantivos, incluso reforzados con aposiciones: «tiernos niños, delicias de sus madres; mozos robustos, descanso de sus padre ancianos; doncellas hermosas y envidiadas de las que quedaban vivas»; «¡Bien venida seas, madre de delitos, destructora de la hermosura, imagen del caos de que salimos!» Y junto a estos apóstrofes y exclamaciones, todas las figuras retóricas que se llaman de sentimiento y la persistencia de otros elementos morfológico-sintácticos, como el adjetivo neutro con complemento («lo interior de mi corazón»; «lo fuerte de su edad»; «lo más tierno de su edad»; «lo fuerte de mi pasión»; «lo duro de las entrañas comunes»; «lo pálido de su semblante»; «lo sensible de mi corazón»; «lo duro de esa piedra») y el empleo de formas indefinidas genéricas como *tanto, todo,* etc.

En cuanto al léxico, parece un repertorio de todo el vocabulario prerromántico en torno a tres esferas: lo sentimental o pasional, lo sepulcral y lo carcelario, con cierta complacencia en esdrújulos como *cadáveres, lámpara, túmulo, trémula, mísero, pálido, pérfido, lúgubre, patíbulo,* etc. Es curiosa la especial resonancia del sustantivo *objeto:* «objeto terrible»; «objeto antiguo de mis delicias, hoy objeto de horror»; «objeto de la lástima». Añádanse *bulto, ente, empresa.*

Esa preocupación formal, el «adorno», produjo extrañeza y hasta resistencia en los contemporáneos; pero fueron conscientes ante ello. Posteriormente, la crítica se desvió por otros derroteros, debido a esa curiosa y original situación de las *Noches lúgubres,* entre vida y ficción por un lado, entre tradición hispánica e imitaciones extranjeras por otro. Lo que en la época pareció una extravagancia y, por tanto, una novedad es lo que ahora me interesaba destacar.

Nuestra edición

Para el texto de las *Cartas marruecas* me propongo ofrecer una versión, tomando como base el ms. F, nunca tenido presente, que aspira a reconstruir los hábitos auténticos de Cadalso como escritor. Aunque ninguno de los cuatro manuscritos conocidos es autógrafo, me atengo, como principio de genuinidad, a la coincidencia de las cuatro redacciones manuscritas. Mientras Dupuis y Glendinning se separan del ms. O, en que se apoyan, en unos 240 lugares (lo que significa para ellos «contados casos»), esta edición ni siquiera en 40 pasajes se aleja de su manuscrito base. Trato, por otra parte, de no intervenir en la escritura cadalsiana con arbitrarios criterios de «corrección», sino de reflejar, en lo posible, las preferencias léxicas y estilísticas del autor, incluidas las aparentes o reales incoherencias gramaticales. Sólo la evidencia de error mecánico o de presumible descuido del amanuense me llevan a no seguir el ms. F. El fijar un texto que responda a los usos lingüísticos de Cadalso lleva la atención al aspecto formal, tan descuidado por los citados hispanistas, según lo expuesto y demostrado en mi artículo «Problemas lingüísticos y textuales...», citado en la Bibliografía.

Como el número de variantes no sólo léxicas, sino ortográficas, morfológicas y hasta de enteras secuencias, supera con mucho el millar en relación a la edición de Dupuis-Glendinning, reservo para otra ocasión el entero aparato de las diferencias textuales y la discusión filológica de los problemas, limitándome, en el texto que ahora ofrezco, a señalar tan sólo las variantes más significativas o de especial relieve lingüístico. A las notas del texto ya tamizado, se unen las de carácter histórico-cultural —en las que justo es reconocer la deuda contraída con la edición de los susodichos hispanistas— y las notas morfológico-sintácticas y léxicas. Para estas últimas he usado —y hasta quizás conscientemente abusado— del *Diccionario de Autoridades (Aut.)*, cuyos seis tomos se publicaron entre 1726 y 1739: he creído así dar un más fiel reflejo del gusto y de las normas lingüísticas ya asimiladas por la generación de Cadalso, aprovechando sobre todo los rasgos vivos y pintorescos tan frecuentes en dicho Diccionario, evocadores del ámbito social o del alcance cronológico y semántico del vocablo.

La puntuación se ha adaptado obviamente al uso actual, como asimismo se ha actualizado la ortografía, salvo en los casos en que ésta pudiera tener repercusión fonética o lingüística, o un alcance en algún modo significativo: así, he respetado *almanak, kalendario, comprehender, quinta esencia*, etc.

En cuanto a las *Noches lúgubres* reimprimo, corrigiendo pequeños descuidos, el texto ya por mí publicado en 1970, que aparecía entonces así justificado:

El texto de la presente edición sigue fundamentalmente el del *Correo de Madrid (o de los ciegos),* de 1789-90, que debe considerarse la edición príncipe. Se ha modernizado por completo la ortografía y puntuación, se corrigen las erratas evidentes, que ni siquiera están indicadas, y se introducen algunas leves modificaciones, anotando siempre el motivo. Sólo se han tenido en cuenta las variantes más significativas en relación con el manuscrito londinense. También se han utilizado, quizá por primera vez, las *Apuntaciones autobiográficas* de Cadalso. El comentario tiende a poner de relieve sobre todo las especiales características de la sintaxis de las *Noches*.

He aumentado considerablemente el número de notas, sobre todo para adecuarlas al criterio seguido en el texto de las *Cartas marruecas*. Y he incluido, finalmente, nuevas variantes, de interés lingüístico, que ofrece el texto del *Correo* en relación con el manuscrito, no señaladas en la edición de Glendinning.

Bibliografía selecta

I. *CARTAS MARRUECAS:* FUENTES MANUSCRITAS E IMPRESAS

La relación bibliográfica completa de los manuscritos y ediciones conocidas hasta 1963 consta en la edición de los hispanistas Dupuis y Glendinning. Me limito, por tanto, a dar noticias de las fuentes indispensables, poniéndolas al día.

A) Manuscritos

Ms. O, así llamado por proceder de la biblioteca de los duques de Osuna, actualmente en la Biblioteca Nacional de Madrid, y base de la edición de Dupuis-Glendinning (D-G).

Ms. H, que se encuentra hoy en Nueva York, en la Biblioteca de la Hispanic Society de América.

Ms. L, que está en la Biblioteca del Museo Lázaro Galdiano, en Madrid.

Ms. F, que denominaré así por haber pertenecido al académico y catedrático Ángel Ferrari, y que hoy se encuentra, por él donado, en la Biblioteca de la Real Academia de la Historia. Nunca ha sido tenido en cuenta hasta ahora y es el fundamento de la presente edición.

B) EDICIONES

a) *Siglo XVIII*

1. *Cartas marruecas escritas por un imparcial político*, en *Correo de Madrid*, tomos IV y V, desde el 14 de febrero hasta el 25 de julio de 1789.

2. *Cartas Marruecas*, Madrid, Sancha, 1793. Edición claramente manipulada y «corregida» por el editor.

3. *Cartas Marruecas*, Barcelona, Piferrer, 1796.

b) *Siglo XIX*

Desde 1803 a 1855 se conocen, al menos, otras dieciséis ediciones completas o fragmentarias de las *Cartas*, que siguen fundamentalmente el texto ofrecido por Sancha en 1793.

Fueron muy pronto traducidas al francés por Froment Champ-La-Garde: *Aperçu moral, politique et critique de l'Espagne, ou Lettres Africaines*, París, J. Guillé fils, 1808. Y once *Cartas*, con traducción inglesa, se publicaron en *Noticia selecta de los más excelentes prosistas*, Londres, 1825.

c) *Siglo XX*

Más de veinte entre ediciones y reimpresiones pueden reseñarse en el presente siglo, desde 1917 —la publicada por la Editorial Calleja, con prólogo de Azorín—, hasta 1975.

Las más importantes son las dos siguientes:

— *Cartas Marruecas*. Prólogo, edición y notas de Juan Tamayo y Rubio, Madrid, Espasa-Calpe, 1935.

Sigue, por primera vez, el texto del *Correo de Madrid,* en vez del de Sancha, aunque introduciendo muchas correcciones de éste. Al no advertirlo siempre, ofrece un texto híbrido y poco seguro.

Cartas Marruecas. Prólogo, edición y notas de Lucien Dupuis y Nigel Glendinning, Londres, Támesis Books Limited, 1966 (2.ª impr., 1971).

Edición fundamental, que por primera vez se apoya en una fuente manuscrita, concretamente en la señalada con la sigla O. Las aportaciones eruditas y culturales al texto, junto con las aclaraciones al mismo, son de indudable valor. Mis reservas, casi estrictamente formales, a ciertas injustificadas «correcciones» y a muchas de las variantes aceptadas o preferidas, constan en mi artículo «Problemas lingüísticos y textuales de las 'C.M.'», cit. en la Bibliografía. Señalo únicamente, como erratas meramente mecánicas, *cotalanes* (XXVI, lín. 106), «amante de su *partia*» (XXXIX, lín. 23), «*del* algunos» (LXVII, 219); también «desde principios», sin artículo (VIII, 10) y, en otro orden de apreciaciones, las formas *con que,* en vez de *conque* (Intr., 85, y otros); *bastante,* en vez de *bastantemente* (VI, 62); la falta de algunos acentos en pronombres interrogativos, comas, etc.

Con posterioridad a la edición de Dupuis y Glendinning hay otras tres que nada aportan en el aspecto textual y hasta significan, dos de ellas, un evidente retroceso, al ignorar o no tener en cuenta la edición londinense. Me refiero principalmente a la de la Editorial Bruguera, debida a Ángeles Cardona de Gibert y Enrique Rodríguez Vilanova (Barcelona, 1967, con 2.ª edición 1975), sin notas; y a la que, con prólogo de Ramón Solís (Biblioteca Básica Salvat, 1971 y Biblioteca General Salvat, 1973), publicó la Editorial Salvat. Se atiene, en cambio, al texto establecido por los dos hispanistas y ha añadido algunas notas de carácter divulgador, la edición preparada por Rogelio Reyes, Madrid, Editora Nacional, 1975.

II. *NOCHES LÚGUBRES:* FUENTES IMPRESAS

A) EDICIONES

a) *Siglo XVIII*

1. *Correo de Madrid (o de los ciegos),* tomo VI, 1789-90.
2. *Miscelánea erudita de piezas escogidas: de eloqüencia, poesía, etc., ya publicadas, ya inéditas,* t. I, Alcalá, 1792.
3. *Noches lúgubres,* por el coronel don Josef Cadalso, imitando el estilo de las que escribió en inglés el doctor Young, Barcelona, Imprenta de Sastres, 1798.

b) *Siglo XIX*

Largo resultaría enumerar todas las publicaciones de las *Noches* en el siglo pasado, prueba inequívoca de su clamoroso éxito. Entre los años 1802 hasta 1880 aproximadamente se pueden contar hasta cuarenta ediciones y reimpresiones de esta obra de Cadalso. Es curioso notar que en Burdeos se imprimió, en 1818 y 1823, junto con *El delincuente honrado,* de Jovellanos. En la edición de Repullés, de 1815, aparece por primera vez el final de la *Noche* tercera, y a partir de la edición madrileña de 1822 empieza a añadirse la cuarta *Noche.*

De este siglo hay incluso una temprana traducción francesa: *Les Nuits lugubres...,* traduites de l'espagnol par Achille Du Laurens, París, Ponthieu, 1821.

c) *Siglo XX*

De nuestro siglo hay las ocho ediciones siguientes:
1. Madrid, L. Esteso, 1918.
2. Madrid, Imprenta de Juan Pueyo, 1919.
3. Liverpool, Publications of the Bulletin of Spanish Studies, 1933. Edición e introducción de Emily Cotton.
4. Madrid, Ediciones Atlas, vol. 45 de la colección Cisneros, 1943. Prólogo de Antonio Jiménez-Landi.
5. Buenos Aires, Emecé Editores, 1943. Prólogo de Luis Alberto Menafra.
6. Santander-Madrid, Antonio Zúñiga, editor, 1951. Edición e introducción de Edith F. Helman.

Edición limitada de sólo 306 ejemplares, de lo que se lamentó con razón J. F. de Montesinos en una reseña de la NRFH, VIII (1954), 87-91. Frente a las ediciones del siglo actual, que han tendido a apoyarse en las versiones decimonónicas, la señora Helman sigue por primera vez el texto de la primera edición, la del *Correo de Madrid,* con excesivo e injustificado escrúpulo, que la lleva a respetar hasta las erratas, como «sepultero» (pág. 62), «fantamas» (pág. 63), «la monor parte» (66), «natureleza» (67), «rtopel» (85), etc. En la cuidada impresión se escapan además algunos otros errores mecánicos, como «veamos» por «vamos» (63), «verle» por «ver» (70) y «muere» por «muera» (92); faltan las palabras «acaba» (69) y «ya» (89), mientras hay un «yo» redundante (75), en relación con el texto que adopta. En los Apéndices publica, además, la conclusión de la *Noche* tercera y la *Noche* cuarta.

7. Madrid, Espasa-Calpe, 1961, vol. 152 de Clásicos Castellanos. Edición, prólogo y notas de Nigel Glendinning.

Se basa en un manuscrito contenido en un tomo de *Papeles varios históricos,* en el Museo Británico, copia hecha por dos amanuenses. Por tener gran parte de los papeles relación con la expedición de Argel de 1775, se atribuye aproximadamente a este año. Las variantes que presenta, confrontadas con las primeras impresiones, son bastantes, pero de no gran importancia. Parece un texto algo más completo y quizá más corregido. Creo atribuibles a erratas mecánicas de la edición, y no a lecciones del manuscrito, las expresiones «al hombre» en vez de «al hombro» (pág. 6) y «las dos» por «las doce» (pág. 20).

8. Madrid, Taurus, 1968. Edición e introducción de Edith F. Helman.

Reproducción, en edición más popular, de la preparada por la misma Helman en 1951, con los descuidos textuales ya señalados. Corrige, en cambio, las erratas mecánicas de la primera edición, pero no los errores que se le escaparon en 1951; y mantiene además equívocamente la misma arbitraria puntuación y ortografía.

9. Salamanca, Anaya, 1970. Introducción, edición y notas de Joaquín Arce.

Texto que, con ligeras correcciones y notable aumento de notas, se reproduce en la presente edición. Para el diferente criterio seguido en relación con la edición de Glendinning, véase el apartado *Nuestra edición.*

10. Madrid, Libra, 1972 (Colección Púrpura).

Se publica con los *Eruditos a la violeta* y no significa nada en la historia del texto.

B) Imitaciones

Desde los primeros momentos fueron imitadas las *Noches*. Recuérdese en primer término la obra perdida de Meléndez Valdés, *Tristemio, diálogos lúgubres en la muerte de su padre,* en la que tanto el título como el nombre del protagonista y la forma dialogada son claro indicio de la derivación. En 1793 se publica en el *Diario de Barcelona,* firmado por «El Catalán Melancólico», una *Noche lúgubre,* dada a conocer por G. Díaz-Plaja, que no es más que un plagio, según J. A. Tamayo, de la primera *Noche* cadalsiana. A principios del siglo XIX son varios los escritores hispanoamericanos que se hacen eco de la moda melancólica de la noche y de las tumbas y se mueven entre la imitación de Cadalso y Meléndez por un lado, y la de Young y los ingleses por otro; recuérdese a los mejicanos fray Manuel de Navarrete, con su *Noche triste* y sus *Ratos tristes;* a J. J. Fernández de Lizardi, también y más patentemente con sus *Noches tristes* (1818); y al colombiano José María Grueso, que, según Farinelli, tiene presente a Cadalso en los endecasílabos de sus *Noches.*

Además de la anónima conclusión de la *Noche* tercera, en la edición de 1815, y de la asimismo anónima *Noche* cuarta, en la edición de 1822, repetidas ambas en alguna otra posterior, debe mencionarse la continuación de don José Cajigal, que señala Tamayo, como asimismo los *Días fúnebres,* de Francisco de Paula Mellado, Madrid, 1832. Asimismo Patricio de la Escosura tiene unas *Noches lúgubres,* que quedaron inéditas, basadas en la vida de Cadalso. E incluso, a finales del siglo, E. F. Helman cita *Los amores de un poeta* (1893), que figuran en las *Obras* de Dionisio Nogales-Delicado y Rendón.

Hasta un dramaturgo y narrador contemporáneo, Alfonso Sastre, se dejó arrastrar por la sugestión del título y del ambiente en una serie de relatos de terror, significativamente titulados *Noches lúgubres,* Madrid, Editorial

Horizonte, 1964, reeditadas por Ediciones Júcar, Madrid, 1973, con prólogo de Aurora de Albornoz. El autor, que se coloca, citándolo, en la misma situación del Tediato cadalsiano, anunciaba una nueva serie de narraciones, no publicados hasta el momento, que responderían al título de *Nuevas noches lúgubres*.

III ESTUDIOS FUNDAMENTALES

A) Sobre el siglo XVIII español

Aguilar Piñal, Francisco, *Bibliografía fundamental de la Literatura Española. Siglo XVIII*, Madrid, S.G.E.L., 1976.

— *La prosa del siglo XVIII*, Madrid, La Muralla, 1974 («Literatura española en imágenes», núm. 19).

Alborg, Juan Luis, *Historia de la Literatura Española*, tomo III, siglo XVIII, Madrid, Gredos, 1972.

Caso González, José, *La prosa en el siglo XVIII*, en *Historia de la literatura española*, vol. II. Siglos XVII y XVIII, Madrid, Guadiana, 1975. (En la misma *Historia*, las características generales del siglo se deben a Elena Catena; la poesía, a Joaquín Arce, y el teatro, a René Andioc.)

Cotarelo y Mori, Emilio, *Iriarte y su época*, Madrid, Sucesores de Rivadeneyra, 1897.

Di Pinto, Mario, *Il Settecento*, en *La Letteratura spagnola dal Settecento a oggi*, Florencia, Sansoni-Accademia, 1974.

Glendinning, Nigel, *Historia de la literatura española. El siglo XVIII*, Barcelona, Ariel, 1973.

Herr, Richard, *España y la revolución del siglo XVIII*, Madrid, Aguilar, 1964.

Menéndez Pelayo, Marcelino, *Historia de las ideas estéticas en España*, Madrid, Pérez Dubrull, 1883-1891. (Edición Nacional, 1940.)

QUINTANA, Manuel José, *Introducción a la poesía castellana del siglo XVIII*, t. III de las *Poesías selectas
castellanas, desde el tiempo de Juan de Mena hasta
nuestros días*, Madrid, Gómez Fuentenebro, 1807.

SARRAILH, Jean, *La España ilustrada de la segunda mitad
del siglo XVIII*, México, Fondo de Cultura Económica, 1957.

B) SOBRE CADALSO EN GENERAL

FERRARI, Ángel, «Las 'Apuntaciones autobiográficas' de
José Cadalso en un manuscrito de 'Varios'», en *Bo-
letín de la Real Academia de la Historia*, CLXI
(1967), 111-143.

GLENDINNING, Nigel, *Vida y obra de Cadalso*, Madrid,
Gredos, 1962.

LUNARDI, Ernesto, *La crisi del Settecento. José Cadalso*,
Génova, Romano Editrice Moderna, 1948.

RAIMONDI CAPASSO, Maddalena, «Cadalso e Rousseau»,
en *ACME*, Milán, XX (1967), 97-115.

RAMÍREZ-ARAUJO, Alejandro, «El cervantismo de Cadalso», en *The Romanic Review*, XLIII (1952), 256-65.

SEBOLD, Russell P., *Cadalso: el primer romántico «europeo» de España*, Madrid, Gredos, 1974.

TAMAYO Y RUBIO, Juan, *Prólogo* a su edición citada de
las *Cartas Marruecas*, 1935.

XIMÉNEZ DE SANDOVAL, Felipe, *Cadalso (Vida y muerte
de un poeta soldado)*, Madrid, Editora Nacional, 1967. Interesa el Apéndice, *Las quince cartas
inéditas de Cadalso*, que habían sido publicadas anteriormente en *Hispanófila*, núm. 10, 1960.

C) SOBRE LAS «CARTAS MARRUECAS»

ADINOLFI, Giulia, «Le 'Cartas Marruecas' di José Cadalso e la cultura spagnola della seconda metà del
Settecento», en *Filologia Romanza*, Turín, III (1956),
páginas 30-83.

Arce, Joaquín, «Problemas lingüísticos y textuales de las 'Cartas Marruecas'», en *Cuadernos para la investigación de la literatura hispánica,* I (1978), núm. 1.

Azorín, *Cadalso,* en *Lecturas españolas,* Buenos Aires, Espasa-Calpe, 1938.

Dubuis, Michel, «La 'gravité espagnole' et le 'sérieux'. Recherches sur le vocabulaire de Cadalso et de ses contemporains», en *Bulletin Hispanique,* LXXVI (1974), 5-91.

Dupuis, Lucien, y Glendinning, Nigel, *Prólogo* a su mencionada edición de las *Cartas Marruecas,* 1966.

Edwards, June K., *Tres imágenes de José Cadalso: El crítico, el moralista, el creador,* Sevilla, Publicaciones de la Universidad, 1976, «Col. de ·bolsillo», número 48.

Glendinning, Nigel, *Structure in the «Cartas marruecas» of Cadalso,* en *The Varied Pattern: Studies in the 18th Century,* Toronto, McMaster University, 1971, 51-76.

Hughes, John B., *José Cadalso y las «Cartas Marruecas»,* Madrid, Tecnos, 1969.

Lope, Hans-Joachim, *Die «Cartas marruecas» von José Cadalso. Eine untersuchung zur Spanischen Literatur des XVIII Jahrhunderts,* Frankfurt am Main, 1973, «Anales Romanica», 35.

Maravall, José Antonio, *De la Ilustración al Romanticismo: El pensamiento político de Cadalso,* en *Mélanges à la mémoire de Jean Sarrailh,* París, 1966, II, págs. 7-13.

Marichal, Juan, *Cadalso: el estilo de un «hombre de bien»,* en *La voluntad de estilo,* Madrid, Revista de Occidente, 1971, págs. 151-172. (Se había ya publicado en 1959 en *Papeles de Son Armadans.)*

Matus, E., «Una interpretación de las 'Cartas marruecas' de Cadalso», en *Estudios Filológicos,* núm. 3, 1967, págs. 67-91.

Saint-Lu, André, *Cadalso et Santiago. Notes a la Carta Marrueca LXXXVII,* en *Mélanges,* cit., 313-24.

Tamayo y Rubio, Juan, «'Cartas Marruecas' del coronel don Joseph Cadahalso. Estudio crítico», Granada, 1922, en los *Anales de la Facultad de Filosofía y Letras de la Universidad de Granada*, vol. III.

D) Sobre las «Noches lúgubres»

Díaz-Plaja, Guillermo, *Introducción al estudio del Romanticismo español*, Madrid, Espasa-Calpe, 1942 (la primera edición es de 1936). El apéndice núm. 2 se titula *Un nuevo texto de la primera «Noche lúgubre» de Cadalso. Problemas que plantea.*

Edwards, June K., *Tres imágenes...*, cit.

Glendinning, Nigel, *Prólogo* a su mencionada edición de las *Noches*, de 1961. Había publicado anteriormente «New light on the text and ideas of Cadalso's 'Noches lúgubres'», en *Modern Languages Review*, 1960; y contemporáneamente a la edición, «The Traditional Story of 'La difunta pleiteada' Cadalso's 'Noches lúgubres' and the Romantics», en *Bulletin of Hispanic Studies*, 1961.

Gómez del Prado, C., «José Cadalso, 'Las noches lúgubres' y el determinismo literario», en *Kentucky Foreing Language Quarterly*, XIII (1966), 209-219.

Hafter, M. Z., «Escosura's 'Noches lúgubres', an impublished play based on Cadalso's life», en *Bulletin of Hispanic Studies*, XLVIII (1971), 36-42.

Helman, Edith, *Introducción* a su citada edición de las *Noches*, de 1951, reproducida asimismo en la de 1968. Previamente había publicado «The First Printing of Cadalso's *Noches lúgubres*», en *Hispanic Review*, XVIII, núm. 2, 1950.

— «A note on an immediate source of Cadalso's 'Noches lúgubres'», en *Hispanic Review*, XXV (1957), páginas 122-125.

Montesinos, José F., «Cadalso o la noche cerrada», en *Cruz y Raya*, Madrid, abril de 1934, págs. 5-18.

Tamayo, Juan A., «El problema de las 'Noches lúgubres', en *Revista de Bibliografía Nacional,* Madrid (1943), fascículo 4.

Van Tieghem, Paul, *La poésie de la nuit et des tombeaux,* en *Le Préromantisme,* París, SFELT, II, 1929.

Wardropper, B., «Cadalso's 'Noches lúgubres' and Literary Tradition», en *Studies in Philology,* XLIX (1952), 619-630.

E) Bibliografía complementaria o citada

Arce, Joaquín, «Rococó, neoclasicismo y prerromanticismo en la poesía española del siglo xviii», en *Cuadernos de la Cátedra Feijoo,* II, núm. 18, Oviedo, 1966.

— «El conocimiento de la literatura italiana en la España de la segunda mitad del siglo xviii», en *Cuadernos de la Cátedra Feijoo,* núm. 20, Oviedo, 1968.

— «Cadalso y la poesía del siglo ilustrado». Conferencia. En *Cuadernos para la investigación...,* cit., número 1, 1978.

Baquero Goyanes, Mariano, *Perspectivismo y crítica en Cadalso, Larra y Mesonero Romanos,* en *Perspectivismo y contraste (de Cadalso a Pérez de Ayala),* Madrid, Gredos, 1963, págs. 11-41.

Domínguez Ortiz, Antonio, *Sociedad y Estado en el siglo XVIII español,* Barcelona - Caracas - México, Ariel, 1976.

Helman, Edith, *Cadalso y Goya: sobre caprichos y monstruos,* en *Jovellanos y Goya,* Madrid, Taurus, 1970, páginas 125-155.

Lapesa, Rafael, «Ideas y palabras: del vocabulario de la Ilustración al de los primeros liberales», en *Asclepio,* XVIII-XIX (1966-67), 189-218.

Marías, Julián, *La España posible en tiempos de Carlos III,* Madrid, Sociedad de Estudios y Publicaciones, 1963.

Martín Gaite, Carmen, *Usos amorosos del dieciocho en España,* Madrid, Siglo XXI, 1972.

MERCADIER, Guy, edición, prólogo y notas a CADALSO, *Defensa de la nación española contra la «Carta Persiana LXXVIII» de Montesquieu*, Université de Toulouse, 1970.

PALOMO, Pilar, «El descenso de Cadalso a los infiernos», en *Prohemio*, III (1972), 29-43.

SÁNCHEZ AGESTA, Luis, *El pensamiento político del despotismo ilustrado*, Madrid, Instituto de Estudios Políticos, 1953.

SEBOLD, Russell P., edición, introducción y notas a J. F. DE ISLA, *Fray Gerundio de Campazas*, Madrid, Espasa-Calpe, 1960 (2.ª ed., 1969).

Cartas marruecas

Introducción [1]

Desde que Miguel de Cervantes compuso la inmortal [2] novela en que criticó con tanto acierto algunas viciosas costumbres de nuestros abuelos, que sus nietos hemos reemplazado con otras, se han multiplicado las críticas de las naciones más cultas de Europa en las plumas de autores más o menos imparciales; pero las que han tenido más aceptación entre los hombres de mundo y de letras son las que llevan el nombre de Cartas, que suponen escritas en este u [3] aquel país por viajeros naturales de reinos no sólo distantes, sino opuestos en religión, clima y gobierno. El mayor suceso [4] de esta especie

---

[1] El entero volumen manuscrito que me sirve de base se abre directamente con esta *Introducción.* El ms. O, en el que se apoyan para su edición Dupuis y Glendinning (D-G), lleva por título *Cartas escritas por un moro de la comitiva del embajador de Marruecos sobre las costumbres de los españoles modernos y antiguos.*

[2] *inmortal:* en F y otros ms., menos O, «inmemorial». Aunque no descarto que esta última forma remonte al propio Cadalso, parece admisible suponer que fue por él mismo corregida como inadecuada en este contexto. En efecto, la utiliza con toda propiedad en la Carta VI: «de inmemorial genealogía».

[3] *u:* respeto siempre esta forma de la conjunción, frecuente a lo largo de las *Cartas,* y todavía normal en L. F. de Moratín, contrariamente al criterio de D-G en su edición, donde, haciendo caso omiso del manuscrito que siguen, la sustituyen por *o,* sin advertirlo, según el uso moderno. Véase mi artículo *Problemas lingüísticos y textuales de las «C.M.»,* cit. en la bibliografía.

[4] *suceso,* por «éxito», se encuentra ya en Fray Luis de León y Herrera, pero en el siglo XVIII se considera galicismo. El propio Cadalso lo repite en la misma Introducción, *con suceso,* y en las

de críticas debe atribuirse al método epistolar, que hace su lectura más cómoda, su distribución más fácil, y su estilo más ameno, como también a lo extraño del carácter de los supuestos autores: de cuyo conjunto resulta que, aunque en muchos casos no digan cosas nuevas, las profieren siempre con cierta novedad que gusta.

Esta ficción no es tan natural en España, por ser menor el número de los viajeros a quienes atribuir semejante obra. Sería increíble el título de Cartas Persianas, Turcas o Chinescas [5], escritas de este lado de los Pirineos. Esta consideración me fue siempre sensible porque, en vista de las costumbres que aún conservamos de nuestros antiguos, las que hemos contraído del trato de los extranjeros, y las que ni bien están admitidas ni desechadas, siempre me pareció que podría trabajarse sobre este asunto con suceso, introduciendo algún viajero venido de lejanas tierras, o de tierras muy diferentes de las nuestras en costumbres y usos.

La suerte quiso que, por muerte de un conocido mío, cayese en mis manos un manuscrito cuyo título es: *Cartas escritas por un moro llamado Gazel Ben-Aly, a Ben-Beley, amigo suyo, sobre los usos y costumbres de los españoles antiguos y modernos, con algunas respuestas de Ben-Beley, y otras cartas relativas a éstas.*

Acabó su vida mi amigo antes que pudiese explicar-

Cartas III, VI, IX, X y XXVI (dos veces). Con su valor propio de «acontecimiento» lo usa también al principio de la Carta III, mientras en esta misma carta vuelve, en el antepenúltimo párrafo, a la otra acepción: *hallar los mismos sucesos.*

[5] Cadalso parece darse cuenta de que, dentro de su ficción exótica, conviene respetar en lo posible la verosimilitud de lo contado. Por eso busca un país de relaciones efectivas con España, ya que en 1766 había tenido lugar la visita del embajador de Marruecos, llamado precisamente Sidi Hamet El Gazel. Además, las alusiones del texto hacen referencia a obras literarias reales: las famosas *Lettres persanes* (1721) de Montesquieu; probablemente las *Lettres d'une turque à Paris* (1731), atribuidas a Poullain de Saint-Foix, publicadas como suplemento a las cartas persas (si no se trata del *Esploratore turco,* de 1684, de Gian Paolo Marana, inspirador de Montesquieu); y las *Cartas chinescas* de Jean Baptiste d'Argens (1739-40).

me si eran efectivamente cartas escritas por el autor que sonaba, como se podía inferir del estilo, o si era pasatiempo del difunto, en cuya composición hubiese gastado los últimos años de su vida. Ambos casos son posibles: el lector juzgará lo que piense más acertado, conociendo que si estas Cartas son útiles o inútiles, malas o buenas, importa poco la calidad del verdadero autor.

Me he animado a publicarlas por cuanto en ellas no se trata de religión ni de gobierno; pues se observará fácilmente que son pocas las veces que por muy remota conexión se trata algo de estos dos asuntos.

No hay en el original serie alguna de fechas, y me pareció trabajo que dilataría mucho la publicación de esta obra el de coordinarlas; por cuya razón no me he detenido en hacerlo ni en decir el carácter de los que las escribieron. Esto último se inferirá de su lectura. Algunas de ellas mantienen todo el estilo, y aun el genio, digámoslo así, de la lengua arábiga su original; parecerán ridículas sus frases a un europeo, sublimes y pindáricas contra el carácter del estilo epistolar y común; pero también parecerán inaguantables nuestras locuciones a un africano. ¿Cuál tiene razón? ¡No lo sé! No me atrevo a decirlo; ni creo que pueda hacerlo sino uno que ni sea africano ni europeo. La naturaleza es la única que pueda ser juez; pero su voz, ¿dónde suena? Tampoco lo sé. Es demasiada la confusión de otras voces para que se oiga la de la común madre en muchos asuntos de los que se presentan en el trato diario de los hombres.

Pero se humillaría demasiado mi amor propio dándome al público como mero editor de estas cartas. Para desagravio de mi vanidad y presunción, iba yo a imitar el método común de los que, hallándose en el mismo caso de publicar obras ajenas a falta de suyas propias, las cargan de notas, comentarios, corolarios, escolios, variantes y apéndices; ya agravando el texto, ya desfigurándolo, ya truncando el sentido, ya abrumando al pacífico y muy humilde lector con noticias impertinentes, o ya distrayéndole con llamadas importunas, de modo que, desfalcando al autor del mérito genuino, tal cual lo tenga, y aumentando el volumen de la obra, adquieren para sí mismos, a costa de mucho trabajo, el no esperado, pero sí merecido nombre de fastidiosos. En este supuesto, determiné poner un competente número de notas en los parajes en que veía, o me parecía ver, equivocaciones en el moro viajante, o extravagancias en su amigo, o yerros tal vez de los copiantes, poniéndolas con su estrella, número o letra, al pie de cada página, como es costumbre.

Acompañábame otra razón que no tienen los más editores. Si yo me pusiese a publicar con dicho método las obras de algún autor difunto siete siglos ha, yo mismo me reiría de la empresa, porque me parecería trabajo absurdo el de indagar lo que quiso decir un hombre entre cuya muerte y mi nacimiento habían pasado seiscientos años; pero el amigo que me dejó el manuscrito de estas Cartas y que, según las más juiciosas conjeturas, fue el verdadero autor de ellas, era tan mío y yo tan suyo, que éramos uno propio; y sé yo su modo de pensar como el mío mismo, sobre ser tan rigurosamente mi contemporáneo, que nació en el mismo año, mes, día e instante que yo; de modo que por todas estas razones, y alguna otra que callo, puedo llamar esta obra mía sin ofender a la verdad, cuyo nombre he venerado siempre, aun cuando la he visto atada al carro de la mentira triunfante [6] (frase que nada significa y, por tanto, muy propia para un prólogo como éste u otro cualquiera).

Aun así —díceme un amigo que tengo, sumamente severo y tétrico en materia de crítica—, no soy de parecer que tales notas se pongan. Podrían aumentar el peso y

---

[6] La representación de la verdad *atada al carro de la mentira triunfante* pudiera ser un recuerdo, como sugieren D-G, de la fábula que se cuenta en el *Guzmán de Alfarache* (t. II, págs. 244 y ss., de Clásicos Castellanos): tras el mandato de la Verdad, condenada al destierro, fue recibida en su silla la Mentira; la cual, yendo en su carro triunfal, mandó que la Verdad fuese consigo. Obsérvese, sin embargo, que Cadalso se concentra irónicamente en la mera expresión retórica que, literalmente, no procede de Mateo Alemán.

tamaño del libro, y éste es el mayor inconveniente que puede tener una obra moderna. Los antiguos se pesaban por quintales, como el hierro, y las de nuestros días por quilates, como las piedras preciosas; se medían aquéllas por palmos, como las lanzas, y éstas por dedos, como los espadines: conque así sea la obra cual sea, pero sea corta [7].

Admiré su profundo juicio, y le obedecí, reduciendo estas hojas al menor número posible, no obstante la repugnancia que arriba dije; y empiezo observando lo mismo respecto a esta introducción preliminar, advertencia, prólogo, proemio, prefacio, o lo que sea, por no aumentar el número de los que entran confesando lo tedioso de estas especies de preparaciones y, no obstante su confesión, prosiguen con el mismo vicio, ofendiendo gravemente al prójimo con el abuso de su paciencia.

Algo más me ha detenido otra consideración que, a la verdad, es muy fuerte, y tanto, que me hube de resolver a no publicar esta corta obra, a saber: que no ha de gustar, ni puede gustar. Me fundo en lo siguiente:

Estas cartas tratan del carácter nacional, cual lo es en el día y cual lo ha sido. Para manejar esta crítica al gusto de algunos, sería preciso ajar la nación, llenarla de improperios y no hallar en ella cosa alguna de mediano mérito. Para complacer a otros, sería igualmente necesario alabar todo lo que nos ofrece el examen de su genio, y ensalzar todo lo que en sí es reprensible. Cualquiera de estos dos sistemas que se siguiese en las **Cartas Marruecas** tendría gran número de apasionados; y a costa de mal conceptuarse con unos, el autor se hubiera congraciado con otros. Pero en la imparcialidad que reina en ellas, es indispensable contraer el odio de ambas parcialidades. Es verdad que este justo medio es el que debe procurar seguir un hombre que quiera hacer algún uso de su razón; pero es también el de hacerse sospechoso

---

[7] La puntuación de D-G y de sus seguidores, y la separación de «con que» («con que así, sea la obra cual sea, pero sea corta»), no acredita una debida comprensión de la frase, que creo deba interpretarse *sea así la obra cual sea.*

a los preocupados de ambos extremos. Por ejemplo, un español de los que llaman rancios irá perdiendo parte de su gravedad, y casi casi llegará a sonreírse cuando lea alguna especie de sátira contra el amor a la novedad; pero cuando llegue al párrafo siguiente y vea que el autor de la carta alaba en la novedad alguna cosa útil, que no conocieron los antiguos, tirará el libro al brasero y exclamará: ¡Jesús, María y Josef, este hombre es traidor a su patria! Por la contraria, cuando uno de estos que se avergüenzan de haber nacido de este lado de los Pirineos vaya leyendo un panegírico de muchas cosas buenas que podemos haber contraído de los extranjeros, dará sin duda mil besos a tan agradables páginas; pero si tiene la paciencia de leer pocos renglones más, y llega a alguna reflexión sobre lo sensible que es la pérdida de alguna parte apreciable de nuestro antiguo carácter, arrojará el libro a la chimenea y dirá a su ayuda de cámara: esto es absurdo, ridículo, impertinente, abominable y pitoyable [8].

En consecuencia de esto, si yo, pobre editor de esta crítica, me presento en cualquiera casa de una de estas dos órdenes, aunque me reciban con algún buen modo, no podrán quitarme que yo me diga, según las circunstancias: en este instante están diciendo entre sí: este hombre es un mal español; o bien: este hombre es un bárbaro. Pero mi amor propio me consolará (como suele a otros en muchos casos), y me diré a mí mismo: yo no soy más que un hombre de bien, que he dado a luz un papel, que me ha parecido muy imparcial, sobre el asunto más delicado que hay en el mundo, cual es la crítica de una nación [9].

___

[8] *pitoyable,* galicismo crudo, «lamentable». Ver Carta XXXI, nota 7.

[9] Este último párrafo, que se encuentra tanto en nuestro ms. F como en H y L, no aparece en O. En cambio, no consta en F otro breve añadido que tienen H y L: una advertencia de amanuense indicando que algunos párrafos, como el anterior, los coloca entre dos signos por estar rayados en el manuscrito de donde copia, como si el autor hubiera intentado suprimirlos.

CARTA I

GAZEL A BEN-BELEY

He logrado quedarme en España después del regreso de nuestro embajador, como lo deseaba muchos días ha, y te lo escribí varias veces durante su mansión en Madrid. Mi ánimo era viajar con utilidad, y este objeto no puede siempre lograrse en la comitiva de los grandes señores, particularmente asiáticos y africanos. Éstos no ven, digámoslo así, sino la superficie de la tierra por donde pasan; su fausto, los ningunos antecedentes por dónde indagar las cosas dignas de conocerse, el número de sus criados, la ignorancia de las lenguas, lo sospechosos que deben ser en los países por donde caminan, y otros motivos, les impiden muchos medios que se ofrecen al particular que viaja con menos nota.

Me hallo vestido como estos cristianos, introducido en muchas de sus casas, poseyendo su idioma, y en amistad muy estrecha con un cristiano llamado Nuño Núñez[1], que es hombre que ha pasado por muchas vicisitudes de la suerte, carreras y métodos de vida. Se halla ahora separado del mundo y, según su expresión, encarcelado dentro de sí mismo. En su compañía se me pasan con gusto las horas, porque procura instruirme en todo lo que pregunto; y lo hace con tanta sinceridad, que algunas veces me dice: *de eso no entiendo;* y otras: *de eso no quiero entender.* Con estas proporciones hago ánimo de examinar no sólo la corte, sino todas las provincias de la península. Observaré las costumbres de este pueblo, notando las que le son comunes con las de otros

---

[1] El tercer interlocutor de las cartas, amigo de Gazel, el único cristiano y español frente a los dos moros.

países de Europa, y las que le son peculiares. Procuraré despojarme de muchas preocupaciones que tenemos los moros contra los cristianos, y particularmente contra los españoles. Notaré todo lo que me sorprenda, para tratar de ello con Nuño y después participártelo con el juicio que sobre ello haya formado.

Con esto respondo a las muchas que me has escrito pidiéndome noticias del país en que me hallo. Hasta entonces no será tanta mi imprudencia que me ponga a hablar de lo que no entiendo, como lo sería decirte muchas cosas de un reino que hasta ahora todo es enigma para mí, aunque me sería esto muy fácil: sólo con notar cuatro o cinco costumbres extrañas, cuyo origen no me tomaría el trabajo de indagar, ponerlas en estilo suelto y jocoso, añadir algunas reflexiones satíricas y soltar la pluma con la misma ligereza que la tomé, completaría mi obra, como otros muchos lo han hecho.

Pero tú me enseñaste, oh mi venerado maestro, tú me enseñaste a amar la verdad. Me dijiste mil veces que faltar a ella es delito aun en las materias frívolas. Era entonces mi corazón tan tierno, y tu voz tan eficaz cuando me imprimiste en él esta máxima, que no la borrará la sucesión de los tiempos.

Alá te conserve una vejez sana y alegre, fruto de una juventud sobria y contenida, y desde África prosigue enviándome a Europa las saludables advertencias que acostumbras. La voz de la virtud cruza los mares, frustra las distancias y penetra el mundo con más excelencia que la luz del sol, pues esta última cede parte de su imperio a las tinieblas de la noche, y aquélla no se oscurece en tiempo alguno. ¿Qué será de mí en un país más ameno que el mío, y más libre, si no me sigue la idea de tu presencia, representada en tus consejos? Ésta será una sombra que me seguirá en medio del encanto de Europa; una especie de espíritu tutelar que me sacará de la orilla del precipicio; o como el trueno, cuyo estrépito y estruendo detiene la mano que iba a cometer el delito.

CARTA II

Aún no me hallo capaz de obedecer a las nuevas instancias que me haces sobre que te remita las observaciones que voy haciendo en la capital de esta vasta monarquía. ¿Sabes tú cuántas cosas se necesitan para formar una verdadera idea del país en que se viaja? Bien es verdad que, habiendo hecho varios viajes por Europa, me hallo más capaz, o por mejor decir, con menos obstáculos que otros africanos; pero aun así, he hallado tanta diferencia entre los europeos que no basta el conocimiento de uno de los países de esta parte del mundo, para juzgar de otros estados de la misma. Los europeos no parecen vecinos: aunque la exterioridad los haya uniformado en mesas, teatros y paseos, ejército y lujo, no obstante las leyes, vicios, virtudes y gobierno son sumamente diversos, y, por consiguiente, las costumbres propias de cada nación.

Aun dentro de la española, hay variedad increíble en el carácter de sus provincias. Un andaluz en nada se parece a un vizcaíno; un catalán es totalmente distinto de un gallego; y lo mismo sucede entre un valenciano y un montañés. Esta península, dividida tantos siglos en diferentes reinos, ha tenido siempre variedad de trajes, leyes, idiomas y moneda. De esto inferirás lo que te dije en mi última sobre la ligereza de los que por cortas observaciones propias, o tal vez sin haber hecho alguna, y sólo por la relación de viajeros poco especulativos, han hablado de España.

Déjame enterar bien en su historia, leer sus autores políticos, hacer muchas preguntas, muchas reflexiones, apuntarlas, repasarlas con madurez, tomar tiempo para cerciorarme en el juicio que formé de cada cosa, y entonces prometo complacerte. Mientras tanto no hablaré en mis cartas sino de mi salud, que te ofrezco, y de la tuya que deseo completa, para enseñanza mía, educación de tus nietos, gobierno de tu familia y bien de todos los que te conozcan y traten.

CARTA III

Del mismo al mismo

En los meses que han pasado desde la última que te escribí, me he impuesto en la historia de España. He visto lo que de ella se ha escrito desde tiempos anteriores a la invasión de nuestros abuelos y su establecimiento en ella.

Como esto forma una serie de muchos años y siglos, en cada uno de los cuales han acaecido varios sucesos particulares, cuyo influjo ha sido visible hasta en los tiempos presentes, el extracto de todo esto es obra muy larga para remitida en una carta, y en esta especie de trabajos no estoy muy práctico. Pediré a mi amigo Nuño que se encargue de ello, y te lo remitiré. No temas que salga de sus manos viciado el extracto de la historia del país por alguna preocupación nacional, pues le he oído decir mil veces que, aunque ama y estima a su patria por juzgarla dignísima de todo cariño y aprecio, tiene por cosa muy accidental el haber nacido en esta parte del globo, o en sus antípodas, o en otra cualquiera.

En este estado quedó esta carta tres semanas ha, cuando me asaltó una enfermedad en cuyo tiempo no se apartó Nuño de mi cuarto; y haciéndole en los primeros días el encargo arriba dicho, lo desempeñó luego que salí del peligro. En mi convalecencia me lo leyó, y lo hallé en todo conforme a la idea que yo mismo me había figurado; te lo remito tal cual pasó de sus manos a las mías. No lo pierdas de vista mientras durare el tiempo de que nos correspondamos sobre estos asuntos, por ser ésta una clave precisa para el conocimiento del origen de todos los usos y costumbres dignos de la observación de un viajero como yo, que ando por los países de que escribo, y del estudio de un sabio como tú, que ves todo el orbe desde tu retiro.

«La península llamada España sólo está contigua al continente de Europa por el lado de Francia, de la que la separan los montes Pirineos. Es abundante en oro, plata, azogue, piedras, aguas minerales, ganados de excelentes calidades y pescas tan abundantes como deliciosas. Esta feliz situación la hizo objeto de la codicia de los fenicios y otros pueblos. Los cartagineses, parte por dolo y parte por fuerza, se establecieron en ella; y los romanos quisieron completar su poder y gloria con la conquista de España, pero encontraron una resistencia que pareció tan extraña como terrible a los soberbios dueños de lo restante del mundo. Numancia, una sola ciudad, les costó catorce años de sitio, la pérdida de tres ejércitos y el desdoro de los más famosos generales; hasta que, reducidos los numantinos a la precisión de capitular o morir, por la total ruina de la patria, corto número de vivos y abundancia de cadáveres en las calles (sin contar los que habían servido de pasto a sus conciudadanos después de concluidos todos sus víveres), incendiaron sus casas, arrojaron sus niños, mujeres y ancianos en las llamas, y salieron a morir en el campo raso con las armas en la mano. El grande Escipión fue testigo de la ruina de Numancia, pues no puede llamarse propiamente conquistador de esta ciudad; siendo de notar que Lúculo, encargado de levantar un ejército para aquella expedición, no halló en la juventud romana recluta que llevar, hasta que el mismo Escipión se alistó para animarla. Si los romanos conocieron el valor de los españoles como enemigos, también experimentaron su virtud como aliados. Sagunto sufrió por ellos un sitio igual al de Numancia, contra los cartagineses; y desde entonces formaron los romanos de los españoles el alto concepto que se ve en sus autores, oradores, historiadores y poetas. Pero la fortuna de Roma, superior al valor humano, la hizo señora de España como de lo restante del mundo, menos algunos montes de Cantabria, cuya total conquista no consta de la historia de modo que no pueda revocarse en duda[1]. Largas revoluciones inútiles de contarse en este paraje trajeron del Norte enjambres de naciones feroces, codiciosas y guerreras, que se establecieron en España. Pero con las delicias de este clima tan diferente del que habían dejado, cayeron en tal grado de afeminación y flojedad, que a su tiempo fueron esclavos de otros conquistadores venidos de Mediodía. Huyeron los godos españoles hasta los montes de una provincia hoy llamada Asturias, y apenas tuvieron tiempo de desechar el susto[2], llorar la pérdida de sus casas y ruina de su reino, cuando volvieron a salir mandados por Pelayo, uno de los mayores hombres que naturaleza ha producido.

«Desde aquí se abre un teatro de guerras que duraron cerca de ocho siglos. Varios reinos se levantaron sobre la ruina de la monarquía goda española, destruyendo el que querían edificar los moros en el mismo terreno, regado con más sangre española, romana, cartaginesa, goda y mora de cuanto se puede ponderar con horror de la pluma que lo escriba y de los ojos que lo vean escrito. Pero la población de esta península era tal que, después de tan largas y sangrientas guerras, aún se contaban veinte millones de habitantes en ella. Incorporáronse tantas provincias tan diferentes en dos coronas, la de Castilla y la de Aragón, y ambas en el matrimonio de don Fernando y doña Isabel, príncipes que serán inmortales entre cuantos sepan lo que es gobierno. La reforma de abusos, aumento de las ciencias, humillación de los soberbios, amparo de la agricultura, y otras operaciones seme-

---

[1] *revocarse en duda,* calco del francés, creo que nunca señalado por los anotadores: *révoquer en doute,* «poner en duda».
[2] Aquí añade O: «conocer su ignorancia»

jantes, formaron esta monarquía. Ayudóles la naturaleza con un número increíble de vasallos insignes en letras y armas, y se pudieron haber lisonjeado de dejar a sus sucesores un imperio mayor y más duradero que el de la Roma antigua (contando las Américas nuevamente descubiertas), si hubieran logrado dejar su corona a un heredero varón. Nególes el cielo este gozo a trueque de tantos como les había concedido, y su cetro pasó a la casa de Austria, la cual gastó los tesoros, talentos y sangre de los españoles por las continuas guerras que, así en Alemania como en Italia, tuvo que sostener Carlos I de España[3], hasta que cansado de sus mismas prosperidades, o tal vez conociendo con prudencia la vicisitud de las cosas humanas, no quiso exponerse a sus reveses y dejó el trono a su hijo don Felipe II.

«Este príncipe, acusado por la emulación de ambicioso y político como su padre, pero menos afortunado, siguiendo los proyectos de Carlos, no pudo hallar los mismos sucesos aun a costa de ejércitos, armadas y caudales[4]. Murió dejando su pueblo extenuado con las guerras, afeminado con el oro y plata de América, disminuido con la población de un mundo nuevo, disgustado con tantas desgracias y deseoso de descanso. Pasó el cetro por las manos de tres príncipes menos activos para manejar tan grande monarquía, y en la muerte de Carlos II no era España sino el esqueleto de un gigante.»

Hasta aquí mi amigo Nuño. De esta relación inferirás como yo: primero, que esta península no ha gozado una paz que pueda llamarse tal en cerca de dos mil años, y que por consiguiente es maravilla que aún tengan hier-

---

[3] Párrafo alterado, en relación con O, donde, desde *sangre de los españoles* hasta este punto, dice así: «en cosas ajenas de España, y en conciliarla el odio de toda Europa por el exceso de ambición y poder a que llegó Carlos I». La suavización de los conceptos hace pensar justamente en la intervención de la censura o en las observaciones que le hicieron al autor tras su petición de licencia al Consejo de Castilla en 1774. Lo cual no quiere decir que las correcciones no sean debidas al propio Cadalso.

[4] Añade aquí O: «gastados en propagar las ideas de su ambición».

ba los campos y aguas sus fuentes, ponderación que suele hacer Nuño cuando se habla de su actual estado; segundo, que habiendo sido la religión motivo de tantas guerras contra los descendientes de Tarif, no es mucho que sea objeto de todas sus acciones; tercero, que la continuación de estar con las armas en la mano les haya hecho mirar con desprecio el comercio e industria mecánica; cuarto, que de esto mismo nazca lo mucho que cada noble en España se envanece de su nobleza; quinto, que los muchos caudales adquiridos rápidamente en las Indias distraen a muchos de cultivar las artes mecánicas en la península y de aumentar su población.

Las demás consecuencias morales de estos eventos políticos irás notando en las cartas que escribiré sobre estos asuntos.

CARTA IV

DEL MISMO AL MISMO

Los europeos del siglo presente están insufribles con las alabanzas que amontonan sobre la era en que han nacido. Si los creyeras, dirías que la naturaleza humana hizo una prodigiosa e increíble crisis precisamente a los mil y setecientos años cabales de su nueva cronología. Cada particular funda una vanidad grandísima en haber tenido muchos abuelos no sólo tan buenos como él, sino mucho mejores, y la generación entera abomina de las generaciones que le han precedido. No lo entiendo.

Mi docilidad aun es mayor que su arrogancia. Tanto me han dicho y repetido de las ventajas de este siglo sobre los otros, que me he puesto muy de veras a averiguar este punto. Vuelvo a decir que no lo entiendo; y añado que dificulto si ellos se entienden a sí mismos.

Desde la época en que ellos fijan la de su cultura,

hallo los mismos delitos y miserias en la especie humana, y en nada aumentadas sus virtudes y comodidades. Así se lo dije con mi natural franqueza a un cristiano que el otro día, en una concurrencia bastante numerosa, hacía una apología magnífica de la edad, y casi del año, que tuvo la dicha de producirle. Espantóse de oírme defender la contraria de su opinión; y fue en vano cuanto le dije, poco más o menos del modo siguiente:

No nos dejemos alucinar de la apariencia, y vamos a lo sustancial. La excelencia de un siglo sobre otro creo debe regularse por las ventajas morales o civiles que produce a los hombres. Siempre que éstos sean mejores, diremos también que su era es superior en lo moral a la que no produjo tales proporciones; entendiéndose en ambos casos esta ventaja en el mayor número. Sentado este principio, que me parece justo, veamos ahora qué ventajas morales y civiles tiene tu siglo de mil setecientos sobre los anteriores. En lo civil, ¿cuáles son las ventajas que tiene? Mil artes se han perdido de las que florecieron en la antigüedad; y las que se han adelantado en nuestra era, ¿qué producen en la práctica, por mucho que ostenten en la especulativa? Cuatro pescadores vizcaínos en unas malas barcas hacían antiguamente viajes que no se hacen ahora sino rara vez y con tantas y tales precauciones que son capaces de espantar a quien los emprende [1]. De la agricultura, la medicina, ¿sin preocupación no puede decirse lo mismo?

Por lo que toca a las ventajas morales, aunque la apariencia favorezca nuestros días, en la realidad ¿qué diremos? Sólo puedo asegurar que este siglo tan feliz en tu dictamen ha sido tan desdichado en la experiencia como los antecedentes. Quien escriba sin lisonja la historia, dejará a la posteridad horrorosas relaciones de príncipes dignísimos destronados, quebrantados tratados muy justos, vendidas muchas patrias dignísimas de amor,

---

[1] No puede descartarse el personal recuerdo autobiográfico implícito en estas líneas, si consideramos que el padre de nuestro autor, por sus negocios ultramarinos, tardó trece años en conocer a su hijo.

rotos los vínculos matrimoniales, atropellada la autoridad paterna, profanados juramentos solemnes, violado el derecho de hospitalidad, destruida la amistad y su nombre sagrado, entregados por traición ejércitos valerosos; y sobre las ruinas de tantas maldades levantarse un suntuoso templo al desorden general.

¿Qué se han hecho esas ventajas tan jactadas por ti y por tus semejantes? Concédote cierta ilustración aparente que ha despojado a nuestro siglo de la austeridad y rigor de los pasados; pero, ¿sabes de qué sirve esta mutación, este oropel [2] que brilla en toda Europa y deslumbra a los menos cuerdos? Creo firmemente que no sirve más que de confundir el orden respectivo, establecido para el bien de cada estado en particular.

La mezcla de las naciones en Europa ha hecho admitir generalmente los vicios de cada una y desterrar las virtudes respectivas. De aquí nacerá, si ya no ha nacido, que los nobles de todos los países tengan igual despego a su patria, formando entre todos una nación separada de las otras y distinta en idioma, traje y religión; y que los pueblos sean infelices en igual grado, esto es, en proporción de la semejanza de los nobles. Síguese a esto la decadencia general de los estados, pues sólo se mantienen los unos por la flaqueza de los otros, y ninguno por fuerza suya o propio vigor. El tiempo que tardan las cortes en uniformarse exactamente en lujo y relajación tardarán también las naciones en asegurarse las unas de la ambición de las otras: y este grado de universal abatimiento parecerá un apetecible sistema de seguridad a los ojos de los políticos afeminados; pero los buenos, los prudentes, los que merecen este nombre, conocerán que un corto número de años las reducirá todas a un estado de flaqueza que les vaticine pronta y horrorosa destrucción. Si desembarcasen algunas naciones guerreras

---

[2] En F, como en H y L, dice *tropel*. Parece evidente error de transcripción de los copistas por *oropel,* que es la forma que registra O. Sin embargo, «tropel del mundo» aparece en la segunda de las *Noches lúgubres.*

y desconocidas en los dos extremos de Europa, mandadas por unos héroes de aquellos que produce un clima, cuando otro no da sino hombres medianos, no dudo que se encontrarían en la mitad de Europa, habiendo atravesado y destruido un hermosísimo país. ¿Qué obstáculos hallarían de parte de sus habitantes? No sé si lo diga con risa o con lástima: unos ejércitos muy lucidos y simétricos sin duda, pero debilitados por el peso de sus pasiones y mandados por generales en quienes hay menos de lo que se requiere de aquel gran estímulo de un héroe, a saber, el patriotismo. Ni creas que para detener semejantes irrupciones sea suficiente obstáculo el número de las ciudades fortificadas. Si reinan el lujo, la desidia[3] y otros vicios semejantes, fruto de la relajación de las costumbres, éstos sin duda abrirán las puertas de las ciudadelas a los enemigos. La mayor fortaleza, la más segura, la única invencible, es la que consiste en los corazones de los hombres, no en lo alto de los muros ni en lo profundo de los fosos.

¿Cuáles fueron las tropas que nos presentaron en las orillas de Guadalete los godos españoles? ¡Cuán pronto, en proporción del número, fueron deshechos por nuestros abuelos, fuertes, austeros y atrevidos! ¡Cuán largo y triste tiempo el de su esclavitud! ¡Cuánta sangre derramada durante ocho siglos para reparar el daño que les hizo la afeminación, y para sacudir el yugo que jamás los hubiera oprimido, si hubiesen mantenido el rigor de las costumbres de sus antepasados!

No esperaba el apologista del siglo en que nacimos estas razones, y mucho menos las siguientes, en que contraje todo lo dicho a su mismo país, continuando de este modo:

Aunque todo esto no fuese así en varias partes de Europa, ¿puedes dudarlo respecto de la tuya? La de-

---

[3] En estas últimas frases hay bastantes variantes en O, con mayor crudeza en el juicio de los ejércitos, tratándolos de «esclavos», bajo «cadenas», y llamando «infidelidad» lo que aquí es simplemente *desidia*.

cadencia de tu patria en este siglo es capaz de demostración con todo el rigor geométrico. ¿Hablas de población? Tienes diez millones escasos de almas, mitad del número de vasallos españoles que contaba Fernando el Católico. Esta disminución es evidente. Veo algunas pocas casas nuevas en Madrid y tal cual ciudad grande; pero sal por esas provincias y verás a lo menos dos terceras partes de casas caídas, sin esperanza de que una sola pueda algún día levantarse. Ciudad tienes en España que contó algún día quince mil familias, reducidas hoy a ochocientas. ¿Hablas de ciencias? En el siglo antepasado tu nación era la más docta de Europa, como la francesa en el pasado y la inglesa en el actual; pero hoy, del otro lado de los Pirineos, apenas se conocen los sabios que así se llaman por acá. ¿Hablas de agricultura? Ésta siempre sigue la proporción de la población. Infórmate de los ancianos del pueblo, y oirás lástimas. ¿Hablas de manufacturas? ¿Qué se han hecho las antiguas de Córdoba, Segovia y otras? Fueron famosas en el mundo, y ahora las que las han reemplazado están muy lejos de igualarlas en fama y mérito: se hallan muy en sus principios respecto a las de Francia e Inglaterra.

Me preparaba a proseguir por otros ramos, cuando se levantó muy sofocado el apologista, miró a todas partes y, viendo que nadie le sostenía, jugó como por distracción con los cascabeles de sus dos relojes, y se fue diciendo: —No consiste en eso la cultura del siglo actual, su excelencia entre todos los pasados y venideros, y la felicidad mía y de mis contemporáneos. El punto está en que se come con más primor; los lacayos hablan de política[4]; los maridos y los amantes no se desafían; y desde el sitio de Troya hasta el de Almeida[5], no se ha visto producción tan honrosa para el espíritu humano, tan útil para la sociedad y tan maravillosa en sus efectos

---

[4] *política:* en O, *religión.*

[5] Cadalso estuvo en 1762, durante la campaña de Portugal, en el sitio de Almeida, cerca de la frontera española, cuyas murallas son monumento nacional.

como los polvos *sampareille* inventados por Mr. Friboleti [6] en la calle de San Honorato de París.

—Dices muy bien —le repliqué—; y me levanté para ir a mis oraciones acostumbradas, añadiendo una, y muy fervorosa, para que el cielo aparte de mi patria los efectos de la cultura de este siglo, si consiste en lo que éste ponía su defensa.

CARTA V

DEL MISMO AL MISMO

He leído la toma de Méjico por los españoles y un extracto de los historiadores que han escrito las conquistas de esta nación en aquella remota parte del mundo que se llama América; y te aseguro que todo parece haberse ejecutado por arte mágica: descubrimiento, conquista, posesión, dominio son otras tantas maravillas.

Como los autores por los cuales he leído esta serie de prodigios son todos españoles, la imparcialidad que profeso pide también que lea lo escrito por los extranjeros. Luego sacaré una razón media entre lo que digan éstos y aquéllos, y creo que en ella podré fundar el dictamen más sano. Supuesto que la conquista y dominio de aquel medio mundo tuvieron y aún tienen tanto influjo sobre las costumbres de los españoles, que son ahora el objeto de mi especulación, la lectura de esta historia particular es un suplemento necesario al de la historia general de España, y clave precisa para la inte-

---

[6] En ningún ms. ni edición aparece en su forma correcta *sans pareille* (un famoso perfume de la época) ni el sustantivo *Frivolité*, como pone, sin apoyo documental, la edición de D-G. Prefiero la fidelidad gráfica a los manuscritos en formas quizás adaptadas o deformadas conscientemente por el autor. Véanse mis *Problemas lingüísticos y textuales,* cit.

ligencia de varias alteraciones sucedidas en el estado político y moral de esta nación. No entraré en la cuestión
tan vulgar de saber si estas nuevas adquisiciones han sido
útiles, inútiles o perjudiciales a España. No hay evento
alguno en las cosas humanas que no pueda convertirse
en daño o en provecho, según lo maneje la prudencia.

CARTA VI

Del mismo al mismo

El atraso de las ciencias en España en este siglo,
¿quién puede dudar que procede de la falta de protección que hallan sus profesores? Hay cochero en Madrid
que gana trescientos pesos duros, y cocinero que funda
mayorazgos; pero no hay quien no sepa que se ha de
morir de hambre como se entregue a las ciencias, ex-
ceptuadas las de *pane lucrando* [1] que son las únicas que
dan de comer.

Los pocos que cultivan las otras, son como aventure-
ros voluntarios de los ejércitos, que no llevan paga y se
exponen más. Es un gusto oírles hablar de matemáticas,
física moderna, historia natural, derecho de gentes, y antigüedades, y letras humanas, a veces con más recato que
si hiciesen moneda falsa. Viven en la oscuridad y mueren como vivieron, tenidos por sabios superficiales en
el concepto de los que saben poner setenta y siete silogismos seguidos sobre si los cielos son fluidos o sólidos.

Hablando pocos días ha con un sabio escolástico de
los más condecorados en su carrera, le oí esta expresión,
con motivo de haberse nombrado en la conversación a

---

[1] *pane lucrando:* en O, *ergo,* con evidente alusión al uso de
los silogismos como método de la filosofía escolástica, el más adecuado para «ganarse el pan», según insinúa la expresión de nuestro ms.

un sujeto excelente en matemáticas: —Sí, en su país se aplican muchos a esas cosillas, como matemáticas[2], lenguas orientales, física, derecho de gentes y otras semejantes.

Pero yo te aseguro, Ben-Beley, que si señalasen premios para los profesores, premios de honor, o de interés, o de ambos, ¿qué progresos no harían? Si hubiese siquiera quien los protegiese, se esmerarían sin más estímulo; pero no hay protectores.

Tan persuadido está mi amigo de esta verdad, que hablando de esto me dijo—: —En otros tiempos, allá cuando me imaginaba que era útil y glorioso dejar fama en el mundo, trabajé una obra sobre varias partes de la literatura que había cultivado, aunque con más amor que buen suceso. Quise que saliese bajo la sombra de algún poderoso, como es natural a todo autor principiante. Oí a un magnate decir que todos los autores eran locos; a otro, que las dedicatorias eran estafas; a otro, que renegaba del que inventó el papel; otro se burlaba de los hombres que se imaginaban saber algo; otro me insinuó que la obra que le sería más acepta, sería la letra de una tonadilla; otro me dijo que me viera con un criado suyo para tratar esta materia; otro ni me quiso hablar; otro ni me quiso responder; otro ni quiso escucharme; y de resultas de todo esto, tomé la determinación de dedicar el fruto de mis desvelos al mozo que traía el agua a casa. Su nombre era Domingo, su patria Galicia, su oficio ya está dicho: conque recogí todos estos preciosos materiales para formar la dedicatoria de esta obra.

Y al decir estas palabras, sacó de la cartera unos cuadernillos, púsose los anteojos, acercóse a la luz y, después de haber ojeado[3], empezó a leer: *Dedicatoria a Domingo de Domingos, aguador decano de la fuente del*

---

[2] Tanto en F como en H y L falta una entera línea por error del amanuense, que salta desde *matemáticas* a la misma palabra de la línea siguiente.

[3] *ojeado* dicen los manuscritos, no *hojeado*, como transcriben D-G, que es lexema distinto (Vid. Carta XXXIX, nota 2).

Ave María. Detúvose mi amigo un poco, y me dijo:
— ¡Mira qué Mecenas! Prosiguió leyendo:

«Buen Domingo, arquea las cejas; ponte grave; tose; gargajea; toma un polvo con gravedad; bosteza con estrépito; tiéndete sobre este banco; empieza a roncar, mientras leo esta mi muy humilde, muy sincera y muy justa dedicatoria. ¿Qué? Te ríes y me dices que eres un pobre aguador, tonto, plebeyo y, por tanto, sujeto poco apto para proteger obras y autores. ¿Pues qué? ¿Te parece que para ser un Mecenas es preciso ser noble, rico y sabio? Mira, buen Domingo, a falta de otros tú eres excelente. ¿Quién me quitará que te llame, si quiero, más noble que Eneas, más guerrero que Alejandro, más rico que Creso, más hermoso que Narciso, más sabio que los siete de Grecia, y todos los mases que me vengan a la pluma? [4] Nadie me lo puede impedir, sino la verdad; y ésta, has de saber que no ata las manos a los escritores, antes suelen ellos atacarla a ella, y cortarla las piernas, y sacarla los ojos, y taparla [5] la boca. Admite, pues, este obsequio literario: sepa la posteridad que Domingo de Domingos, de inmemorial genealogía, aguador de las más famosas fuentes de Madrid, ha sido, es y será el único patrón, protector y favorecedor de esta obra.

« ¡Generaciones futuras!, ¡familias de venideros siglos!, ¡gentes extrañas!, ¡naciones no conocidas!, ¡mundos aún no descubiertos! Venerad esta obra, no por su mérito, harto pequeño y trivial, sino por el sublime, ilustre, excelente, egregio, encumbrado y nunca bastantemente [6] aplaudido nombre y título de mi Mecenas.

« ¡Tú, monstruo horrendo, envidia, furia tan bien pin-

---

[4] Relación de nombres míticos o históricos considerados tópicos en sus cualidades respectivas. Para *mases,* vid. Carta VII, nota 12.

[5] Ejemplos de laísmo, frecuentes en la época y en el escritor, corregidos injustificadamente en la edición de Tamayo, que sigue a S. Véanse también las Cartas LXIX, nota 4; LXXV, nota 4, y LXXXIII, nota 3.

[6] *bastantemente* dicen los manuscritos, no *bastante,* como, quizá por error, aparece en D-G.

tada por Ovidio [7], que sólo está mejor retratada en la cara de algunos amigos míos! Muerde con tus mismos negros dientes tus maldicientes y rabiosos labios, y tu ponzoñosa y escandalosa lengua; vuelva a tu pecho infernal la envenenada saliva que iba a dar horrorosos movimientos a tu maldiciente boca, más horrenda que la del infierno, pues ésta sólo es temible a los malvados y la tuya aún lo es más a los buenos.

«Perdona, Domingo, esta bocanada de cosas, que me inspira la alta dicha de tu favor. Pero ¿quién en la rueda de la fortuna no se envanece en lo alto de ella? ¿Quién no se hincha con el soplo lisonjero de la suerte? ¿Quién desde la cumbre de la prosperidad no se juzga superior a los que poco antes se hallaban en el mismo horizonte? Tú, tú mismo, a quien contemplo mayor que muchos héroes de los que no son aguadores, ¿no te sientes el corazón lleno de una noble presunción cuando llegas con tu cántaro a la fuente y todos te hacen lugar? ¡Con qué generoso fuego he visto brillar tus ojos cuando recibes este obsequio de tus compañeros, compañeros dignísimos, obsequio que tanto mereces por tus canas nacidas en subir y bajar las escaleras de mi casa y otras! ¡Ay de aquél que se resistiera! ¡Qué cantarazo llevara! Si todos se te rebelaran, a todos aterrarías con tu cántaro y puño, como Júpiter a los Gigantes con sus rayos y centellas. A los filósofos parecería exceso ridículo de orgullo esta amenaza (y la de otros héroes de esta clase); pero ¿quiénes son los filósofos? Unos hombres rectos y amantes de las ciencias, que quisieron hacer a todos los hombres odiar las necedades; que tienen la lengua unísona con el corazón, y otras ridiculeces semejantes. Vuélvanse, pues, los filósofos a sus guardillas, y dejen rodar la bola del mundo por esos aires de Dios, de modo que a fuerza de dar vueltas se desvanezcan las pocas cabezas que aún se mantienen firmes, y todo el mundo se convierta en un espacioso hospital de locos.

[7] Referencia al libro II de las *Metamorfosis* ovidianas donde, como recuerdan Dupuis y Glendinning, se hace una larga descripción de la Envidia.

CARTA VII

Del mismo al mismo

En el imperio de Marruecos todos somos igualmente despreciables en el concepto del emperador y despreciados en el de la plebe [1], siendo muy accidental la distinción de uno u otro individuo para él mismo, y de ninguna esperanza para sus hijos; pero en Europa son varias las clases de vasallos en el dominio de cada monarca.

La primera consta de hombres que poseen inmensas riquezas de sus padres y dejan por el mismo motivo a sus hijos considerables bienes. Ciertos empleos se dan a éstos solos, y gozan con más inmediación el favor del soberano. A esta jerarquía sigue otra de nobles menos condecorados y poderosos. Su mucho número llena los empleos de las tropas, armadas, tribunales, magistraturas y otros, que en el gobierno monárquico no suelen darse a los plebeyos, sino por algún mérito sobresaliente.

Entre nosotros, siendo todos iguales, y poco duraderas las dignidades y posesiones, no se necesita diferencia en el modo de criar los hijos; pero en Europa la educación de la juventud debe mirarse como objeto de la primera importancia. El que nace en la ínfima clase de las tres, y que ha de pasar su vida en ella, no necesita estudios, sino saber el oficio de su padre en los términos en que se lo ve ejercer. El de la segunda ya necesita otra educación para desempeñar los empleos que ha de ocupar

---

[1] En este lugar falta en F, quizás por descuido del amanuense, *o por mejor decir todos somos plebe.* Téngase en cuenta, de todos modos, que plebe y plebeyo son antónimos de nobleza y de noble, sin que en ellos se advierta «connotación peyorativa». (Lapesa, *Ideas y palabras,* pág. 208, cit. en la Bibliografía.)

con el tiempo. Los de la primera se ven precisados a esto mismo con más fuerte obligación, porque a los 25 años, u antes, han de gobernar sus estados, que son muy vastos, disponer de inmensas rentas, mandar cuerpos militares, concurrir con los embajadores, frecuentar el palacio y ser el dechado de los de la segunda clase.

Esta teoría no siempre se verifica con la exactitud que se necesita. En este siglo se nota alguna falta de esto en España. Entre risa y llanto me contó Nuño un lance que parece de novela, en que se halló, y que prueba la viveza de los talentos de la juventud española, singularmente en algunas provincias; pero antes de contármelo, puso el preludio siguiente:

—Días ha que vivo en el mundo como si me hallara fuera de él. En este supuesto, no sé a cuántos estamos de educación pública; y lo que es más, tampoco quiero saberlo. Cuando yo era capitán de infantería[2], me hallaba en frecuentes concursos de gentes de todas clases: noté esta misma desgracia y, queriendo remediarla en mis hijos, si Dios me los daba, leí, oí, medité y hablé mucho sobre esta materia. Hallé diferentes pareceres: unos sobre que convenía tal educación, otros sobre que convenía tal otra, y también alguno sobre que no convenía ninguna.

Pero me acuerdo que yendo a Cádiz, donde se hallaba mi regimiento de guarnición, me extravié y me perdí en un monte. Iba anocheciendo, cuando me encontré con un caballerete de hasta 22 años, de buen porte y presencia. Llevaba un arrogante caballo, sus dos pistolas primorosas, calzón y ajustador de ante con muchas docenas de botones de plata, el pelo dentro de una redecilla blanca, capa de verano caída sobre el anca del caballo, sombrero blanco finísimo y pañuelo de seda morado al cuello. Nos saludamos, como es regular, y preguntándole por el camino de tal parte, me respondió que estaba lejos de allí; que la noche ya estaba encima

---

[2] Cadalso recibió la graduación de capitán en 1764; y téngase presente que en Nuño se representa el propio autor.

y dispuesta a tronar; que el monte no era muy seguro; que mi caballo estaba cansado; y que, en vista de todo esto, me aconsejaba y suplicaba que fuese con él a un cortijo de su abuelo, que estaba a media legua corta. Lo dijo todo con tanta franqueza y agasajo, y lo instó con tanto empeño, que acepté la oferta. La conversación cayó, según costumbre, sobre el tiempo y cosas semejantes; pero en ella manifestaba el mozo una luz natural clarísima con varias salidas de viveza y feliz penetración, lo cual, junto con una voz muy agradable y gusto muy proporcionado, mostraba en él todos los requisitos naturales de un perfecto orador; pero de los artificiales, esto es, de los que enseña el arte por medio del estudio, no se hallaba uno siquiera. Salimos ya del monte cuando, no pudiendo menos de notar lo hermoso de los troncos que acabábamos de ver, le pregunté si cortaban de aquella madera para construcción de navíos.

—¿Qué sé yo de eso? —me respondió con presteza—. Para eso, mi tío el comendador. En todo el día no habla sino de navíos, brulotes[3], fragatas y galeras. ¡Válgame Dios, y qué pesado está el buen caballero! ¡Poquitas veces hemos oído de su boca, algo trémula por sobra de años y falta de dientes, la batalla de Tolón, la toma de los navíos la *Princesa* y el *Glorioso*[4], la colocación de los navíos de Leso[5] en Cartagena! Tengo la cabeza llena de almirantes holandeses e ingleses. Por cuanto hay en el mundo dejará de rezar[6] todas las noches a San Telmo

[3] *brulote,* galicismo entonces bastante reciente, del fr. *brûlot:* «navío que llaman de fuego, lleno de alquitrán y otros ingredientes bituminosos y combustibles, que sirven para quemar otros navíos» *(Dicc. Aut.).* Véase también Carta LX, nota 2.

[4] La batalla de Tolón, entre españoles y franceses por una parte e ingleses por otra, tuvo lugar en 1744. El navío *La princesa,* intervino en ella, mientras *El glorioso* participó después en otra batalla contra los ingleses en 1747, según los datos aportados por Dupuis y Glendinning.

[5] El marino español Blas de Lezo (1687-1741), que llegó a teniente general, defendió, en 1740, frente a los ingleses, la ciudad de Cartagena de Indias, donde murió.

[6] *dejará de rezar:* entiéndase lógicamente como «no dejará de rezar» a San Telmo, patrón de los navegantes.

por los navegantes; y luego entra un gran parladillo [7] sobre los peligros de la mar al que se sigue otro sobre la pérdida de toda una flota entera, no sé qué año, en que se escapó el buen señor nadando, y luego una digresión muy natural y bien traída sobre lo útil que es el saber nadar. Desde que tengo uso de razón no lo he visto corresponderse por escrito con otro que con el marqués de la Victoria [8], ni le he conocido más pesadumbre que la que tuvo cuando supo la muerte de don Jorge Juan [9]. El otro día estábamos muy descuidados comiendo, y, al dar el reloj las tres, dio una gran palmada en la mesa, que hubo de romperla o romperse las manos, y dijo, no sin muchísima cólera: —A esta hora fue cuando se llegó a nosotros, que íbamos en el navío «La princesa», el tercer navío inglés; y a fee que era muy hermoso: era de noventa cañones [10]. ¡Y qué velero! De eso no he visto. Lo mandaba un señor oficial. Si no por él, los otros dos no hubiéramos contado el lance. Pero, ¿qué se ha de hacer? ¡Tantos a uno! —. Y en esto le asaltó la gota que padece días ha, y que nos valió un poco de descanso, porque si no, tenía traza de irnos contando de uno en uno todos los lances de mar que ha habido en el mundo desde el arca de Noé.

Cesó por un rato el mozalbete la murmuración contra un tío tan venerable, según lo que él mismo contaba; y al entrar en un campo muy llano, con dos lugarcitos que se descubrían a corta distancia el uno del otro:

---

[7] *parladillo,* «cláusula de estilo levantado u afectado» *(Aut.).*

[8] El marqués de la Victoria era el jefe de la escuadra española en la mencionada batalla de Tolón.

[9] Jorge Juan y Santacilla (1713-1773) fue famoso como marino y como especialista en temas náuticos. A juzgar por la fecha de muerte del marino, a la que se refiere el texto, y por la de composición de las *Cartas* en Salamanca, entre 1773 y 1774, Cadalso se refiere a hechos muy inmediatos, todavía vivos. Vid. Carta LXVII, nota 4.

[10] Según una erudita apreciación de D-G, ninguno de aquellos navíos era de noventa cañones, sino de setenta. Lo cual, más que entenderse como apreciación errónea de Cadalso, parece ser mera exageración del tío del *caballerete.*

—¡Bravo campo —dije yo— para disponer setenta mil hombres en batalla!— Con ésas a mi primo el cadete de Guardias —respondió el otro con igual desembarazo. Sabe cuántas batallas se han dado desde que los ángeles buenos derrotaron a los malos. Y no es lo más eso, sino que sabe también las que se perdieron, por qué se perdieron; las que se ganaron, por qué se ganaron; y por qué quedaron indecisas las que ni se ganaron ni se perdieron. Ya lleva gastados no sé cuántos doblones en instrumentos de matemáticas, y tiene un baúl lleno de unos planos, que él llama, y son unas estampas feas que ni tienen caras ni cuerpos.

Procuré no hablarle más de ejército que de marina, y sólo le dije: —No será lejos de aquí la batalla que se dio en tiempo de don Rodrigo y fue tan costosa como nos dice la historia.

—¡Historia! —dijo—. Me alegrara que estuviera aquí mi hermano el canónigo de Sevilla; yo no la he aprendido, porque Dios me ha dado en él una biblioteca viva de todas las historias del mudo. Es mozo que sabe de qué color era el vestido que llevaba puesto el rey don Fernando cuando tomó a Sevilla.

Llegábamos ya cerca del cortijo, sin que el caballero me hubiese contestado a materia alguna de cuantas le toqué. Mi natural sinceridad me llevó a preguntarle cómo le habían educado, y me respondió: —A mi gusto, al de mi madre y al de mi abuelo, que era un señor muy anciano que me quería como a las niñas de sus ojos. Murió de cerca de cien años de edad. Había sido capitán de Lanzas de Carlos II, en cuyo palacio se había criado. Mi padre bien quería que yo estudiase, pero tuvo poca vida y autoridad para conseguirlo. Murió sin tener el gusto de verme escribir. Ya me había buscado un ayo, y la cosa iba de veras, cuando cierto accidentillo lo descompuso todo.

—¿Cuáles fueron sus primeras lecciones? —preguntéle yo. —Ninguna —respondió el muchacho—; ya sabía yo leer un romance y tocar unas seguidillas; ¿para qué necesita más un caballero? Mi dómine bien quiso meterme en honduras, pero le fue muy mal y hubo de irle mucho peor. El caso fue que había yo concurrido con otros amigos a un encierro. Súpolo, y vino tras mí a oponerse a mi voluntad. Llegó precisamente a tiempo que los vaqueros me andaban enseñando cómo se toma la vara. No pudo traerle su desgracia a peor ocasión. A la segunda palabra que quiso hablar, le di un varazo tan fuerte en medio de la cabeza, que se la abrí en más cascos que una naranja; y gracias a que me contuve, porque mi primer pensamiento fue ponerle una vara lo mismo que a un toro de diez años; pero, por primera vez, me contenté con lo dicho. Todos gritaban: ¡Viva el señorito! Y hasta el tío Gregorio, que es hombre de pocas palabras, exclamó: — ¡Lo ha hecho uzía [11] como un ángel del cielo!

—¿Quién es ese tío Gregorio? —preguntéle, atónito de que aprobase tal insolencia; y me respondió: —El tío Gregorio es un carnicero de la ciudad que suele acompañarnos a comer, fumar y jugar. ¡Poquito le queremos todos los caballeros de por acá! Con ocasión de irse mi primo Jaime María a Granada y yo a Sevilla, hubimos de sacar la espada sobre quién lo había de llevar; y en esto hubiera parado la cosa, si en aquel tiempo mismo no le hubiera prendido la justicia por no sé qué puñaladillas que dio en la feria y otras frioleras semejantes, que todo ello se compuso al mes de cárcel.

Dándome cuenta del carácter del tío Gregorio y otros iguales personajes, llegamos al cortijo. Presentóme a los que allí se hallaban, que eran amigos o parientes suyos de

---

[11] *Uzía* (en D-G, *usía*) es forma que pretende reflejar quizás el habla del personaje andaluz. En la misma línea está el constante uso de diminutivos en todo el parlamento: *caballerete, poquitas, mozalbete, lugarcitos, accidentillo, poquito, puñaladillas, caballeritos, preciosilla*. Es más, en la edición del *Correo de Madrid* (1788) aparecen otra serie de variantes, *toíta, naar, Ceviya, Granaa, jondura, jasta, jablando*, que demuestran explícita voluntad de acercarse al habla popular andaluza. El propio Cadalso cuenta en sus *Apuntaciones autobiográficas* que, cuando el motín de Esquilache, salvó la vida al conde de O'Reilly, templando la furia del populacho con «cuatro dichos andaluces de mi boca» (página 123).

la misma edad, clase y crianza; se habían juntado para ir a una cacería; y esperando la hora competente, pasaban la noche jugando, cenando, cantando y hablando; para todo lo cual se hallaban muy bien provistos, porque habían concurrido algunas gitanas con sus venerables padres, dignos esposos y preciosos hijos. Allí tuve la dicha de conocer al señor tío Gregorio. A su voz ronca y hueca, patilla larga, vientre redondo, modales ásperas[12] frecuentes juramentos y trato familiar, se distinguía entre todos. Su oficio era hacer cigarros, dándolos ya encendidos de su boca a los caballeritos, atizar los velones, decir el nombre y mérito de cada gitana, llevar el compás con las palmas de las manos cuando bailaba alguno de sus más apasionados protectores, y brindar a sus saludes[13] con medios cántaros de vino. Conociendo que venía cansado, me hicieron cenar luego y me llevaron a un cuarto algo apartado para dormir, destinando un mozo del cortijo que me llamase y condujese al camino. Contarte los dichos y hechos de aquella academia fuera imposible, o tal vez indecente; sólo diré que el humo de los cigarros, los gritos y palmadas del tío Gregorio, la bulla de todas las voces, el ruido de las castañuelas, lo destemplado de la guitarra, el chillido de las gitanas sobre cuál había de tocar el polo para que lo bailase Preciosilla[14], el ladrido de los perros y el desentono de los que cantaban, no me dejaron pegar los ojos en toda la noche. Llegada la hora de marchar, monté a caballo, diciéndome a mí mismo en voz baja: ¡Así se cría una juventud que pudiera ser tan útil si fuera la educación igual al talento! Y un hombre serio, que al parecer estaba de mal humor con aquel género de vida, oyéndome, me dijo con lágrimas en los ojos: —Sí, señor.

---

[12] *ásperas:* en D-G, «ásperos»; pero *modales* era ambiguo.

[13] *saludes.* Resultan característicos y expresivos estos insólitos plurales cadalsianos. Ya en la Carta VI ha hablado de *mases,* plural de *más,* como éste lo es de *salud.*

[14] Críticos y comentadores han pensado inevitablemente, ante este nombre, en la protagonista de *La gitanilla* de Cervantes.

CARTA VIII

Del mismo al mismo

Lo extraño de la dedicatoria de mi amigo Nuño a su aguador Domingo y lo raro de su carácter, nacido de la variedad de cosas que por él han pasado, me hizo importunarle para que me enseñara la obra; pero en vano. Entablé otra pretensión, y fue que me dijese siquiera el asunto, ya que no me lo quería mostrar. Hícele varias preguntas.

—¿Será de Filosofía? —No, por cierto —me respondió—. A fuerza de usarse esta voz, se ha gastado. Según la variedad de los hombres que llaman filósofos, ya no sé qué es Filosofía. No hay extravagancia que no se condecore con tan sublime nombre. —¿De Matemática? —Tampoco. Esto quiere un estudio muy seguido, y yo le abandoné desde los principios. Publicar en cuarto lo que otro en octavo, en pergamino lo que otros en pasta, o juntar un poco de éste y otro de aquél, se llama ser copista más o menos exacto, y no autor. Es engañar al público y ganar dinero que se vuelve materia de restitución. —¿De Jurisprudencia? —Menos. A medida que se han ido multiplicando los autores de esta facultad se ha ido oscureciendo la Justicia. A este paso, tan peligroso me parece cualquier nuevo escritor de leyes como el infractor de ellas. Tanto delito es comentarlas como quebrantarlas. Comentarios, glosas, interpretaciones, notas, etc., suelen ser otros tantos ardides de la guerra forense. Si por mí fuera, se debiera prohibir toda obra nueva sobre esta materia por el mismo hecho. —¿De Poesía? —Tampoco. El Parnaso produce flores que no deben cultivarse sino por manos de jóvenes. Las musas no sólo se apartan de las canas de la cabeza, sino hasta de las arrugas de la cara. Parece mal un viejo con guirnalda de mirtos y violetas, convidando a los ecos y a las aves a cantar los rigores o favores de Amarilis. —¿De Teología? —Por ningún término. Adoro la esencia de mi Criador; traten otros de sus atributos. Su magnificencia, su justicia, su bondad llenan mi alma de reverencia para adorarle, no mi pluma de orgullo para quererle penetrar. —¿De Estado? —No lo pretendo. Cada reino tiene sus leyes fundamentales, su constitución, su historia, sus tribunales, y conocimiento del carácter de sus pueblos, de sus fuerzas, clima, producto y alianza. De todo esto nace la ciencia de los estados. Estúdienla los que han de gobernar; yo nací para obedecer, y para esto basta amar a su rey y a su patria: dos cosas a que nadie me ha ganado hasta ahora [1].

—¿Pues de qué tratas en tu obra? —insté yo, no sin alguna impaciencia—; algo de esto ha de ser. ¿Qué otro asunto puede haber digno de la aplicación y estudio? —No te canses, respondió. Mi obra no era más que un diccionario castellano en que se distinguiese el sentido primitivo de cada voz y el abusivo que le han dado los hombres en el trato. O inventar un idioma nuevo, o volver a fundir el viejo, porque ya no sirve. Aún conservo en la memoria la advertencia preliminar que enseña el verdadero uso de mi diccionario; y decía así, sobre palabra más o menos:

«Advertencia preliminar sobre el uso de este nuevo diccionario castellano. Presento al lector un nuevo diccionario, diferente de todos los que se conocen hasta ahora. En él no me empeño en poner mil voces mías o menos que en otro; ni en averiguar si una palabra es de Solís, o de Saavedra, o de Cervantes, o de Mariana, o de Juan de Mena, o de Alonso el de las Partidas [2]; ni en saber si ésta

---

[1] Este sintético y contundente autorretrato nos da la adecuada dimensión del carácter nada teórico de Cadalso.

[2] Al hacer referencia a que su diccionario no será de «autoridades» literarias, cita Cadalso a los grandes prosistas del Siglo de Oro, no sólo novelistas, como Cervantes, sino tratadistas políticos como Diego Saavedra Fajardo e historiadores como Juan de Ma-

o la otra voz viene del arábigo, del latín, del cántabro, del fenicio, del cartaginés; ni en decir si tal término está ya anticuado, o es corriente; o nuevamente admitido; o si tal expresión es baja, media o sublime; o si es prosaica o si es poética. No emprendo trabajo alguno de éstos, sino otro menos lucido para mí, pero más útil para todos mis hermanos los hombres. Mi ánimo es el publicar lisa y llanamente el sentido primitivo, genuino y real de cada voz, y el abuso que de ella se ha hecho, o sea, su sentido abusivo en el trato civil. —¿Y para qué se toma ese trabajo? —me dice un señorito, mirándose los encajes de la vuelta [3]. —Para que nadie se engañe —respondí yo, mirándole cara a cara—, como yo me he engañado, por creer que los verbos *amar, servir, favorecer, estimar* y otros tales no tienen más que un sentido, siendo así que tienen tantos que no hay guarismo que alcance. ¿Adónde habrá paciencia para que un pobre como yo, por ejemplo, se despida de su familia, deje su lugar, se venga a Madrid, se esté años y más años, gaste su hacienda, suba y baje escaleras, haga plantones, abrace pajes, salude porteros, pase enfermedades, y al cabo se vuelva peor de lo que vino? Y todo porque no entendió el verdadero sentido de unas cuantas cláusulas que leyó en una carta recibida por Pascuas, sino que se tomó al pie de la letra aquello de «celebraré que nos veamos cuanto antes por acá, pues el particular conocimiento que en la corte tenemos de sus apreciables circunstancias, largo mérito, servicio de sus antepasados y aptitud para el desempeño de cualquier encargo, serían justos motivos de complacerle en las pretensiones que quisiese entablar, concurriendo en mí otras y mayores obligaciones de servirle,

---

tiana, y el de la conquista de Méjico, Antonio de Solís (vid. Carta LIX, nota 7), además del máximo poeta del siglo xv, Mena, y del creador o cimentador de la prosa romance castellana, el rey Alfonso X, promotor de la compilación legislativa, denominada las *Partidas*. Cervantes, Mariana y Solís están también citados en la Carta LXVII, y los dos últimos en la LXXVIII.

[3] *Vuelta*, «se llama también el adorno que se sobrepone al puño de las camisas, que es una tira plegada y ancha de lienzo delgado o encajes» (*Aut.*).

por los particulares favores que debí a sus señores padres (que santa gloria hayan) y los enlaces de mi casa con la de Vm., cuya vida, en compañía de su esposa y mi señora, guarde Dios muchos y felices años como deseo y pido. Madrid, tantos de tal mes, etc.» Y luego, más abajo: «B. L. M. de Vm. su más rendido servidor y apasionado amigo, que verle desea, Fulano de Tal.»

«Para desengaño, pues, de los pocos tontos que aún quedan en el mundo, capaces de creer que significan algo estas expresiones, compuse este caritativo diccionario, con el fin de que no sólo no se dejen llevar del sentido dañoso del idioma, sino que con esta ayuda y un poco de práctica, puedan también hablar a cada uno en su lengua. Si el público conociese la utilidad de esta obra, me animaré a componer una gramática análoga al diccionario; y tanto puede ser el estímulo, que me determine a componer una retórica, lógica y metafísica de la misma naturaleza: proyecto que, si llega a efectuarse, puede muy bien establecer un nuevo sistema de educación pública, y darme entre mis conciudadanos más fama y veneración que la que adquirió Confucio entre los suyos por los preceptos de moral que les dejó.»

Calló mi amigo y nos fuimos a nuestro acostumbrado paseo. Discurro que el cristiano tiene razón, y que en todas las lenguas de Europa hace falta semejante diccionario.

CARTA IX

Del mismo al mismo

Acabo de leer algo de lo escrito por los europeos no españoles acerca de la conquista de la América.

Si del lado de los españoles no se oye sino religión, heroísmo, vasallaje y otras voces dignas de respeto, del lado de los extranjeros no suenan sino codicia, tiranía, perfidia y otras no menos espantosas. No pude menos de comunicárselo a mi amigo Nuño, quien me dijo que era asunto dignísimo de un fino discernimiento, juiciosa crítica y madura reflexión; pero que entre tanto, y reservándome el derecho de formar el concepto que más justo me pareciese en adelante, reflexionase por ahora sólo que los pueblos que tanto vocean la crueldad de los españoles en América son precisamente los mismos que van a las costas de África a comprar animales racionales de ambos sexos a sus padres, hermanos, amigos, guerreros victoriosos, sin más derecho que ser los compradores blancos y los comprados negros; los embarcan como brutos; los llevan millares de leguas desnudos, hambrientos y sedientos; los desembarcan en América; los venden en público mercado como jumentos, a más precio los mozos sanos y robustos, y a mucho más las infelices mujeres que se hallan con otro fruto de miseria dentro de sí mismas; toman el dinero; se lo llevan a sus humanísimos países, y con el producto de esta venta imprimen libros llenos de elegantes inventivas [1], retóricos insultos y elocuentes injurias contra Hernán Cortés por lo que hizo; ¿y qué hizo? Lo siguiente. Sacaré mi cartera y te leeré algo sobre esto [2].

1.° Acepta Hernán Cortés el cargo de mandar unos pocos soldados para la conquista de un país no conocido,

[1] En todos los ms., incluido O, consta *inventivas*, o sea, «invenciones». La variante *invectivas*, del texto de D-G, por ser aparentemente forma más adecuada, resulta sospechosa de alteración o corrección posterior, es decir, menos genuina.
[2] Al tratar de Hernán Cortés, aparecen en el texto de la carta la serie de nombres propios bien conocidos en la historia del conquistador, sean lugares (la isla antillana de Cozumel; el río guatemalteco y mejicano de Grijalva; el estado mejicano de Tabasco; la villa de Veracruz, fundada por los españoles; los pueblos indios de Cholula —que Cadalso escribe *Cholulo*— y Tlaxcala), sean personajes históricos (el emperador de los aztecas, Moctezuma II; el gobernador de Cuba, Diego de Velázquez, a quien Cortés negó obediencia para actuar por su cuenta; el capitán Juan de Escalante, que había acompañado a Cortés, y el conquistador Pánfilo de Narváez, lugarteniente de Velázquez).

porque reciben[3] la orden del general bajo cuyo mando servía. Aquí no veo delito, sino subordinación militar y arrojo increíble en la empresa de tal expedición con un puñado de hombres tan corto, que no se sabe cómo se ha de llamar.

2.º Prosigue a su destino, no obstante las contrariedades de su fortuna y émulos. Llega a la isla de Cozumel (horrenda por los sacrificios de sangre humana, que eran frecuentes en ella), pone buen orden en sus tropas, las anima y consigue derribar aquellos ídolos, cuyo culto era tan cruel a la humanidad, apaciguando los isleños. Hasta aquí creo descubrir el carácter de un héroe.

3.º Sigue su viaje; recoge un español cautivo entre los salvajes y, en la ayuda que éste le dio por su inteligencia de aquellos idiomas, halla la primera señal de sus futuros sucesos, conducidos éste y los restantes por aquella inexplicable encadenación de cosas, que los cristianos llamamos providencia, los materialistas casualidad y los poetas suerte o hado.

4.º Llega al río de Grijalva, y tiene que pelear dentro del agua para facilitar el desembarco, que consigue. Gana a Tabasco contra indios valerosos. Síguese una batalla contra un ejército respetable; gana la victoria completa y continúa su viaje. La relación de esta batalla da motivos a muchas reflexiones, todas muy honoríficas al valor de los españoles; pero entre otras, una que es tan obvia como importante, a saber: que por más que se pondere la ventaja que daba a los españoles sobre los indios la pólvora, las armas defensivas y el uso de los

---

[3] *reciben:* mantengo aquí el plural, porque no hay justificación para racionalizar la expresión cambiando el verbo al singular, como han hecho D-G, una vez más contra el testimonio concorde de todos los manuscritos. La sintaxis de Cadalso, como puede verse también en mis notas a las *Noches lúgubres,* no sigue siempre la lógica gramatical. (Vid. Cartas X, nota 2; XI, nota 1; LXXX, nota 2.)

caballos, por el pasmo que causó este aparato guerrero nunca visto en aquellos climas, gran parte de la gloria debe siempre atribuirse a los vencedores, por el número desproporcionado de los vencidos, destreza en sus armas, conocimiento del país y otras tales ventajas, que siempre duraban, y aun crecían, al paso que se minoraba el susto que les había impreso la vista primera de los europeos. El hombre que tenga mejores armas, si se halla contra ciento que no tengan más que palos, matará cinco o seis, o cincuenta, o setenta; pero alguno le ha de matar, aunque no se valgan más que del cansancio que ha de causar el manejo de las armas, el calor, el polvo y las vueltas que puede dar por todos lados la cuadrilla de sus enemigos. Este es el caso de los pocos españoles contra innumerables americanos, y esta misma proporción se ha de tener presente en la relación de todas las batallas que el gran Cortés ganó en aquella conquista.

5.º De la misma flaqueza humana sabe Cortés sacar fruto para su intento. Una india noble, a quien se había aficionado apasionadamente, le sirve de segundo intérprete, y es de suma utilidad en la expedición: primera mujer que no ha perjudicado en un ejército, y notable ejemplo de lo útil que puede ser el bello sexo, siempre que dirija su sutileza natural a fines loables y grandes [4].

6.º Encuéntrase con los embajadores de Motezuma, con quienes tiene unas conferencias que pueden ser modelo para los estadistas, no sólo americanos, sino europeos.

7.º Oye, no sin alguna admiración, las grandezas del imperio de Motezuma, cuya relación, ponderada sin du-

---

[4] Obsérvese la insistencia de Cadalso, como ya ha hecho en la carta anterior hablando de la juventud de los nobles, en considerar perfectibles, con una adecuada instrucción, las cualidades naturales, incluso de las mujeres. No está exento el juicio, sin embargo, de cierta ironía misógina, al destacar la excepción de la joven azteca, la famosa doña Marina.

da por los embajadores para aterrarle, da la mayor idea del poder de aquel emperador y, por consiguiente, de la dificultad de la empresa y de la gloria de la conquista. Pero lejos de aprovecharse del concepto de deidades en que estaba él y los suyos entre aquellos pueblos, declara, con magnanimidad nunca oída, que él y los suyos son inferiores a aquella naturaleza y que no pasan de la humana. Esto me parece heroísmo sin igual: querer humillarse en el concepto de aquéllos a quienes se va a conquistar (cuando en semejantes casos conviene tanto alucinarnos), pide un corazón más que humano. No merece tal varón los nombres que le dan los que miran con más envidia que justicia sus hechos.

8.º Viendo la calidad de la empresa, no le parece bastante autoridad la que le dio el gobernador Velázquez, y escribe en derechura a su soberano, dándole parte de lo que había ejecutado e intentaba ejecutar, y acepta el bastón que sus mismos súbditos le confieren. Prosigue tratando con suma prudencia a los americanos amigos, enemigos y neutrales.

9.º Recoge el fruto de la sagacidad con que dejó las espaldas guardadas, habiendo construido y fortificado para este efecto la Vera Cruz en la orilla del mar y paraje de su desembarco en el continente de Méjico.

10.º Descubre con notable sutileza y castiga con brío a los que tramaban una conjuración contra su heroica persona y glorioso proyecto.

11.º Deja a la posteridad un ejemplo de valentía, nunca imitado después, y fue quemar y destruir la armada en que había hecho el viaje, para imposibilitar el regreso y poner a los suyos en la formal precisión de vencer o morir: frase que muchos han dicho, y cosa que han hecho pocos.

12.º Prosigue, venciendo estorbos de todas especies, hacia la capital del imperio. Conoce la importancia de la amistad con los tlascaltecas, la entabla y la perfecciona después de haber vencido el ejército numerosísimo de aquella república guerrera en dos batallas campales, precedidas de la derrota de una emboscada de cinco mil hombres. En esta guerra contra los tlascaltecas, ha reparado un amigo mío, versado en las maniobras militares de los griegos y romanos, toda cuanta diferencia de evoluciones, ardides y táctica se halla en Jenofonte, en Vegecio [5] y otros autores de la antigüedad. No obstante, para disminuir la gloria de Cortés, dícese que eran bárbaros sus enemigos.

13.º Desvanece las persuasiones políticas de Motezuma, que quería apartar a los tlascaltecas de la amistad de sus vencedores. Entra en Tlascala como conquistador y como aliado; establece la exacta disciplina en su ejército, y a su imitación la introducen los de Tlascala en el suyo.

14.º Castiga la deslealtad de Cholulo; llega a la laguna de Méjico y luego a la ciudad; da la embajada a Motezuma de parte de Carlos.

15.º Hace admirar sus buenas prendas entre los sabios y nobles de aquel imperio. Pero mientras Motezuma le obsequia con fiestas de extraordinario lucimiento y concurso, tiene Cortés aviso que uno de los generales mejicanos, de orden de su emperador, había caído con un numeroso ejército sobre la guarnición de Vera Cruz que, mandada por Juan de Escalante, había salido a apaciguar aquellas cercanías; y, con la apariencia de las festividades, se preparaba una increíble muchedumbre para acabar con los españoles, divertidos en el falso obsequio que se les hacía. En este lance, de que parecía no poder salir por fuerza ni prudencia humana, forma una determinación de aquéllas que algún genio superior inspira a

---

[5] Junto al historiador griego Jenofonte, autor de la famosa *Anábasis* o *Expedición de los diez mil,* cita al historiador romano Vegecio, del siglo IV d. de C., que escribió un tratado de táctica, *Epitoma rei militaris.*

las almas extraordinarias: prende a Motezuma en su palacio propio, en medio de su corte y en el centro de su vasto imperio; llévaselo a su alojamiento por medio de la turba innumerable de vasallos, atónitos de ver la desgracia de su soberano, no menos que la osadía de aquellos advenedizos. No sé qué nombre darán a este arrojo los enemigos de Cortés. Yo no hallo voz en castellano que exprese la idea que me inspira.

16.º   Aprovecha el terror que este arrojo esparció por Méjico para castigar de muerte al general mejicano delante de su emperador, mandando poner grillos a Motezuma mientras duraba la ejecución de esta increíble escena, negando el emperador ser suya la comisión que dio motivo a este suceso, acción que entiendo aún menos que la anterior.

17.º   Sin derramar más sangre que ésta, consigue Cortés que el mismo Motezuma, cuya flaqueza de corazón se aumentaba *con la de espíritu* y familia [6], reconociese con todas las clases de sus vasallos a Carlos V por sucesor suyo y señor legítimo de Méjico y sus provincias; en cuya fe entrega a Cortés un tesoro considerable.

18.º   Dispónese a marchar a Vera Cruz con ánimo de esperar las órdenes de la Corte; y se halla con noticias de haber llegado a las costas algunos navíos españoles con tropas mandadas por Pánfilo de Narváez, cuyo objeto era prenderle.

19.º   Hállase en la *perplejidad* de tener enemigos españoles, sospechosos amigos mejicanos, dudosa la voluntad de la Corte de España, riesgo de no acudir al desembarco de Narváez, peligro de salir de Méjico, y por entre

---

[6] La *flaqueza de corazón*, atribuida a Moctezuma, es algo personal, mientras *la de espíritu y familia* se refiere a su raza y estirpe. No resulta convincente que D-G digan que esto «no tiene sentido», sólo para justificar lo imprescindible de la siguiente frase, que consta únicamente en O: «... la de espíritu, *que le hacían creer ciertas tradiciones de su imperio y familia...*»

tantos sustos fíase en su fortuna, deja un subalterno suyo con ochenta hombres, y marcha a la orilla del mar contra Pánfilo. Éste, con doble número de gente, le asalta en su alojamiento, pero queda vencido y preso a los pies de Cortés, a cuyo favor se acaba de declarar la fortuna con el hecho de pasarse al partido del vencedor ochocientos españoles y ochenta caballos con doce piezas de artillería, que eran todas las tropas de Narváez: nuevas fuerzas que la Providencia pone en su mano para completar la obra.

20.º Cortés vuelve a Méjico triunfante, y sabe a su llegada que en su ausencia habían procurado destruir a los españoles los vasallos de Motezuma, indignados de la flojedad y cobardía con que había sufrido los grillos que le puso el increíble arrojo de los españoles.

21.º Desde aquí empiezan los lances sangrientos que causan tantas declamaciones. Sin duda es cuadro horroroso el que se descubre; pero nótese el conjunto de circunstancias: los mejicanos, viéndole volver con este refuerzo, se determinan a la total aniquilación de los españoles a toda costa. De motín en motín, de traición en traición, matando a su mismo soberano y sacrificando a sus ídolos los varios soldados que habían caído en sus manos, ponen a los españoles en la precisión de cerrar los ojos a la humanidad; y éstos, por libertar sus vidas y en defensa propia natural de pocos más de mil contra una multitud increíble de fieras (pues en tales se habían convertido los indios), llenaron la ciudad de cadáveres, combatiendo con más mortandad de enemigos que esperanza de seguridad propia, pues en una de las cortas suspensiones de armas que hubo le dijo un mejicano: *Por cada hombre que pierdas tú, podremos perder veinte mil nosotros; y aun así, nuestro ejército sobrevivirá al tuyo.* Expresión que, verificada en el hecho, era capaz de aterrar a cualquier ánimo que no fuera el de Cortés; y precisión en que no se ha visto hasta ahora tropa alguna del mundo.

En el Perú anduvieron menos humanos, dijo doblando el papel, guardando los anteojos y descansando de la lectura. Sí, amigo, lo confieso de buena fe, mataron muchos hombres a sangre fría; pero a trueque de esta imparcialidad que profeso, reflexionen los que nos llaman bárbaros la pintura que he hecho de la compra de negros, de que son reos los mismos que tanto lastiman la suerte de los americanos. Créeme, Gazel, créeme que si me diesen a escoger entre morir entre las ruinas de mi patria en medio de mis magistrados, parientes, amigos y conciudadanos, y ser llevado con mi padre, mujer e hijos millares de leguas metido en el entrepuentes[7] de un navío, comiendo habas y bebiendo agua podrida, para ser vendido en América en mercado público, y ser después empleado en los trabajos más duros hasta morir, oyendo siempre los últimos ayes de tanto moribundo amigo, paisano o compañero de mis fatigas, no tardara en escoger la suerte de los primeros. A lo que debes añadir: «que habiendo cesado tantos años ha la mortandad de los indios, tal cual haya sido, y durando todavía con trazas de nunca cesar la venta de los negros, serán muy despreciables a los ojos de cualquier hombre imparcial cuanto nos digan y repitan sobre este capítulo, en verso o en prosa, en estilo serio o jocoso, en obras columinosas o en hojas sueltas, los continuos mercaderes de carne humana.»

[7] *Entrepuentes* o *entrecubiertas,* «el espacio que hay entre las dos cubiertas superiores» (*Aut.*).

CARTA X

La poligamia entre nosotros está no sólo autorizada por el gobierno, sino mandada expresamente por la religión. Entre estos europeos, la religión la prohíbe y la tolera la pública costumbre. Esto te parecerá extraño; no me lo pareció menos, pero me confirma en que es verdad, no sólo la vista, pues ésta suele engañarnos por la apariencia de las cosas, sino la conversación de una noble cristiana, con quien concurrí el otro día a una casa. La sala estaba llena de gentes, todas pendientes del labio de un joven de veinte años, que había usurpado con inexplicable dominio la atención del concurso. Si la rapidez de estilo, volubilidad de la lengua, torrente de voces, movimiento continuo de un cuerpo airoso y gestos majestuosos formasen un orador perfecto, ninguno puede serlo tanto. Hablaba un idioma particular; particular, digo, porque aunque todas las voces eran castellanas, no lo eran las frases. Tratábase de las mujeres, y se reducía el objeto de su arenga a ostentar un sumo desprecio hacia aquel sexo. Cansóse mucho, después de cansarnos a todos; sacó el reloj, y dijo: —Esta es la hora— [1]; y de un brinco se puso fuera del cuarto. Quedamos libres de aquel tirano de la conversación, y empezamos a gozar del beneficio del habla, que yo pensé disfrutar por derecho de naturaleza hasta que la experiencia me enseñó que no había tal libertad. Así como al acabarse la tempestad

---

[1] *ésta es la hora*, calco literal de la correspondiente expresión francesa *c'est l'heure*, muestra del híbrido lenguaje del joven, de voces castellanas en construcciones gálicas.

vuelven los pajaritos al canto que le[2] interrumpieron los truenos, así nos volvimos a hablar los unos a los otros; y yo como más impaciente, pregunté a la mujer más inmediata a mi silla: —¿Qué hombre es éste?

—¿Qué quieres, Gazel, qué quieres que te diga? —respondió ella con la cara llena de un afecto entre vergüenza y dolor—. Ésta es una casta nueva entre nosotros; una provincia nuevamente descubierta en la península; o, por mejor decir, una nación de bárbaros que hacen en España una invasión peligrosa, si no se atajan sus primeros sucesos. Bástete saber que la época de su venida es reciente, aunque es pasmosa la rapidez de su conquista y la duración de su dominio.

Hasta entonces las mujeres, un poco más sujetas en el trato, estaban colocadas más altas en la estimación; viejos, mozos y niños nos miraban con respeto; ahora nos tratan con despejo. Éramos entonces como los dioses Penates[3] que los gentiles guardaban encerrados dentro de sus casas, pero con suma veneración; ahora somos como el dios Término[4], que no se guardaba con puertas ni cerrojos, pero quedaba expuesto a la irreverencia de los hombres, y aun de los brutos.

Según lo que te digo, y otro tanto que te callo me dijo la cristiana, podrás inferir que los musulmanes no tratamos peor a la hermosa mitad del género humano; por lo que he ido viendo, saco la misma consecuencia, y me confirmo mucho más en ella con lo que oí pocos días ha a un mozo militar, sin duda hermano del que acabo de retratar en esta carta. Preguntóme cuántas mujeres componían mi serrallo. Respondíle que en vista de la tal

---

[2] *le* por «les» se encuentra en el Siglo de Oro y es a veces reflejo del habla espontánea o descuidada. No hay, pues, justificación para corregirlo, como hacen D-G, máxime teniendo en cuenta que no sólo se constata en F y H, sino incluso en O. (Vid. Carta XI, nota 2.)

[3] *Los dioses Penates* eran las divinidades romanas del hogar doméstico.

[4] *El dios Término* era también divinidad romana que se identificaba con los límites y fronteras, como símbolo de la inmovilidad.

cual altura en que me veo, y atendida mi decencia precisa, había procurado siempre mantenerme con alguna ostentación; y que así, entre muchas cuyos nombres apenas sé, tengo doce blancas y seis negras. —Pues, amigo, dijo el mozo, yo, sin ser moro ni tener serrallo, ni aguantar los quebraderos de cabeza que acarrea el gobierno de tantas hembras, puedo jurarte que entre las que me llevo de asalto, las que desean capitular, y las que se me entregan sin aguantar sitio, salgo a otras tantas por día como tú tienes por toda tu vida entera y verdadera—. Calló y aplaudióse a sí mismo [5] con una risita, a mi ver poco oportuna.

Ahora, amigo Ben-Beley, 18 mujeres por día en los 365 del año de estos cristianos, son 6.570 conquistas las de este Hernán Cortés del género femenino; y contando con que este héroe gaste solamente desde los 17 años de su edad hasta los 33 en semejantes hazañas, tenemos que asciende el total de sus prisioneras en los 17 años útiles de su vida a la suma y cantidad de 111.690, salvo yerro de cuenta; y echando un cálculo prudencial de las que podrá encadenar en lo restante de su vida con menos osadía que en los años de armas tomar, añadiendo las que corresponden a los días que hay de pico sobre los 365 de los años regulares en los que ellos llaman bisiestos, puedo decir que resulta que la suma total llega al pie de [6] 150.000, número pasmoso de que no puede jactarse ninguna serie entera de emperadores turcos o persas.

De esto conjeturarás ser muy grande la relajación en las costumbres; lo es sin duda, pero no total. Aún abundan matronas dignas de respeto, incapaces de admitir yugo tan duro como ignominioso; y su ejemplo detiene a otras en la orilla misma del precipicio. Las débiles aún

---

[5] *aplaudir,* con su valor genérico de «celebrar con palabras o demostraciones exteriores de júbilo...» (*Aut.*). En realidad «aprobar». La forma pronominal (*s'applaudir*) es más frecuente en francés. Cfr. la nota 54 de las *Noches lúgubres.*

[6] *al pie de,* «cerca de, casi».

conservan el conocimiento de su misma flaqueza y profesan respeto a la fortaleza de las otras. Y desde la inmediación del trono sale un resplandor de virtud, que alumbra como sol a las buenas y castiga como rayo a las malas. Hace muchos años que las joyas más preciosas de la corona son las virtudes de quien las lleva; y la mano ocupada en el cetro detiene la rienda al vicio, que correría desenfrenado si no le sujetara fuerza tan invencible.

CARTA XI

DEL MISMO AL MISMO

Las noticias que hemos tenido hasta ahora en Marruecos de la sociedad o vida social de los españoles nos parecía muy buena[1], por ser muy semejante aquélla a la nuestra, y ser natural en un hombre graduar por esta regla el mérito de los otros. Las mujeres guardadas bajo muchas llaves, las conversaciones de los hombres entre sí muy reservadas, el porte muy serio, las concurrencias pocas, y ésas sujetas a una etiqueta forzosa, y otras costumbres de este tenor no eran tanto efecto de su clima, religión y gobierno, según quieren algunos, como monumentos de nuestro antiguo dominio. En ellas se ven permanecer reliquias de nuestro señorío, aun más que en los edificios que subsisten en Córdoba, Granada, Toledo y otras partes. Pero la franqueza en el trato de estos alegres nietos de aquellos graves abuelos han introducido cierta amistad universal entre todos los ciudadanos de un pueblo, y para los forasteros cierta hospitalidad tan

---

[1] En ciertas concordancias anómalas del texto no desentona el singular *nos parecía muy buena,* que se halla en todos los ms., incluido O, referido a *sociedad* y no a *las noticias.* No hay motivo, por tanto, para corregir *parecían muy buenas,* como hacen D-G.

generosa que, en comparación de la antigua España, la moderna es una familia común en que son parientes no sólo todos los españoles, sino todos los hombres.

En lugar de aquellos cumplidos cortos, que se decían las pocas veces que se hablaban, y eso de paso y sin detenerse, si venían encontrados; en lugar de aquellas reverencias pausadas y calculadas según a quien, por quien y delante de quien se hacían; en lugar de aquellas visitas de ceremonia, que se pagaban con tales y tales motivos; en lugar de todo esto, ha sobrevenido un torbellino de visitas diarias, continuas reverencias impracticables a quien no tenga el cuerpo de goznes, estrechos abrazos y continuas expresiones amistosas tan largas de recitar, que uno como yo poco acostumbrado a ellas necesita tomar cinco o seis veces aliento antes de llegar al fin. Bien es verdad que para evitar este último inconveniente (que lo es hasta para los más prácticos), se suele tomar el medio término de pronunciar entre dientes la mitad de estas arengas, no sin mucho peligro de que el sujeto cumplimentado reciba injurias en vez de lisonjas de parte del cumplimentador.

Nuño me llevó anoche a una tertulia (así se llaman cierto número de personas que concurren con frecuencia a una conversación) [2]; presentóme al ama de la casa, porque has de saber que los amos no hacen papel en ellas: —Señora —dijo—, éste es un moro noble, cualidad que basta para que le admitáis, y honrado, prenda suficiente para que yo le estime. Desea conocer a España; me ha encargado de procurarle todos los medios para ello, y lo presento a toda esta asamblea (lo cual dijo mirando por toda la sala).

La señora me hizo un cumplido de los que acabo de referir, y repitieron otros iguales los concurrentes de uno y otro sexo. Aquella primera noche causó un poco de extrañeza mi modo de llevar el traje europeo y conversa-

---

[2] Interesante y vivo retrato del mundillo de los salones elegantes y tertulias que Cadalso frecuentaba. Vid. también Carta XXXIII.

ción, pero al cabo de otras tres o cuatro noches, lo [3] era yo a todos tan familiar como cualquiera de ellos mismos. Algunos de los tertulianos me enviaron a cumplimentar sobre mi llegada a esta corte y a ofrecerme sus casas. Me hablaron en los paseos y me recibieron sin susto, cuando fui a cumplir con la obligación de visitarlas. Los maridos viven naturalmente en barrio distinto de las mujeres, porque en las casas de éstos no hallé más hombres que los criados y otros como yo, que iban de visita. Los que encontré en la calle o en la tertulia a la segunda vez ya eran amigos míos; a la tercera, ya la amistad era antigua; a la cuarta, ya se había olvidado la fecha; y a la quinta, me entraba y salía por todas partes sin que me hablase alma viviente, ni siquiera el portero; el cual, con la gravedad de su bandolera y bastón, no tenía por conveniente dejar el brasero y garita por tan frívolo motivo como lo era entrarse un moro por la casa de un cristiano.

Aun más que con este ejemplo, se comprueba la franqueza de los españoles de este siglo con la relación de las mesas continuamente dispuestas en Madrid para cuantos se quieran sentar a comer. La primera vez que me hallé en una de ellas conducido por Nuño, creí estar en alguna posada pública según la libertad, aunque tanto la desmentía la magnificencia de su aparato, la delicadeza de la comida y lo ilustre de la compañía. Díjeselo así a mi amigo, manifestándole la confusión en que me hallaba; y él, conociéndola y sonriéndose, me dijo: —El amo de esta casa es uno de los mayores hombres de la monarquía; importará doscientos pesos todos los años lo que él mismo come, y gasta cien mil en su mesa. Otros están en el mismo pie [4], y él y ellos son vasallos que dan lustre a la corte; y sólo son inferiores al soberano, a

---

[3] *lo* se encuentra también en todos los ms. y puede considerarse lección genuina. D-G, siguiendo las primeras ediciones, ponen *les.* (Cfr. Cartas X, nota 2 y XXXVII, nota 2.)

[4] *pie:* «se toma asimismo por regla, planta, uso o estilo» *(Aut.).* En realidad parece querer decir «en la misma situación o condición». (Véanse también las Cartas XXXIV, nota 1; LXXIV, nota 2; LXXVI, nota 1; LXXX, nota 8.)

quien sirven con tanta lealtad como esplendor. Quedéme absorto, como tú quedarías si presenciaras lo que lees en esta carta.

Todo esto sin duda es muy bueno, porque contribuye a hacer al hombre cada día más sociable. El continuo trato y franqueza descubre mutuamente los corazones de los unos a los otros; hace que se comuniquen las especies y se unan las voluntades.

Así se lo estaba yo diciendo a Nuño, cuando noté que oía con mucha frialdad lo que yo le ponderaba con fervor; pero ¡cuál me sorprendió cuando le oí lo siguiente!: —Todas las cosas son buenas por un lado y malas por otro, como las medallas que tienen derecho y revés. Esta libertad en el trato, que tanto te hechiza, es como la rosa que tiene las espinas muy cerca del capullo. Sin aprobar la demasiada rigidez del siglo XVI, no puedo conceder tantas ventajas a la libertad moderna. ¿Cuentas por nada la molestia que sufre el que quiere por ejemplo pasearse solo una tarde por distraerse de algún sentimiento o para reflexionar sobre algo que le importe? Conveniencia que lograría en lo antiguo sin hablar a los amigos; y mediante esta franqueza que alabas, se halla rodeado de importunos que le asaltan con mil insulseces sobre el tiempo que hace, los coches que hay en el paseo, color de la bata de tal dama, gusto de librea de tal señor, y otras semejantes. ¿Parécete poca incomodidad la que padece el que tenía ánimo de encerrarse en su cuarto un día, para poner en orden sus cosas domésticas, o entregarse a una lectura que le haga mejor o más sabio? Lo cual también conseguiría en lo antiguo, a no ser el día de su santo o cumpleaños; y en el método de hoy, se halla con cinco o seis visitas sucesivas de gentes ociosas que nada le importan, y que sólo lo hacen por no perder, por falta de ejercitarlo, el sublime privilegio de entrar y salir por cualquier parte, sin motivo ni intención. Si queremos alzar un poco el discurso, ¿crees poco inconveniente, nacido de esta libertad, el que un ministro, con la cabeza llena de negocios arduos, tenga que exponerse, digámoslo así, a las especulaciones de veinte desocupados, o tal vez espías, que con motivo de la mesa franca [7] van a visitarle a la hora de comer, y observar de qué plato come, de qué vino bebe, con cuál convidado se familiariza, con cuál habla mucho, con cuál poco, con cuál nada, a quién en secreto, a quién a voces, a quién pone mala cara, a quién buena, a quién mediana? Piénsalo, reflexiónalo, y lo verás. La falta de etiqueta en el actual trato de las mujeres también me parece asunto de poca controversia: si no has olvidado la conversación que tuviste con una señora de no menos juicio que virtud, podrás inferir que redundaba en honor de su sexo la antigua austeridad del nuestro, aunque sobrase, como no lo dudo, algo de aquel tesón, de cuyo extremo nos hemos precipitado rápidamente al otro. No puedo menos de acordarme de la pintura que oí muchas veces a mi abuelo hacer de sus amores, galanteo y boda con la que fue mi abuela. Algún poco de rigor tuvo por cierto en toda la empresa; pero no hubo parte de ella que no fuese un verdadero crisol de la virtud de la dama, del valor del galán y del honor de ambos. La casualidad de concurrir a un sarao en Burgos, la conducta de mi abuelo enamorado desde aquel punto, el modo de introducir la conversación, el declarar su amor a la dama, la respuesta de ella, el modo de experimentar la pasión del caballero (y aquí se complacía el buen viejo contando los torneos, fiestas, músicas, los desafíos y tres campañas que hizo contra los moros por servirla y acreditar su constancia), el modo de permitir ella que se la pidiese a sus padres, las diligencias practicadas entre las dos familias no obstante la conexión que había entre ellas; y, en fin, todos los pasos hasta lograr el deseado fin, indicaban merecerse mutuamente los novios. Por cierto, decía mi abuelo poniéndose sumamente grave, que estuvo a pique de descomponerse la boda, por la casualidad de haberse encontrado en la misma calle, aunque a mucha distancia de la casa, una mañana de San Juan, no sé qué escalera de

---

[7] *mesa franca,* «se llama aquella en que se da de comer a todos cuantos llegaren, sin distinción de personas». *(Aut.)*

cuerda, varios pedazos de guitarra, media linterna, al parecer de alguna ronda, y otras varias reliquias de una quimera que había habido la noche anterior y había causado no pequeño escándalo; hasta que se averiguó había procedido todo este desorden de una cuadrilla de capitanes mozalbetes recién venidos de Flandes que se juntaban aquellas noches en una casa de juego del barrio, en la que vivía una famosa dama cortesana.

CARTA XII

Del mismo al mismo

En Marruecos no tenemos idea de lo que por acá se llama nobleza hereditaria, con que no me entenderías si te dijera que en España no sólo hay familias nobles, sino provincias que lo son por heredad. Yo mismo que lo estoy presenciando no lo comprendo. Te pondré un ejemplo práctico, y lo entenderás menos, como sucede; y si no, lee:

Pocos días ha, pregunté si estaba el coche pronto, pues mi amigo Nuño estaba malo y yo quería visitarle. Me dijeron que no. Al cabo de media hora, hice igual pregunta, y hallé igual respuesta. Pasada otra media, pregunté, y me respondieron lo propio, y de allí a poco me dijeron que el coche estaba puesto, pero que el cochero estaba ocupado. Indagué la ocupación al bajar las escaleras, y él mismo me desengañó, saliéndome al encuentro y diciéndome: —Aunque soy cochero, soy noble. Han venido unos vasallos míos y me han querido besar la mano para llevar este consuelo a sus casas; con que por eso me he detenido, pero ya despaché. ¿Adónde vamos? Y al decir esto, montó en la mula y arrimó el coche.

CARTA XIII

Del mismo al mismo

Instando a mi amigo cristiano a que me explicase qué es nobleza hereditaria, después de decirme mil·cosas que yo no entendí, mostrarme estampas que me parecieron de mágica [1], y figuras que tuve por capricho de algún pintor demente [2], y después de reírse conmigo de muchas cosas que decía ser muy respetables en el mundo, concluyó con estas voces, interrumpidas con otras tantas carcajadas de risa: —Nobleza hereditaria es la vanidad que yo fundo en que, ochocientos años antes de mi nacimiento, muriese uno que se llamó como yo me llamo, y fue hombre de provecho, aunque yo sea inútil para todo.

---

[1] *mágica,* sustantivo, «magia». En las mismas *Cartas Marruecas* se utiliza, al principio de la V, «arte mágica».

[2] La doble acepción con que Cadalso emplea *capricho* («libre imaginación del artista» y «noción extravagante concebida por la imaginación libre»), según E. Helman, pudo haber dado a Goya el título para la serie de grabados denominados *caprichos.* (Vid. *Cadalso y Goya,* pág. 129, cit. en la Bibliografía.)

CARTA XIV

DEL MISMO AL MISMO

Entre las voces que mi amigo hace ánimo[1] de poner en su diccionario, la voz *victoria* es una de las que necesitan más explicación, según se confunde en las gacetas modernas. Toda la guerra pasada[2] —dice Nuño— estuve leyendo gacetas y mercurios[3], y nunca pude entender quién ganaba o perdía. Las mismas funciones en que me he hallado me han parecido sueños, según las relaciones impresas, por su lectura, y no supe jamás cuándo habíamos de cantar el *Te Deum* o el *Miserere*. Lo que sucede por lo regular es lo siguiente:

Dase una batalla sangrienta entre dos ejércitos numerosos, y uno o ambos quedan destruidos; pero ambos generales la envían pomposamente referida a sus cortes respectivas. El que más ventaja sacó, por pequeña que sea, incluye en su relación un estado de los enemigos muertos, heridos y prisioneros, cañones, morteros, banderas, estandartes, timbales y carros tomados. Se anuncia la victoria en su corte con el *Te Deum,* campanas, iluminaciones, etc. El otro asegura que no fue batalla, sino un pequeño choque de poca o ninguna importancia; que, no obstante la grande superioridad del enemigo, no rehusó la acción; que las tropas del rey hicieron maravillas; que

---

[1] *hace ánimo,* «tiene intención».

[2] Es muy probable la alusión, como piensa D-G, a la guerra del Pacto de Familia, contra Portugal, en 1762 en la que Cadalso intervino.

[3] *gacetas y mercurios;* nombre de las publicaciones periódicas en el siglo XVIII, como la *Gazeta de Madrid,* la de Barcelona, el *Mercurio histórico-político,* el *Mercurio literario,* etc. La gaceta, semanal o mensual, daba relación «de las novedades de las provincias de la Europa, y algunas del Asia y África» *(Aut.)*

se acabó la función con el día y que, no fiando su ejército a la oscuridad de la noche, se retiró metódicamente.
También canta el *Te Deum* y se tiran cohetes en su corte. Y todo queda problemático, menos la muerte de veinte mil hombres, que ocasiona la de otros tantos hijos
huérfanos, padres desconsolados, madres viudas, etc.

CARTA XV

DEL MISMO AL MISMO

En España, como en todos los países del mundo, las
gentes de cada carrera desprecian a las de las otras. Búrlase el soldado del escolástico, oyendo disputar *utrum
blictiri sit terminus logicus*[1]. Búrlase éste del químico,
empeñado en el hallazgo de la piedra filosofal. Éste se ríe
del soldado que trabaja mucho sobre que la vuelta de la
casaca tenga tres pulgadas de ancho, y no tres y media.
¿Qué hemos de inferir de todo esto, sino que en todas
las facultades humanas hay cosas ridículas?

---

[1] *Utrum blictiri...*, «si blictiri es término lógico»; se trata de
un término sin sentido, al que se le puede atribuir uno arbitrariamente, como ejemplo de las inútiles disquisiciones de los escolásticos. La voz *blictiri* fue inventada por Boecio y la cuestión, de
dónde pudo haberla tomado Cadalso, ya está así formulada en el
Fray Gerundio de Campazas. (Vid. R.P. Sebold, edic. cit. en la
Bibliografía, II, pág. 16; y cfr. Carta LVIII, nota 1.)

CARTA XVI

Del mismo al mismo

Entre los manuscritos de mi amigo Nuño he hallado uno, cuyo título es: *Historia heroica de España*. Preguntándole qué significaba, me dijo que prosiguiese leyendo, y el prólogo me gustó tanto, que lo copio y te lo remito.

Prólogo. No extraño que las naciones antiguas llamasen semidioses a los hombres grandes que hacían proezas superiores a las comunes fuerzas humanas. En cada país han florecido en tales o tales tiempos unos varones cuyo mérito ha pasmado a los otros. La patria, deudora a ellos de singulares beneficios, les dio aplausos, aclamaciones y obsequios. Por poco que el patriotismo inflamase aquellos ánimos, las ceremonias se volvían culto, el sepulcro altar, la casa templo; y venía el hombre grande a ser adorado por la generación inmediata a sus contemporáneos, siendo alguna vez tan rápido este progreso, que sus mismos conciudadanos, conocidos y amigos tomaban el incensario y cantaban los himnos. La sequedad de aquellos pueblos sobre la idea de la deidad pudo multiplicar este nombre. Nosotros, más instruidos, no podemos admitir tal absurdo; pero hay una gran diferencia entre este exceso y la ingratitud con que tratamos la memoria de nuestros héroes. Las naciones modernas no tienen bastantes monumentos levantados a los nombres de sus varones ilustres. Si lo motiva la envidia de los que hoy ocupan los puestos de aquéllos, temiendo éstos que su lustre se eclipse por el de sus antecesores, anhelen a superarlos; la eficacia del deseo por sí sola bastará a igualar su mérito con el de los otros.

De los pueblos que hoy florecen, el inglés es el solo que parece adoptar esta máxima, y levanta monumentos a sus héroes en la misma iglesia que sirve de panteón a sus reyes; llegando a tanto su sistema, que hacen algunas veces igual obsequio a las cenizas de los héroes enemigos, para realzar la gloria de sus naturales.

Las demás naciones son ingratas a la memoria de los que las han adornado y defendido. Esta es una de las fuentes de la desidia universal, o de la falta de entusiasmo de los generales modernos. Ya no hay patriotismo, porque ya no hay patria.

La francesa y la española abundan en héroes insignes, mayores que muchos de los que veo en los altares de la Roma pagana. Los reinados de Francisco I, Enrique IV y Luis XIV han llenado de gloria los anales de Francia; pero no tienen los franceses una historia de sus héroes tan metódica como yo quisiera y ellos merecen, pues sólo tengo noticia de la obra de Mr. Perrault[1], y ésta no trata sino de los hombres ilustres del último de los tres reinados gloriosos que he dicho. En lugar de llenar toda Europa de tanta obra frívola como han derramado a millares en estos últimos años, ¡cuánto más beneméritos de sí mismos serían si nos hubieran dado una obra de esta especie, escrita por algún hombre grande de los que tienen todavía en medio del gran número de autores que no merecen tal nombre!

Este era uno de los asuntos que yo había emprendido, prosiguió Nuño[2], cuando tenía algunas ideas muy opuestas a las de quietud y descanso que ahora me ocupan. Intenté escribir una historia heroica de España: ésta era una relación de todos los hombres grandes que ha producido la nación desde don Pelayo. Para poner el cimiento de esta obra tuve que leer con sumo cuidado nuestras historias, así generales como particulares; y te juro que

---

[1] Charles Perrault (1628-1703), el célebre cuentista, fue también autor de la serie de biografías *Les hommes illustres qui ont paru en France pendant le XVIII siècle,* París, 1696-1700.

[2] Según Meléndez Valdés, en una nota a la Oda XXVI, Cadalso pensó «celebrar a los varones más ilustres de España, así en armas como en letras, imitando a Lope de Vega en su *Laurel de Apolo*» (B.A.E., LXIII, pág. 195).

cada libro era una mina cuya abundancia me envanece. El mucho número formaba la gran dificultad de la empresa, porque todos hubieran llegado a un tomo exorbitante, y pocos hubieran sido de dificultosa elección. Entre tantos insignes, si cabe alguna preferencia que no agravie a los que incluye, señalaba como asuntos sobresalientes después de don Pelayo, libertador de su patria, don Ramiro, padre de sus vasallos; Peláez de Correa, azote de los moros; Alonso Pérez de Guzmán, ejemplo de fidelidad; Cid Ruy Díaz, restaurador de Valencia; Fernando III, el conquistador de Sevilla; Gonzalo Fernández de Córdoba, vasallo envidiable; Hernán Cortés, héroe mayor que los de la fábula; Leiva, Pescara y Basto, vencedores de Pavía, y Álvaro de Bazán, favorito de la fortuna [3].

¡Cuán glorioso proyecto sería el de levantar estatuas, monumentos y columnas en los parajes más públicos de la villa capital con un corto elogio de cada una citando la historia de sus hazañas! ¡Qué estímulo para nuestra juventud, que se criaría desde su niñez a vista de unas cenizas tan venerables! A semejantes ardides debió Roma en mucha parte el dominio del orbe.

[3] Con personajes bien representativos y famosos, como Pelayo, el Cid, Fernando III, el Gran Capitán y el repetidamente admirado Cortés, ha señalado a otros no tan significativos: don Ramiro puede ser el rey de Asturias, el primero de este nombre, a quien la tradición atribuye la victoria de Clavijo; Pelayo (Peláez) Pérez Correa fue un general portugués del siglo XIII que participó en la conquista de Sevilla al servicio de Fernando III; A. Pérez de Guzmán (1256-1309) fue el defensor de Tarifa, que permitió que fuera decapitado su hijo antes de rendirse. Los últimos, el capitán navarro Antonio de Leiva (1480-1536), el general italiano Fernando Francisco de Avalos, marqués de Pescara (1489-1525), y Alonso de Avalos, marqués del Vasto (1504-1546) intervinieron en las campañas de Italia en tiempos de Carlos V; y el marino granadino Álvaro de Bazán (1526-1588) participó en la batalla de Lepanto y ocupó Túnez.

CARTA XVII

DE BEN-BELEY A GAZEL [1]

De todas tus cartas recibidas hasta ahora, infiero que me pasaría en lo bullicioso y lucido de Europa lo mismo que experimento en el retiro de África, árida e insociable, como tú la llamas desde que te acostumbras a las delicias de Europa.

Nos fastidia con el tiempo el trato de una mujer que nos encantó a primera vista; nos cansa un juego que aprendimos con ansia; nos molesta una música que al principio nos arrebató; nos empalaga un plato que nos deleitó la primera vez; la corte que al primer día nos encantó, después nos repugna; la soledad, que nos parecía deliciosa a la primera semana, nos causa después melancolías; la virtud sola es la cosa que es más amable cuanto más la conocemos y cultivamos.

Te deseo bastante fondo de ella para alabar al Ser Supremo con rectitud de corazón; tolerar los males de la vida; no desvanecerte con los bienes; hacer bien a todos, mal a ninguno; vivir contento; esparcir alegría entre tus amigos, participar sus pesadumbres, para aliviarles el peso de ellas; y volver sabio y salvo al seno de tu familia, que te saluda muy de corazón con vivísimos deseos de abrazarte.

---

[1] En ésta su primera carta, Ben Beley nos da ya su dimensión de hombre sabio al exponer un ideal de virtud y de conducta.

CARTA XVIII

GAZEL A BEN-BELEY

Hoy sí que tengo una extraña observación que comunicarte. Desde la primera vez que desembarqué en Europa, no he observado cosa que me haya sorprendido como la que voy a participar en esta carta. Todos los sucesos políticos de esta parte del mundo, por extraordinarios que sean, me parecen más fáciles de explicar que la frecuencia de pleitos entre parientes cercanos, y aun entre hijos y padres. Ni el descubrimiento de las Indias orientales y occidentales, ni la incorporación de las coronas de Castilla y Aragón, ni la formación de la República holandesa, ni la constitución mixta de la Gran Bretaña, ni la desgracia de la Casa Stuart, ni el establecimiento de la de Braganza [1], ni la cultura de Rusia, ni suceso alguno de esta calidad, me sorprende tanto como ver pleitear padres con hijos. ¿En qué puede fundarse un hijo para demandar en justicia contra su padre? ¿O en qué puede fundarse un padre para negar alimentos a su hijo? Es cosa que no entiendo. Se han empeñado los sabios de este país en explicarlo, y mi entendimiento en resistir a la explicación, pues se invierten todas las ideas que tengo de amor paterno y amor filial.

Anoche me acosté con la cabeza llena de lo que sobre este asunto había oído, y me ocurrieron de tropel todas las instrucciones que oí de tu boca, cuando me hablabas en mi niñez sobre el carácter de padre y el rendimiento de hijo. Venerable Ben-Beley, después de levantar las manos al cielo, taparéme con ellas los oídos para impe-

---

[1] Los Estuardo formaron una de las casas reales de Escocia e Inglaterra. La dinastía de Braganza reinó en Portugal.

dir la entrada a voces sediciosas de jóvenes necios, que con tanto desacato me hablan de la dignidad paterna. No escucho sobre este punto más voz que la de la naturaleza, tan elocuente en mi corazón, y más cuando tú la acompañaste con tus sabios consejos. Este vicio europeo no llevaré yo a África. Me tuviera por más delincuente que si llevara a mi patria la peste de Turquía. Me verás a mi regreso tan humilde a tu vista y tan dócil a tus labios como cuando me sacaste de entre los brazos de mi moribunda madre para servirme de padre por la muerte de quien me engendró[1]. Desde ahora aceleraré mi vuelta porque no me contagie mal tan engañoso, que se hace apetecible al mismo que lo padece. Volaré hasta tus plantas; las besaré mil veces postrado; me mantendré sin alzar los ojos del suelo, hasta que tus benignas manos me lleven a tu pecho; reverenciaré en ti la imagen de mi padre, y Dios desde la altura de su trono, que resplandeciendo como los ojos de los inefables ángeles ... ...
... ...
... ...[2] Si con menos respeto te mirara, creo que vibraría la mano omnipotente un rayo irresistible que me redujera a cenizas con espanto del orbe entero, a quien mi nombre vendría a ser escarmiento infeliz y de eterna memoria.

¡Qué mofa harían de mí los jóvenes europeos si cayesen en sus manos impías estos renglones! ¡Cuánta necedad brotaría de sus insolentes labios! ¡Cuán ridículo objeto sería yo a sus ojos! Pero aun así, despreciaría al escarnio de los malvados, y me apartaría de ellos por mantener mi alma tan blanca como la leche de las ovejas.

---

[1] A partir de aquí hasta las líneas de puntos suspensivos falta el texto en O y en C. Consta, en cambio, en nuestro ms. F y en H y L, si bien en estos dos se encuentra comprendido entre los signos a los que se alude en la nota 9 de la *Introducción*.
[2] Los puntos suspensivos están en el ms. La edición de Sancha advierte: «Aquí está borrado el manuscrito.»

CARTA XIX

BEN-BELEY A GAZEL,
RESPUESTA DE LA ANTERIOR

Como suben al cielo las aromas [1] de las flores, y como
llegan a mezclarse con los celestes coros los trinos de las
aves, así he recibido la expresión de rendimiento que me
ha traído la carta en que abominas del desacato de algunos jóvenes europeos hacia sus padres. Mantente contra
tan horrendas máximas, como la peña se mantiene contra
el esfuerzo de las olas, y créeme que Alá mirará con bondad, desde la alteza de su trono, a los hijos que tratan
con reverencia a sus padres, pues los otros se oponen
abiertamente al establecimiento de la sabia economía
que resplandece en la creación.

CARTA XX

BEN-BELEY A NUÑO

Veo con sumo gusto el aprovechamiento con que Gazel va viajando por tu país y los progresos que hace su
talento natural con el auxilio de tus consejos. Su entendimiento solo estaría tan lejos de serle útil sin tu dirección, que más serviría a alucinarle. A no haberte puesto
la fortuna en el camino de este joven, hubiera malogrado

---

[1] *las aromas:* dejo el femenino, que es la forma de todos los
manuscritos, frente al arbitrario cambio de género efectuado
por D-G

Gazel su tiempo. ¿Qué se pudiera esperar de sus viajes? Mi Gazel hubiera aprendido, y mal, una infinidad de cosas; se llenaría la cabeza de especies sueltas, y hubiera vuelto a su patria ignorante y presumido. Pero aun así, dime, Nuño, ¿son verdaderas muchas de las noticias que me envía sobre las costumbres y usos de tus paisanos? Suspendo el juicio hasta ver tu respuesta. Algunas cosas me escribe incompatibles entre sí. Me temo que su juventud le engañe en algunas ocasiones y me represente las cosas no como son, sino cuales se le representaron. Haz que te enseñe cuantas cartas me remita, para que veas si me escribe con puntualidad lo que sucede o lo que se le figura. ¿Sabes de dónde nace esta mi confusión y esta mi eficacia en pedirte que me saques de ella, o por lo menos que impidas su aumento? Nace, cristiano amigo, nace de que sus cartas, que copio con exactitud y suelo leer con frecuencia, me representan tu nación diferente de todas en no tener carácter propio, que es el peor carácter que puede tener.

CARTA XXI

Nuño a Ben-Beley,
RESPUESTA DE LA ANTERIOR

No me parece que mi nación esté en el estado que infieres de las cartas de Gazel, y según él mismo lo ha colegido de las costumbres de Madrid y alguna otra ciudad capital. Deja que él mismo te escriba lo que notare en las provincias, y verás cómo de ellas deduces que la nación es hoy la misma que era tres siglos ha. La multitud y variedad de trajes, costumbres, lenguas y usos, es igual en todas las cortes por el concurso de extranjeros que acuden a ellas; pero las provincias interiores de España, que por su poco comercio, malos caminos y ninguna diversión no tienen igual concurrencia, producen hoy unos hombres compuestos de los mismos vicios y virtudes que sus quintos abuelos. Si el carácter español, en general, se compone de religión, valor y amor a su soberano por una parte, y por otra de vanidad, desprecio a la industria (que los extranjeros llaman pereza) y demasiada propensión al amor; si este conjunto de buenas y malas calidades componían el corazón nacional de los españoles cinco siglos ha, el mismo compone el de los actuales. Por cada petimetre [1] que se vea mudar de moda siempre que se lo manda su peluquero, habrá cien mil españoles que no han reformado un ápice en su traje antiguo. Por cada español que oigas algo tibio en la fe, habrá un millón que sacará la espada si oye hablar de tales materias. Por cada uno que se emplee en un arte mecánica, habrá un sinnúmero que están prontos a cerrar sus tiendas para ir a las Asturias o a sus Montañas en busca de una ejecutoria. En medio de esta decadencia aparente del carácter nacional, se descubren de cuando en cuando ciertas señales de antiguo espíritu; ni puede ser de otro modo: querer que una nación se quede con solas sus propias virtudes y se despoje de sus defectos propios para adquirir en su lugar las virtudes de las extrañas, es fingir otra república como la de Platón [2]. Cada nación es como cada hombre, que tiene sus buenas y malas propiedades peculiares a su alma y cuerpo. Es muy justo trabajar a disminuir éstas y aumentar aquéllas; pero es imposible aniquilar lo que es parte de su constitución. El proverbio que dice *genio y figura hasta la sepultura,* sin duda se entiende de los hombres; mucho más de las naciones,

---

[1] *petimetre,* galicismo (de *petit maître*) muy frecuente en la época, por ser un tipo humano característico de la sociedad de entonces: «el joven que cuida demasiadamente de su compostura y de seguir las modas» *(Aut.).* El mismo *Diccionario de Autoridades* precisa que la voz ha sido «introducida sin necesidad». En D-G y Reyes, por error mecánico, «petrimetre». El vocablo reaparece otras dos veces en la Carta LXIV, notas 8 y 15, y en la LXXXII, nota 8.

[2] Es decir, una república ideal como la diseñada por el filósofo griego para la mejor forma de gobierno.

que no son otra cosa más que una junta de hombres, en cuyo número se ven las cualidades de cada individuo. No obstante, soy de parecer que se deben distinguir las verdaderas prendas nacionales de las que no lo son sino por abuso o preocupación de algunos, a quienes guía la ignorancia o pereza. Ejemplares de esto abundan, y su examen me ha hecho ver con mucha frialdad cosas que otros paisanos míos no saben mirar sin enardecerse. Daréte algún ejemplo de los muchos que pudiera.

Oigo hablar con cariño y con respeto de cierto traje muy incómodo que llaman a la española antigua. El cuento es que el tal no es a la española antigua, ni a la moderna, sino un traje totalmente extranjero para España, pues fue traído por la Casa de Austria. El cuello está muy sujeto y casi en prensa; los muslos, apretados; la cintura, ceñida y cargada con una larga espada y otra más corta; el vientre, descubierto por la hechura de la chupilla[3]; los hombros, sin resguardo; la cabeza, sin abrigo; y todo esto, que no es bueno, ni español, es celebrado generalmente porque dicen que es español y bueno; y en tanto grado aplaudido, que una comedia cuyos personajes se vistan de este modo tendrá, por mala que sea, más entradas que otra alguna, por bien compuesta que esté, si le falta este ornamento.

La filosofía aristotélica, con todas sus sutilezas, desterrada ya de toda Europa, y que sólo ha hallado asilo en este rincón de ella, se defiende por algunos de nuestros viejos con tanto esmero, e iba a decir con tanta fe, como un símbolo de la religión. ¿Por qué? Porque dicen que es doctrina siempre defendida en España, y que el abandonarla es desdorar la memoria de nuestros abuelos. Esto parece muy plausible; pero has de saber, sabio africano, que en esta preocupación se envuelven dos absurdos a

---

[3] *chupilla*, diminutivo de *chupa*, «vestidura ajustada al cuerpo, larga hasta cerca de las rodillas, que abraza las demás vestiduras interiores, encima de la cual no hay más ropa que la casaca. Es voz moderna tomada del francés» *(Aut.)*. Aunque en realidad *chupa* es una variante de nuestro tradicional «jubón», su uso en el siglo XVIII puede deberse al influjo del francés *jupe*.

cuál mayor. El primero es que, habiendo todas las naciones de Europa mantenido algún tiempo el peripatecismo [4], y desechádolo después por otros sistemas de menos grito y más certidumbre, el dejarlo también nosotros no sería injuria a nuestros abuelos, pues no han pretendido injuriar a los suyos en esto los franceses e ingleses. Y el segundo es que el tal tejido de sutilezas, precisiones, trascendencias y otros semejantes pasatiempos escolásticos que tanto influjo tienen en las otras facultades, nos han venido de afuera, como de ello se queja uno u otro hombre español, tan amigo de la verdadera ciencia como enemigo de las hinchazones pedantescas, y sumamente ilustrado sobre lo que era o no era verdaderamente de España, y que escribía cuando empezaban a corromperse los estudios en nuestras universidades por el método escolástico que había venido de afuera; lo cual puede verse muy despacio en la *Apología* de la literatura española, escrita por el célebre literato Alfonso García Matamoros, natural de Sevilla, maestro de retórica en la universidad de Alcalá de Henares, y uno de los hombres mayores que florecieron en el siglo nuestro de Oro, a saber el de XVI [5].

Del mismo modo, cuando se trató de introducir en nuestro ejército las maniobras, evoluciones, fuegos y régimen mecánico de la disciplina prusiana, gritaron algunos de nuestros inválidos [6], diciendo que esto era un agravio manifiesto al ejército español; que sin el paso oblicuo, regular, corto y redoblado habían puesto a Felipe V

---

[4] *peripatecismo*: en O «peripateticismo», que es quizás lo que el amanuense quiso escribir, ya que es la forma que el mismo F emplea en la Carta LXXXIX. Hoy se llama *peripatetismo* el sistema de Aristóteles.

[5] Las justificadas críticas contra la filosofía aristotélica y el método escolástico fueron frecuentes entre todos los ilustrados, desde el propio Feijoo, que elogió, como precursor en la «guerra a la barbarie», a García Matamoros. Del exaltado panegírico de este humanista, *Apologia pro adserenda hispanorum eruditione*, Menéndez Pelayo lamentaba que «el aliño retórico» se sobrepusiera a «la conciencia histórica». Cadalso lo menciona también en la Carta XLIX, n. 4.

[6] *inválido* «se llama comúnmente el soldado que ya no puede servir en la campaña o por achaques o por vejez». *(Aut.)*

en su trono, a Carlos en el de Nápoles, y a su hermano en el dominio de Parma[7]; que sin oficiales introducidos en las divisiones habían tomado a Orán y defendido a Cartagena; que todo esto habían hecho y estaban prontos a hacer con su antigua disciplina española; y que así, parecía tiranía cuando menos el quitársela. Pero has de saber que la tal disciplina ni era española, pues al principio del siglo no había quedado ya memoria de la famosa y verdaderamente sabia disciplina que hizo florecer los ejércitos españoles en Flandes e Italia en tiempo de Carlos V y Felipe II, y mucho menos la invencible del Gran Capitán en Nápoles; sino otra igualmente extranjera que la prusiana, pues era la francesa, con la cual fue entonces preciso uniformar nuestras tropas a las de Francia, no sólo porque convenía que los aliados maniobrasen del mismo modo, sino porque los ejércitos de Luis XIV eran la norma de todos los de Europa en aquel tiempo, como los de Federico lo son en los nuestros[8].

¿Sabes la triste consecuencia que se saca de todo esto? No es otra sino que el patriotismo mal entendido, en lugar de ser una virtud, viene a ser un defecto ridículo y muchas veces perjudicial a la misma patria. Sí, Ben-Beley, tan poca cosa es el entendimiento humano que si quiere ser un poco eficaz, muda la naturaleza de las cosas de buenas en malas, por buena que sea. La economía muy extremada es avaricia; la prudencia sobrada, cobardía; y el valor precipitado, temeridad.

Dichoso tú que, separado del bullicio del mundo, empleas tu tiempo en inocentes ocupaciones y no tienes que sufrir tanto delirio, vicio y flaqueza como abunda entre

---

[7] Fernando VI, hijo de Felipe V, asignó a sus hermanos de padre, el infante don Carlos (el futuro Carlos III) y don Felipe, el reino de Nápoles y los ducados de Parma, Plasencia y Guastalla, respectivamente.

[8] Federico II de Prusia, *el Grande* (1712-1786), que elevó a su país al nivel de las grandes potencias europeas. De todos modos, ya su padre, Federico Guillermo I (1713-1740), el rey sargento, con la constitución de un fuerte ejército. había preparado la grandeza de Prusia.

los hombres, sin que apenas pueda el sabio distinguir cuál es vicio y cuál es virtud entre los varios móviles que los agitan.

CARTA XXII

Gazel a Ben-Beley

Siempre que las bodas no se forman entre personas de iguales en haberes, genios y nacimiento, me parece que las cartas en que se anuncian estas ceremonias a los parientes y amigos de las casas, si hubiera menos hipocresía en el mundo, se pudieran reducir a estas palabras: «Con motivo de ser nuestra casa pobre y noble, enviamos nuestra hija a la de Craso [1], que es rica y plebeya». «Con motivo de ser nuestro hijo tonto, mal criado y rico, pedimos para él la mano de N., que es discreta, bien criada y pobre»; o bien éstas: «Con motivo de que es inaguantable la carga de tres hijas en una casa, las enviamos a que sean amantes y amadas de tres hombres que ni las conocen ni son conocidos de ellas»; o a otras frases semejantes, salvo empero el acabar con el acostumbrado cumplido de «para que mereciendo la aprobación de vuestra merced, no falte circunstancia de gusto a este tratado», porque es cláusula muy esencial.

---

[1] *Craso:* aunque aquí se trate de un nombre convencional, es evidente la referencia a Marco Licinio Craso, célebre personaje político romano, triunviro con César y Pompeyo. Destacó como gran financiero y por sus innumerables riquezas recibió el sobrenombre de *Dives,* «rico». Aparece incluso en la *Divina Comedia* entre los ejemplos de avaricia, por lo que no se comprende su sustitución con *Creso,* como se hace en la edición de D-G. No es razón convincente el que se haya hecho mención de este último en la carta VI, donde el nombre aparece en una frase tópica y proverbial.

CARTA XXIII

Del mismo al mismo

Hay hombres en este país que tienen por oficio el disputar. Asistí últimamente a unas juntas de sabios, que llaman *Conclusiones*. Lo que son no lo sé, ni lo que dijeron, ni si se entendieron, ni si se reconciliaron, o si se quedaron con el rencor que se manifestaron delante de una infinidad de gentes, de las cuales ni un hombre se levantó para apaciguarlos, no obstante el peligro en que estaban de darse puñaladas, según los gestos que se hacían y las injurias que se decían; antes los indiferentes estaban mirando con mucho sosiego y aun con gusto la quimera de los adversarios. Uno de ellos, que tenía más de dos varas de alto, casi otras tantas de grueso, fuertes pulmones, voz de gigante y ademanes de frenético, defendió por la mañana que una cosa era negra, y a la tarde que era blanca. Lo celebré infinito, pareciéndome esto un efecto de docilidad poco común entre los sabios; pero desengañéme cuando vi que los mismos que por la mañana se habían opuesto con todo su brío, que no era corto, a que la tal cosa fuese negra, se oponía igualmente por la tarde a que la misma fuese blanca. Y un hombre grave, que se sentó a mi lado, me dijo que esto se llamaba defender una cosa problemáticamente; que el sujeto que estaba luciendo su ingenio problemático era un mozo de muchas prendas y grandes esperanzas; pero que era, como si dijéramos, su primera campaña, y que los que le combatían eran hombres ya hechos a estas contiendas con cincuenta años de iguales fatigas, soldados veteranos, acuchillados y aguerridos. —Setenta años —me dijo— he gastado, y he criado estas canas —añadió, quitándose una especie de turbante pequeño y negro—

asistiendo a estas tareas; pero en ninguna vez, de las muchas que se han suscitado estas cuestiones, la he visto tratar con el empeño que hoy.

Nada entendí de todo esto. No puedo comprender qué utilidad pueda sacarse de disputar setenta años una misma cosa sin el gusto, ni siquiera la esperanza de aclararla. Y comunicando este lance a Nuño, me dijo que en su vida había disputado dos minutos seguidos, porque en aquellas cosas humanas en que no cabe la demostración es inútil tan porfiada controversia, pues en la vanidad del hombre, su ignorancia y preocupación, todo argumento permanece indeciso, quedando cada argumentante en la persuasión de que su antagonista no entiende de la cuestión o no quiere confesarse vencido. Soy del dictamen de Nuño, y no dudo que tú lo fueras si oyeras las disputas literarias de España.

CARTA XXIV

Del mismo al mismo

Uno de los motivos de la decadencia de las artes de España es, sin duda, la repugnancia que tiene todo hijo a seguir la carrera de sus padres. En Londres, por ejemplo, hay tienda de zapatero que ha ido pasando de padres a hijos por cinco o seis generaciones, aumentándose el caudal de cada poseedor sobre el que dejó su padre, hasta tener casas de campo y haciendas considerables en las provincias, gobernados estos estados por el mismo desde el banquillo en que preside a los mozos de zapatería en la capital. Pero en este país cada padre quiere colocar a su hijo más alto, y si no, el hijo tiene buen cuidado de dejar a su padre más abajo; con cuyo método ninguna familia se fija en gremio alguno determinado de los que contribuyen al bien de la república por la industria y comercio o labranza, procurando todos con increíble anhelo colocarse por éste o por el otro medio en la clase de los nobles, menoscabando a la república en lo que producirían si trabajaran. Si se redujese siquiera su ambición de ennoblecerse al deseo de descansar y vivir felices, tendría alguna excusa moral este defecto político; pero suelen trabajar más después de ennoblecidos.

En la misma posada en que vivo se halla un caballero que acaba de llegar de Indias con un caudal considerable. Inferiría cualquiera racional que, conseguido ya el dinero, medio para todos los descansos del mundo, no pensaría el indiano más que en gozar de lo que fue a adquirir por varios modos a muchos millares de leguas. Pues no, amigo. Me ha comunicado su plan de operaciones para toda su vida aunque cumpla doscientos años. —Ahora me voy —me dijo— a pretender un hábito; luego, un título de Castilla; después, un empleo en la corte; con esto buscaré una boda ventajosa para mi hija; pondré un hijo en tal parte, otro en cual parte; casaré una hija con un marqués, otra con un conde. Luego pondré pleito a un primo mío sobre cuatro casas que se están cayendo en Vizcaya; después otro a un tío segundo sobre un dinero que dejó un primo segundo [1] de mi abuelo—. Interrumpí su serie de proyectos, diciéndole: —Caballero, si es verdad que os halláis con seiscientos mil pesos duros en oro o plata, tenéis ya cincuenta años cumplidos y una salud algo dañada por los viajes y trabajos, ¿no sería más prudente consejo el escoger la provincia más saludable del mundo, estableceros en ella, buscar todas las comodidades de la vida, pasar con descanso lo que os queda de ella, amparar a los parientes pobres, hacer bien a vuestros vecinos y espe-

---

[1] *Sobre un dinero que dejó un primo segundo,* falta enteramente en nuestro ms., ya que el calígrafo saltó desde *tío segundo* a *primo segundo*. No parece probable, en efecto, poner pleito a un tío segundo de un abuelo. Lo cierto es que la omisión está ya en la fuente común, distinta de la de O, de la que derivan H, L, F.

rar con tranquilidad el fin de vuestros días sin acarreárosla[2] con tantos proyectos, todos de ambición y codicia?
—No, señor —me respondió con furia—; como yo lo
he ganado, que lo ganen otros. Sobresalir entre los ricos, aprovecharme de la miseria de alguna familia pobre[3] para ingerirme en ella, y hacer casa son los tres
objetos que debe llevar un hombre como yo—. Y en
esto se salió a hablar con una cuadrilla de escribanos,
procuradores, agentes y otros, que le saludaron con el
tratamiento que las pragmáticas señalan para los Grandes del reino; lisonjas que, naturalmente, acabarán con
lo que fue el fruto de sus viajes y fatigas, y que eran
cimiento de su esperanza y necedad.

CARTA XXV

DEL MISMO AL MISMO

En mis viajes por distintas provincias de España he
tenido ocasión de pasar repetidas veces por un lugar
cuyo nombre no tengo ahora presente. En él observé
que un mismo sujeto en mi primer viaje se llamaba Pedro Fernández; en el segundo oí que le llamaban sus
vecinos el señor Pedro Fernández; en el tercero oí que

---

[2] *acarreárosla,* es decir, «la muerte», femenino sobreentendido
en la frase sinónima *el fin de nuestros días.* Un caso más de concordancia *in mente,* de sentido y no de forma gramatical, de que
pueden verse otros ejemplos en las notas a las *Noches lúgubres.*
Además, «acarrea la muerte» está en el *Quijote,* cit. en *Aut.*

[3] *familia pobre,* quizás porque en la mente de Cadalso pobre y
noble coinciden, como había escrito poco antes en la Carta XXII:
«nuestra casa pobre y noble». No parece, pues, totalmente justificado, contra toda la tradición impresa y manuscrita, sustituir la
frase con «familia noble», según se hace en las ediciones de Tamayo y R. Reyes.

su nombre era don Pedro Fernández. Causóme novedad esta diferencia de tratamiento en un mismo hombre.

—No importa —dijo Nuño—. Pedro Fernández siempre será Pedro Fernández.

CARTA XXVI

DEL MISMO AL MISMO

Por la última tuya veo cuán extraña te ha parecido la diversidad de las provincias que componen esta monarquía. Después de haberlas visto hallo muy verdadero el informe que me había dado Nuño de esta diversidad.

En efecto, los cántabros, entendiendo por este nombre todos los que hablan el idioma vizcaíno, son unos pueblos sencillos y de notoria probidad. Fueron los primeros marineros de Europa, y han mantenido siempre la fama de excelentes hombres de mar. Su país, aunque sumamente áspero, tiene una población numerosísima, que no parece disminuirse con las continuas colonias que envía a la América. Aunque un vizcaíno se ausente de su patria, siempre se halla en ella como encuentre con paisanos suyos. Tienen entre sí tal unión, que la mayor recomendación que puede uno tener para con otro es el mero hecho de ser vizcaíno, sin más diferencia entre varios de ellos para alcanzar el favor del poderoso que la mayor o menor inmediación de los lugares respectivos. El señorío de Vizcaya, Guipúzcoa, Álava y el reino de Navarra tienen tal pacto entre sí, que algunos llaman estos países las provincias unidas de España.

Los de Asturias y sus montañas hacen sumo aprecio de su genealogía, y de la memoria de haber sido aquel país el que produjo la reconquista de toda España con la expulsión de nuestros abuelos. Su población, sobrada para la miseria y estrechez de la tierra, hace que un número considerable de ellos se empleen continuamente en la capital de España en la librea [1], que es la clase inferior de criados; de modo que si yo fuese natural de este país y me hallase con coche en Madrid, examinara con mucha madurez los papeles de mis cocheros y lacayos, por no tener algún día la mortificación de ver a un primo mío echar cebada a mis mulas, o a uno de mis tíos limpiarme los zapatos. Sin embargo de todo esto, varias familias respetables de esta provincia se mantienen con el debido lustre; son acreedoras a la mayor consideración, y producen continuamente oficiales del mayor mérito en el ejército y marina.

Los gallegos, en medio de la pobreza de su tierra, son robustos; se esparcen por la península a emprender los trabajos más duros, para llevar a sus casas algún dinero físico [2] a costa de tan penosa industria. Sus soldados, aunque carecen de aquel lucido exterior de otras naciones, son excelentes para la infantería por su subordinación, dureza de cuerpo y hábito de sufrir incomodidades de hambre, sed y cansancio.

Los castellanos son, de todos los pueblos del mundo, los que merecen la primacía en línea de lealtad. Cuando el ejército del primer rey de España de la casa de Francia quedó arruinado en la batalla de Zaragoza, la sola provincia de Soria dio a su rey un ejército nuevo con que salir a campaña, y fue el que ganó las victorias de donde resultó la destrucción del ejército y bando austríaco. El ilustre historiador que refiere las revoluciones del principio de este siglo [3], con todo el rigor y verdad que pide la historia para distinguirse de la fábula, pon-

---

[1] La *librea,* en efecto, como se precisa en el *Dicc. de Aut.,* es el «vestuario uniforme que los Reyes, Grandes, Títulos y Caballeros dan respectivamente a sus guardias, pajes y a los criados de escalera abajo...». Aunque la palabra es un galicismo, había ya penetrado en castellano varios siglos antes.

[2] *físico,* «se toma también por natural, real y existente» (*Aut.,* s. v. *physico*). Reaparece *dinero físico,* por dos veces, en C. XLI y en C. LXIV.

[3] El principal historiador de la Guerra de Sucesión española,

dera tanto la fidelidad de estos pueblos, que dice serán eternos en la memoria de los reyes. Esta provincia aún conserva cierto orgullo nacido de su antigua grandeza, que hoy no se conservaba sino en las ruinas de las ciudades y en la honradez de sus habitantes.

Extremadura produjo los conquistadores del nuevo mundo y ha continuado siendo madre de insignes guerreros. Sus padres son poco afectos a las letras; pero los que entre ellos las han cultivado no han tenido menos suceso que sus patriotas en las armas.

Los andaluces, nacidos y criados en un país abundante, delicioso y ardiente, tienen fama de ser algo arrogantes; pero si este defecto es verdadero, debe servirles de excusa su clima, siendo tan notorio el influjo de lo físico sobre lo moral. Las ventajas con que naturaleza dotó aquellas provincias hacen que miren con desprecio la pobreza de Galicia, la aspereza de Vizcaya y la sencillez de Castilla; pero como quiera que todo esto sea, entre ellos ha habido hombres insignes que han dado mucho honor a toda España; y en tiempos antiguos, los Trajanos, Sénecas y otros semejantes [4], que pueden envanecer el país en que nacieron. La viveza, astucia y atractivo de las andaluzas las hace incomparables. Te aseguro que una de ellas sería bastante para llenar de confusión el imperio de Marruecos, de modo que todos nos matásemos unos a otros.

Los murcianos participan del carácter de los andaluces y valencianos. Estos últimos están tenidos por hombres de sobrada ligereza, atribuyéndose este defecto al

---

contemporáneo de los hechos narrados, fue el escritor sardo en lengua castellana, que figuró entre los fundadores de la Real Academia de la Lengna, Vicente Bacallar y Sanna, en sus *Comentarios de la guerra de España...*, Génova, 1725. (Cfr. Joaquín Arce, *España en Cerdeña,* Madrid, 1960, págs. 171-74.)

[4] Cadalso no vacila en considerar españoles a los nacidos en tierras de España, aunque pertenecieran al mundo de la cultura romana o árabe: así, el emperador Trajano, natural de Itálica, en la Bética; o el escritor y filósofo Lucio Anneo Séneca, nacido en Córdoba.

clima y suelo, pretendiendo algunos que hasta en los mismos alimentos falta aquel jugo que se halla en los de los otros países. Mi imparcialidad no me permite someterme a esta preocupación, por general que sea; antes debo observar que los valencianos de este siglo son los españoles que más progresos hacen en las ciencias positivas y lenguas muertas [5].

Los catalanes son los pueblos más industriosos de España. Manufacturas, pescas, navegación, comercio y asientos [6] son cosas apenas conocidas por los demás pueblos de la península respecto de los de Cataluña. No sólo son útiles en la paz, sino del mayor uso en la guerra. Fundición de cañones, fábrica de armas, vestuario y montura para ejército, conducción de artillería, municiones y víveres, formación de tropas ligeras de excelente calidad, todo esto sale de Cataluña. Los campos se cultivan, la población se aumenta, los caudales crecen y, en suma, parece estar aquella nación a mil leguas de la gallega, andaluza y castellana. Pero sus genios son poco tratables, únicamente dedicados a su propia ganancia e interés. Algunos los llaman los holandeses de España. Mi amigo Nuño me dice que esta provincia florecerá mientras no se introduzca en ella el lujo personal y la manía de ennoblecer los artesanos: dos vicios que se oponen al genio que hasta ahora les ha enriquecido.

Los aragoneses son hombres de valor y espíritu, honrados, tenaces en su dictamen, amantes de su provincia y notablemente preocupados a favor de sus paisanos. En otros tiempos cultivaron con suceso las ciencias, y manejaron con mucha gloria las armas contra los franceses

---

[5] Aunque Cadalso piensa en más nombres, dentro de la intensa actividad lingüística y científica del siglo XVIII, vienen inmediatamente al recuerdo dos grandes eruditos y editores de importantes obras y documentos: el valenciano Gregorio Mayáns y Siscar (1699-1781) y el alicantino Francisco Cerdá y Rico (1739-1800), contertulio de Cadalso en la Fonda de San Sebastián, que tanto contribuyeron al estudio y al resurgir del humanismo español.

[6] *asientos*, «vale también contrato u obligación de alguna cosa, como el asiento de negros, el asiento del tabaco» (*Aut.*).

en Nápoles y contra nuestros abuelos en España. Su país, como todo lo restante de la península, fue sumamente poblado en la antigüedad, y tanto, que es común tradición entre ellos, y aun lo creo punto de su historia [7], que en las bodas de uno de sus reyes entraron en Zaragoza diez mil infanzones [8] con un criado cada uno, montando los veinte mil otros tantos caballos de la tierra.

Por causa de los muchos siglos que todos estos pueblos estuvieron divididos, guerrearon unos con otros, hablaron distintas lenguas, se gobernaron por diferentes leyes, llevaron diversos trajes y, en fin, fueron naciones separadas, se mantuvieron entre ellos ciertos odios que, sin duda, han minorado y aun llegado a aniquilarse, pero aún se mantiene cierto desapego entre los de provincias lejanas; y si éste puede dañar en tiempo de paz, porque es obstáculo considerable para la perfecta unión, puede ser muy ventajoso en tiempo de guerra por la mutua emulación de unos con otros. Un regimiento todo aragonés no miraría con frialdad la gloria adquirida por una tropa toda castellana, y un navío tripulado de vizcaínos no se rendiría al enemigo mientras se defienda uno lleno de catalanes.

---

[7] *punto de su historia,* en la acepción de «parte o cuestión de alguna ciencia» *(Aut.).*
[8] *infanzones,* «caballero noble de sangre, hijodalgo o señor de vasallos» *(Aut.).* Pudiera referirse aquí el autor, en opinión de D-G, a las bodas de Alfonso IV (de Aragón), en 1327, a juzgar por la descripción que de ellas hizo Ramón Muntaner en su famosa *Crónica de Jaime I.*

CARTA XXVII

DEL MISMO AL MISMO [1]

Toda la noche pasada estuvo hablando mi amigo Nuño de una cosa que llaman fama póstuma. Éste es un fantasma que ha alborotado muchas provincias y quitado el sueño a muchos, hasta secarles el cerebro y hacerles perder el juicio [2]. Alguna dificultad me costó entender lo que era, pero lo que aun ahora no puedo comprender es que haya hombres que apetezcan la tal fama. ¡Cosa que yo no he de gozar, no sé por qué he de apetecerla! Si después de morir en opinión de hombre insigne, hubiese yo de volver a segunda vida, en que sacase el fruto de la fama que merecieron las acciones de la primera, y que esto fuese indefectible, sería cosa muy cuerda trabajar en la actual para la segunda: era una especie de economía, aun mayor y más plausible que la del joven que guarda para la vejez. Pero, Ben-Beley, ¿de qué me servirá? ¿Qué puede ser este deseo que vemos en algunos tan eficaz de adquirir tan inútil ventaja? En nuestra religión y en la cristiana, el hombre que muere no tiene ya conexión temporal con los que quedan vivos. Los palacios que fabricó no le han de hospedar, ni ha de comer el fruto del árbol que dejó plantado, ni ha de abrazar los hijos que dejó; ¿de qué, pues, le sirven los hijos, los huertos, los palacios? ¿Será, acaso, la quinta esencia de nuestro amor propio este deseo de dejar nombre a la posteridad? Sospecho que sí. Un hombre

---

[1] Falta este epígrafe en nuestro ms.
[2] Como a D. Quijote, por sus muchas lecturas, «se le secó el cerebro de manera que vino a perder el juicio», las frases del texto han sido consideradas entre los rasgos cervantistas de la prosa de Cadalso.

que logró atraerse la consideración de su país o siglo, conoce que va a perder el humo de tanto incensario desde el instante que expire; conoce que va a ser igual con el último de sus esclavos. Su orgullo padece en este instante un abatimiento tan grande como lo fue la suma de todas las lisonjas recibidas mientras adquirió la fama. ¿Por qué no he de vivir eternamente, dícese a sí mismo, recibiendo los aplausos que voy a perder? Voces tan agradables, ¿no han de volver a lisonjear mis oídos? El gustoso espectáculo de tanta rodilla hincada ante mí, ¿no ha de volver a deleitar mi vista? La turba de los que me necesitan, ¿han de volverme la espalda? ¿Han de tener ya por objeto de asco y horror el que fue para ellos un dios tutelar, a quien temblaban airado y aclamaban piadoso? Semejantes reflexiones le atormentan en la muerte; pero hace su último esfuerzo su amor propio, y le engaña diciendo: tus hazañas llevarán tu nombre de siglo en siglo a la más remota posteridad; la fama no se oscurece con el humo de la hoguera, ni se corrompe con el polvo del sepulcro. Como hombre, te comprehende [3] la muerte; como héroe, la vences. Ella misma se hace la primera esclava de tu triunfo, y su guadaña el primero de tus trofeos. La tumba es una cuna nueva para semidioses como tú; en su bóveda han de resonar las alabanzas que te canten futuras generaciones. Tu sombra ha de ser tan venerada por los hijos de los que viven como lo fue tu presencia entre sus padres. Hércules, Alejandro y otros ¿no viven? ¿Acaso han de olvidarse sus nombres? Con estos y otros iguales delirios se aniquila el hombre; muchos de este carácter inficionan toda la especie; y anhelan a inmortalizarse algunos que ni aun en su vida son conocidos.

---

[3] *te comprehende,* en el sentido propio de «abrazar, incluir o cerrar con los brazos o las manos alguna cosa» (*Aut.*).

CARTA XXVIII

De Ben-Beley a Gazel,
respuesta de la anterior

He leído muchas veces la relación que me haces de esas especies de locura que llaman deseo de la fama póstuma. Veo lo que me dices del exceso de amor propio, de donde nace esa necedad de querer un hombre sobrevivirse a sí mismo. Creo, como tú, que la fama póstuma de nada sirve al muerto, pero puede servir a los vivos con el estímulo del ejemplo que deja el que ha fallecido. Tal vez éste es el motivo del aplauso que logra.

En este supuesto, ninguna fama póstuma es apreciable sino la que deja el hombre de bien. Que un guerrero transmita a la posteridad la fama de conquistador, con monumentos de ciudades asaltadas, naves incendiadas, campos desbaratados, provincias despobladas, ¿qué ventajas producirá su nombre? Los siglos venideros sabrán que hubo un hombre que destruyó medio millón de hermanos suyos; nada más. Si algo más se produce de esta inhumana noticia, será tal vez enardecer el tierno pecho de algún joven príncipe; llenarle la cabeza de ambición y el corazón de dureza; hacerle dejar el gobierno de su pueblo y descuidar la administración de la justicia para ponerse a la cabeza de cien mil hombres que esparzan el terror y llanto por todas las provincias vecinas. Que un sabio sea nombrado con veneración por muchos siglos, con motivo de algún descubrimiento nuevo en las que se llaman ciencias, ¿qué fruto sacarán los hombres? Dar motivo de risa a otros sabios posteriores, que demostrarán ser engaño lo que el primero dio por punto evidente [1]; nada más. Si algo más sale de aquí, es que los hombres se envanezcan de lo poco que saben, sin considerar lo mucho que ignoran.

La fama póstuma del justo y bueno tiene otro mayor y mejor influjo en los corazones de los hombres, y puede causar superiores efectos en el género humano. Si nos hubiésemos aplicado a cultivar la virtud tanto como las armas y las letras, y si en lugar de las historias de los guerreros y los literatos se hubiesen escrito con exactitud las vidas de los hombres buenos, tal obra, ¡cuánto más provechosa sería! Los niños en las escuelas, los jueces en los tribunales, los reyes en los palacios, los padres de familia en el centro de ellas, leyendo pocas hojas de semejante libro, aumentarían su propia bondad y la ajena, y con la misma mano desarraigarían la propia y la ajena maldad.

El tirano, al ir a cometer un horror, se detendría con la memoria de los príncipes que contaban por perdido el día de su reinado que no señalaban con algún efecto de benignidad. ¿Qué madre prostituiría sus hijas? ¿Qué marido se volvería verdugo de su mujer? ¿Qué insolente abusaría de la flaqueza de una inocente virgen? ¿Qué padre maltrataría a su hijo? ¿Qué hijo no adoraría a su padre? ¿Qué esposa violaría el lecho conyugal? Y, en fin, ¿quién sería malo, acostumbrado a ver tantos actos de bondad? Los libros frecuentes en el mundo apenas tratan sino de venganzas, rencores, crueldades y otros defectos semejantes, que son las acciones celebradas de los héroes cuya fama póstuma tanto nos admira. Si yo hubiese sido siglos ha un hombre de estos insignes, y resucitase ahora a recoger los frutos del nombre que dejé aún permanente, sintiera mucho oír estas o iguales palabras: «Ben-Beley fue uno de los principales conquistadores que pasaron el mar con Tarif. Su alfanje dejó las huestes cristianas como la siega deja el campo en que hubo trigo. Las aguas del Guadalete se volvieron rojas con la sangre goda que él solo derramó. Tocáronle mu-

---

[1] *punto evidente*, vid. Carta XXVI, nota 6.

chas leguas del terreno conquistado; lo hizo cultivar por muchos millares de españoles. Con el trabajo de otros tantos se mandó fabricar dos alcázares suntuosos: uno en los fértiles campos de Córdoba, otro en la deliciosa Granada; adornólos ambos con el oro y plata que le tocaron en el reparto de los despojos. Mil españolas de singular belleza se ocupaban en su delicia y servicio. Llegado ya a una gloriosa vejez, le consolaron muchos hijos dignos de besar la mano a tal padre; instruidos por él, llevaron nuestros pendones hasta la falda de los Pirineos e hicieron a su padre abuelo de una prole numerosa, que el cielo pareció multiplicar por la total aniquilación del nombre español. En estas hojas, en estas piedras, en estos bronces están los hechos de Ben-Beley. Con esta lanza atravesó a Atanagildo; con esta espada degolló a Endeca; con aquel puñal mató a Valia[2], etc.»

Nada de esto lisonjearía mi oído. Semejantes voces harían estremecer mi corazón. Mi pecho se partiría como la nube que despide el rayo. ¡Cuán diferentes efectos me causaría oír!: «Aquí yace Ben-Beley, que fue buen hijo, buen padre, buen esposo, buen amigo, buen ciudadano. Los pobres le querían porque les aliviaba en las miserias; los magnates también, porque no tenía el orgullo de competir con ellos. Amábanle los extraños, porque hallaban en él la justa hospitalidad; lloranle los propios, porque han perdido un dechado vivo de virtudes. Después de una larga vida, gastada toda en hacer bien, murió no sólo tranquilo, sino alegre, rodeado de hijos, nietos y amigos, que llorando repetían: no merecía vivir en tan malvado mundo; su muerte fue como el ocaso del sol, que es glorioso y resplandeciente, y deja siempre luz a los astros que quedan en su ausencia»[3].

---

[2] Nombres de supuestos enemigos muertos por el conquistador árabe.

[3] Sintéticamente queda expuesto el ideal de vida del hombre ilustrado, que a sus cualidades personales y familiares tiene que unir virtudes sociales, amistad y ciudadanía.

Sí, Gazel, el día que el género humano conozca que su verdadera gloria y ciencia consiste en la virtud, mirarán los hombres con tedio a los que tanto les pasman ahora. Estos Aquiles, Ciros, Alejandros y otros héroes de armas y los iguales en letras dejarán de ser repetidos con frecuencia; y los sabios (que entonces merecerán este nombre) andarán indagando a costa de muchos desvelos los nombres de los que cultivan las virtudes que hacen al hombre feliz. Si tus viajes no te mejoran en ellas, si la virtud que empezó a brillar en tu corazón desde niño como matiz en la tierna flor no se aumenta con lo que veas y oigas, volverás tal vez más erudito en las ciencias europeas, o más lleno del furor y entusiasmo soldadesco; pero miraré como perdido el tiempo de tu ausencia. Si al contrario, como lo pido a Alá, han ido creciendo tus virtudes al paso que te acercas más a tu patria, semejante al río que toma notable incremento al paso que llega al mar, me parecerán otros tantos años más de vida concedidos a mi vejez los que hayas gastado en tus viajes.

CARTA XXIX

Gazel a Ben-Beley

Cuando hice el primer viaje por Europa, te di noticia de un país que llaman Francia, que está más allá de los montes Pirineos. Desde Inglaterra me fue muy fácil y corto el tránsito. Registré sus provincias septentrionales; llegué a su capital, pero no pude examinarla a mi gusto, por ser corto el tiempo que podía gastar entonces en ello, y ser mucho el que se necesita para ejecutarlo con provecho. Ahora he visto la parte meridional de ella, saliendo de España por Cataluña y entrando por

Guipúzcoa, inclinándome hasta León[1] por un lado y Burdeos por otro.

Los franceses están tan mal queridos en este siglo como los españoles lo estaban en el anterior, sin duda porque uno y otro siglo han sido precedidos de las eras gloriosas respectivas de cada nación, que fue la de Carlos I para España, y la de Luis XIV para Francia. Esto último es más reciente, con que también es más fuerte su efecto; pero bien examinada la causa, creo hallar mucha preocupación de parte de todos los europeos contra los franceses. Conozco que el desenfreno de su juventud, la mala conducta de algunos que viajan fuera de su país profesando un sumo desprecio de todo lo que no es Francia; el lujo que ha corrompido la Europa y otros motivos semejantes repugnan a todos sus vecinos más sobrios, a saber: al español religioso, al italiano político, al inglés soberbio, al holandés avaro y al alemán áspero; pero la nación entera no debe padecer la nota por culpa de algunos individuos. En ambas vueltas que he dado por Francia he hallado en sus provincias, que siempre mantienen las costumbres más puras que la capital, un trato humano, cortés y afable para los extranjeros, no producido de la vanidad que les resulta de que se les visite y admire, como puede suceder en París, sino dimanado verdaderamente de un corazón franco y sencillo, que halla gusto en procurárselo al desconocido. Ni aun dentro de su capital, que algunos pintan como centro de todo el desorden, confusión y lujo, faltan hombres verdaderamente respetables. Todos los que llegan a cierta edad son, sin duda, los hombres más sociables del universo, porque, desvanecidas las tempestades de su juventud, les queda el fondo de una índole sincera, prolija educación, que en este país es común, y exterior agradable, sin la astucia del italiano, la soberbia del inglés, la aspereza del alemán ni el desapego del español. En llegando a los cuarenta años se transforma

---

[1] *León:* se refiere, obviamente, a Lyon. Cadalso conocía perfectamente el itinerario de estos viajes.

el francés en otro hombre distinto de lo que era a los veinte. El militar concurre al trato civil con suma urbanidad, el magistrado con sencillez, y el particular con sosiego; y todos con ademanes de agasajar al extranjero que se halla medianamente introducido por su embajador, calidad, talento u otro motivo. Se entiende todo esto entre la gente, de forma que, con la mediana y común, el mismo hecho de ser extranjero es una recomendación superior a cuantas puede llevar el que viaja.

La misma desenvoltura de los jóvenes, insufrible a quien no les conoce, tiene un no sé qué [2] que los hace amables. Por ella se descubre todo el hombre interior, incapaz de rencores, astucias bajas ni intención dañada. Como procuro indagar precisamente el carácter verdadero de las cosas, y no graduarlas por las apariencias, casi siempre engañosas, no me parece tan odiosa aquella descompostura por lo que llevo dicho. Del mismo dictamen es mi amigo Nuño, no obstante lo quejoso que está de que los franceses no sean igualmente imparciales cuando hablan de los españoles. Estábamos el otro día en una casa de concurrencia pública, donde se vende café y chocolate, con un joven francés de los que acabo de pintar, y que por cierto en nada desmentía el retrato. Reparando yo aquellos defectos comunes de su juventud, me dijo Nuño: —¿Ves todo ese estrépito, alboroto, saltos, gritos, votos, ascos que hace de España, esto que dice de los españoles y trazas de acabar con todos los que estábamos aquí? Pues apostemos a que si cualquiera de nosotros se levanta y le pide la última peseta que tiene, se la da con mil abrazos. ¡Cuánto más amable es su corazón que el de aquel otro desconocido que ha estado haciendo tantos elogios de nuestra nación, por el lado mismo que nos consta a nosotros ser defec-

---

[2] *un no sé qué:* la expresión lexicalizada se hizo frecuente en la época. Es bien conocido el tratado sobre *El no sé qué*, de Feijoo, aplicado a ciertas producciones y que nada tiene que ver, como creyó Menéndez Pelayo, con la estética del futuro romanticismo. (Vid. J. Arce, *Rococó, Neoclasicismo y Prerromanticismo*, páginas 7-9, cit. en la Bibliografía.)

tuosa! Óyele, y escucharás que dice mil primores de nuestros caminos, posadas, carruajes, espectáculos, etcétera. Acaba de decir que se tiene por feliz de venir a morir en España, que da por perdidos todos los años de su vida que no ha gastado en ella. Ayer estuvo en la comedia *El negro más prodigioso*[3]: ¡cuánto la alabó! Esta mañana estuvo por rodar toda la escalera envuelto en una capa, por no saber manejarla, y nos dijo con mucha dulzura que la capa es un traje muy cómodo, airoso y muy de su genio. Más quiero a mi francés, que nos dijo haber leído 1.400 comedias españolas, y no haber hallado siquiera una escena regular. Sabe, amigo Gazel —añadió Nuño—, que esa juventud, en medio de su superficialidad y arrebato, ha hecho siempre prodigios de valor en servicio de su rey y defensa de su patria. Cuerpos enteros militares de esa misma traza que ves forman el nervio del ejército de Francia. Parece increíble, pero es constante que con todo el lujo de los persas, tienen todo el valor de los macedonios. Lo demuestran en varios lances, pero con singular gloria en la batalla de Fontenoy[4], arrojándose con espada en mano sobre una infantería formidable, compuesta de naciones duras y guerreras, y la deshicieron totalmente, ejecutando entonces lo que no había podido lograr su ejército entero, lleno de oficiales y soldados del mayor mérito.

De aquí inferirás que cada nación tiene su carácter, que es un mixto de vicios y virtudes, en el cual los vicios pueden apenas llamarse tales si producen en la realidad algunos buenos efectos; y éstos se ven sólo en los lances prácticos, que suelen ser muy diversos de los que se esperaban por mera especulación.

---

[3] *El negro más prodigioso,* comedia de Juan Bautista Diamante (1625-1687), todavía muy representada en el siglo XVIII, aunque criticada por los intelectuales de entonces.

[4] *Fontenoy,* municipio de Bélgica, y no Fontenay, población de Francia, como dice en el ms. F y en otros; en efecto, fue en el primero donde los franceses derrotaron, en 1745, a ingleses, austríacos y holandeses, durante la guerra de sucesión austríaca.

CARTA XXX

Reparo que algunos tienen singular complacencia en hablar delante de aquéllos a quienes creen ignorantes, como los oráculos hablaban al vulgo necio y engañado. Aunque mi humor fuese de hablar mucho, creo sería de mayor gusto para mí el aparentar necedad y oír el discurso del que se cree sabio, o proferir de cuando en cuando algún desatino, con lo que daría mayor pábulo a su vanidad y a mi diversión.

CARTA XXXI

Ben-Beley a Gazel

De las cartas que recibo de tu parte desde que estás en España, y las que me escribiste en otros viajes, infiero una gran contradicción en los españoles, común a todos los europeos. Cada día alaban la libertad que les nace del trato civil y sociable, la ponderan y se envanecen de ella; pero al mismo tiempo se labran a sí mismos la más penosa esclavitud. La naturaleza les impone leyes como a todos los hombres; la religión les añade otras; la patria, otras; las carreras, otras; y como si no bastasen todas estas cadenas para esclavizarlos, se imponen a sí mismos otros muchos preceptos espontáneamente en el trato civil y diario, en el modo de vestirse, en la hora de comer, en la especie de diversión, en la ca-

lidad del pasatiempo, en el amor y en la amistad. Pero
¡qué exactitud en observarlos! ¡Cuánto mayor que en
la observancia de los otros!

CARTA XXXII

Del mismo al mismo

Acabo de leer el último libro de los que me has enviado en los varios viajes que has hecho por Europa,
con el cual llegan a algunos centenares las obras europeas
de distintas naciones y tiempos, los que he leído. Gazel,
Gazel, sin duda tendrás por grande absurdo lo que voy
a decirte, y si publicas este mi dictamen, no habrá europeo que no me llame bárbaro africano; pero la amistad que te profeso es muy grande para dejar de corresponder con mis observaciones a las tuyas, y mi sinceridad es tanta, que en nada puede mi lengua hacer traición a mi pecho. En este supuesto, digo que de los libros que he referido he hecho la siguiente separación:
he escogido cuatro de matemáticas, en los que admiro
la extensión y acierto que tiene el entendimiento humano cuando va bien dirigido; otros tantos de filosofía escolástica, en que me asombra la variedad de ocurrencias
extraordinarias que tiene el hombre cuando no procede
sobre principios ciertos y evidentes; uno de medicina,
al que falta un tratado completo de los simples[1], cuyo
conocimiento es mil veces mayor en África; otro de
anatomía, cuya lectura fue sin duda la que dio motivo
al cuento del loco que se figuraba ser tan quebradizo

---

[1] *los simples* «llaman los botanistas y boticarios a las plantas,
hierbas o minerales que sirven por sí solas a la medicina, o entran a componer las drogas» (*Aut.*).

como el vidrio [2]; dos de los que reforman las costumbres, en las que advierto lo mucho que aún tienen que reformar; cuatro del conocimiento de la naturaleza, ciencia que llaman filosofía [3], en los que noto lo mucho que ignoraron nuestros abuelos y lo mucho más que tendrán que aprender nuestros nietos; algunos de poesía, delicioso delirio del alma, que prueba ferocidad en el hombre si la aborrece, puerilidad si la profesa toda la vida, y suavidad si la cultiva algún tiempo. Todas las demás obras de las ciencias humanas las he arrojado o distribuido, por parecerme inútiles extractos, compendios defectuosos y copias imperfectas de lo ya dicho y repetido una y mil veces.

CARTA XXXIII

Gazel a Ben-Beley

En mis viajes por la península me hallo de cuando en cuando con algunas cartas de mi amigo Nuño, que se mantiene en Madrid. Te enviaré copia de algunas y empiezo por la siguiente, en que habla de ti sin conocerte.

Copia. Amado Gazel: Estimaré que continúes tu viaje por la península con felicidad. No extraño tu detención en Granada: es ciudad llena de antigüedades del tiempo de tus abuelos. Su suelo es delicioso y sus habitantes son amables. Yo continúo haciendo la vida que sabes y visitando la tertulia que conoces. Otras pudiera frecuentar, pero ¿a qué fin? He vivido con hombres de todas clases, edades y genios; mis años, mi humor y mi carrera me precisaron a tratar y congeniar sucesivamen-

[2] Otro recuerdo cervantino más en las *Cartas Marruecas*, ya que para este loco del cuento Cadalso parece estar pensando en *El Licenciado Vidriera.*
[3] *filosofía:* en O, «física».

te con varios sujetos; milicia, pleitos, pretensiones y amores me han hecho entrar y salir con frecuencia en el mundo. Los lances de tanta escena como he presenciado, ya como individuo de la farsa, o ya como del auditorio, me han hecho hallar tedio en lo ruidoso de las gentes, peligro en lo bajo de la república y delicia en la medianía.

¿Habrá cosa más fastidiosa que la conversación de aquellos que pesan el mérito del hombre por el de la plata y oro que posee? Éstos son los ricos. ¿Habrá cosa más cansada que la compañía de los que no estiman a un hombre por lo que es, sino por lo que fueron sus abuelos? Éstos son los nobles. ¿Cosa más vana que la concurrencia de aquellos que apenas llaman racional al que no sabe el cálculo algebraico o el idioma caldeo? Éstos son los sabios. ¿Cosa más insufrible que la concurrencia de los que vinculan todas las ventajas del entendimiento humano en juntar una colección de medallas o en saber qué edad tenía Catulo cuando compuso el *Pervigilium Veneris,* si es suyo, o de quién sea, en caso de no serlo del dicho [1]? Éstos son los eruditos. En ningún concurso de éstos ha depositado naturaleza el bien social de los hombres. Envidia, rencor y vanidad ocupan demasiado tales pechos para que en ellos quepan la verdadera alegría, la conversación festiva, la chanza inocente, la mutua benevolencia, el agasajo sincero y la amistad, en fin, madre de todos los bienes sociables. Ésta sólo se halla entre los hombres que se miran sin competencia [2].

La semana pasada envié a Cádiz las cartas que me dejaste para el sujeto de aquella ciudad a quien has encargado las dirija a Ben-Beley. También escribo yo a este anciano como me lo encargas. Espero con la mayor

---

[1] El poema erótico latino anónimo *Pervigilium Veneris,* conjunto de alabanzas a Venus, era en la época de Cadalso atribuido a distintos autores, entre otros a Catulo.
[2] Significativas y sabrosas observaciones sobre los temas tratados en las tertulias de los salones frecuentados por Cadalso. Véase también la Carta LVI.

ansia su respuesta para confirmarme en el concepto que me has hecho formar de sus virtudes, menos por la relación que me hiciste de ellas que por las que veo en tu persona. Prendas cuyo origen puede atribuirse en gran parte a sus consejos y crianza.

CARTA XXXIV

Gazel a Ben-Beley

Con más rapidez que la ley de nuestro profeta Mahoma han visto los cristianos de este siglo extenderse en sus países una secta de hombres extraordinarios que se llaman proyectistas. Éstos son unos entes que, sin patrimonio propio, pretenden enriquecer los países en que se hallan, o ya como naturales, o ya como advenedizos. Hasta en España, cuyos habitantes no han dejado de ser alguna vez demasiado tenaces en conservar sus antiguos usos, se hallan varios de estos innovadores de profesión. Mi amigo Nuño me decía, hablando de esta secta, que jamás había podido mirar uno de ellos sin llorar o reír, conforme la disposición de humores en que se hallaba.

—Bien sé yo —decía ayer mi amigo a un proyectista—, bien sé yo que desde el siglo XVI hemos perdido los españoles el terreno que algunas otras naciones han adelantado en varias ciencias y artes. Largas guerras, lejanas conquistas, urgencias de los primeros reyes austríacos, desidia de los últimos, división de España al principio del siglo, continua extracción de hombres para las Américas, y otras causas, han detenido sin duda el aumento del floreciente estado en que dejaron esta monarquía los reyes don Fernando V y su esposa doña Isabel; de modo que, lejos de hallarse en el pie [1] que aquellos

---

[1] *en el pie:* vid. Carta XI, nota 4.

reyes pudieron esperar en vista de su gobierno tan sabio y del plantío[2] de los hombres grandes que dejaron, halló Felipe V su herencia en el estado más infeliz: sin ejército, marina, comercio, rentas ni agricultura, y con el desconsuelo de tener que abandonar todas las ideas que no fuesen de la guerra, durando ésta casi sin cesar en los cuarenta y seis años de su reinado. Bien sé que para igualar nuestra patria con otras naciones es preciso cortar muchos ramos podridos de este venerable tronco, ingerir otros nuevos y darle un fomento continuo; pero no por eso le hemos de aserrar por medio, ni cortarle las raíces, ni menos me harás creer que para darle su antiguo vigor es suficiente ponerle hojas postizas y frutos artificiales. Para hacer un edificio en que vivir, no basta la abundancia de materiales y de obreros; es preciso examinar el terreno para los cimientos, los genios de los que han de habitar, la calidad de sus vecinos, y otras mil circunstancias, como la de no preferir la hermosura de la fachada a la comodidad de sus viviendas. —Los canales —dijo el proyectista interrumpiendo a Nuño— son de tan alta utilidad, que el hecho solo de negarlo acreditaría a cualquiera de necio. Tengo un proyecto para hacer uno en España, el cual se ha de llamar canal de San Andrés, porque ha de tener la figura de las aspas de aquel bendito mártir. Desde La Coruña ha de llegar a Cartagena, y desde el cabo de Rosas al de San Vicente. Se han de cortar estas dos líneas en Castilla la Nueva, formando una isla, a la que se pondrá mi nombre para inmortalizar al protoproyectista. En ella se me levantará un monumento cuando muera, y han de venir en romería todos los proyectistas del mundo para pedir al cielo los ilumine (perdónese esta corta digresión a un hombre ansioso de fama póstuma). Ya tenemos, a más de las ventajas civiles y políticas de este archicanal, una división geográfica de España, muy cómodamente hecha,

---

[2] *plantío,* quizás «capacidad de realización», interpretándolo como acción de *plantar* en su acepción de «poner en ejecución la planta o idea formada para algún fin» *(Aut.).*

en septentrional, meridional, occidental y oriental. Llamo meridional la parte comprendida desde la isla hasta Gibraltar; occidental la que se contiene desde el citado paraje hasta la orilla del mar Océano por la costa de Portugal y Galicia; oriental, lo de Cataluña; y septentrional la cuarta parte restante. Hasta aquí lo material de mi proyecto. Ahora entra lo sublime de mis especulaciones, dirigido al mejor expediente de las providencias dadas, más fácil administración de la justicia, y mayor felicidad de los pueblos. Quiero que en cada una de estas partes se hable un idioma y se estile un traje. En la septentrional ha de hablarse precisamente vizcaíno; en la meridional, andaluz cerrado; en la oriental, catalán; y en la occidental, gallego. El traje en la septentrional ha de ser como el de los maragatos, ni más ni menos; en la segunda, montera granadina muy alta, capote de dos faldas y ajustador de ante; en la tercera, gambeto [3] catalán y gorro encarnado; en la cuarta, calzones blancos largos, con todo el restante del equipaje que traen los segadores gallegos. Item, en cada una de las dichas, citadas, mencionadas y referidas cuatro partes integrantes de la península, quiero que haya su iglesia patriarcal, su universidad mayor, su capitanía general, su chancillería, su intendencia, su casa de contratación, su seminario de nobles, su hospicio general, su departamento de marina, su tesorería, su casa de moneda, sus fábricas de lanas, sedas y lienzos, su aduana general [4]. Item, la corte irá mudán-

---

[3] *gambeto:* capote antiguo usado en Cataluña por algunas tropas ligeras, cuyo nombre italiano, derivado de *gamba,* se debe a que llegaba hasta la media pierna.

[4] Enumeración de instituciones básicas de la Administración española en la época. Entre las ya inexistentes, la *chancillería* era la audiencia o tribunal superior de apelación; la *intendencia* tenía a su cargo «la cobranza y dirección de rentas y tributos» *(Aut.);* la *casa de contratación* era «el tribunal... para conocer de los negocios que se tratan en el comercio de las Indias» *(Aut.);* y el *Seminario de nobles,* en el que ingresó a su vuelta del extranjero el propio Cadalso, previa información de nobleza de su apellido, se dedicaba a «la buena crianza de los niños y jóvenes» *(Aut.)* de las familias nobles.

dose según las cuatro estaciones del año por las cuatro partes, el invierno en la meridional, el verano en la septentrional, *et sic de caeteris.*

Fue tanto lo que aquel hombre iba diciendo sobre su proyecto, que sus secos labios iban padeciendo notable perjuicio, como se conocía en las contorsiones de boca, convulsiones de cuerpo, vueltas de ojos, movimiento de lengua y todas las señales de verdadero frenético. Nuño se levantó por no dar más pábulo al frenesí del pobre delirante, y sólo le dijo al despedirse: ¿Sabéis lo que falta en cada parte de vuestra España cuatripartita? Una casa de locos para los proyectistas de Norte, Sur, Poniente y Levante.

—¿Sabes lo malo de esto? —díjome volviendo la espalda al otro—. Lo malo es que la gente, desazonada con tanto proyecto frívolo, se preocupa contra las innovaciones útiles y que éstas, admitidas con repugnancia, no surten los buenos efectos que producirían si hallasen los ánimos más sosegados. —Tienes razón, Nuño —respondí yo—. Si me obligaran a lavarme la cara con trementina, y luego con aceite, y luego con tinta, y luego con pez, me repugnaría tanto el lavarme que después no me lavaría gustoso ni con agua de la fuente más cristalina.

CARTA XXXV

DEL MISMO AL MISMO

En España, como en todas partes, el lenguaje se muda al mismo paso que las costumbres; y es que, como las voces son invenciones para representar las ideas, es preciso que se inventen palabras para explicar la impresión que hacen las costumbres nuevamente introducidas. Un español de este siglo gasta cada minuto de las veinticuatro horas en cosas totalmente distintas de aquellas en que su bisabuelo consumía el tiempo; éste, por consiguiente, no dice una palabra de las que al otro se le ofrecían. —Si me dejan hoy a leer —decía Nuño— un papel escrito por un galán del tiempo de Enrique el Enfermo [1] refiriendo a su dama la pena en que se halla ausente de ella, no entendería una sola cláusula, por más que estuviese escrito de letra excelente moderna, aunque fuese de la mejor de las Escuelas Pías. Pero en recompensa ¡qué chasco llevaría uno de mis tatarabuelos si hallase, como me sucedió pocos días ha, un papel de mi hermana a una amiga suya, que vive en Burgos! Moro mío, te lo leeré, lo has de oír, y, como lo entiendas, tenme por hombre extravagante. Yo mismo, que soy español por todos cuatro costados y que, si no me debo preciar de saber el idioma de mi patria, a lo menos puedo asegurar que lo estudio con cuidado, yo mismo no entendí la mitad de lo que contenía. En vano me quedé con copia del dicho papel; llevado de curiosidad, me di prisa a extractarlo, y, apuntando las voces y frases más notables, llevé mi nuevo vocabulario de puerta en puerta, suplicando a todos mis amigos arrimasen el hombro al gran negocio de explicármelo. No bastó mi ansia ni su deseo de favorecerme. Todos ellos se hallaron tan suspensos como yo, por más tiempo que gastaron en revolver calepinos [2] y diccionarios. Sólo un sobrino que tengo, muchacho de veinte años, que trincha una liebre, baila un minuet y destapa una botella de Champaña con más aire que cuantos hombres han nacido de mujeres, me supo explicar algunas voces. Con todo, la fecha era de este mismo año.

---

[1] *Enrique el Enfermo,* más conocido como el *Doliente,* fue Enrique III, rey de Castilla (1379-1406).

[2] *calepinos* eran llamados los diccionarios latinos o políglotas, por el nombre del fraile italiano Ambrogio Calepino (1435-1511), autor de un famoso diccionario latino, rehecho por él y ampliado por otros con los equivalentes en lenguas modernas. Todavía en el siglo XVIII se hizo una edición muy aumentada, con el título *Calepinus septem linguarum, hoc est Lexicon Latinum variarum linguarum interpretatione adiecta* (Padua, 1752).

Tanto me movieron estas razones a deseo de leer la copia, que se la pedí a Nuño. Sacóla de su cartera, y, poniéndose los anteojos, me dijo: —Amigo, ¿qué sé yo si leyéndotela te revelaré flaquezas de mi hermana y secretos de mi familia? Quédame el consuelo que no lo entenderás. Dice así[3]: «Hoy no ha sido día en mi apartamiento hasta medio día y medio. Tomé dos tazas de té. Púseme un desabillé y bonete de noche. Hice un tour en mi jardín, y leí cerca de ocho versos del segundo acto de la Zaira[4]. Vino Mr. Lavanda[5]; empecé mi toaleta. No estuvo el abate. Mandé pagar mi modista. Pasé a la sala de compañía. Me sequé toda sola. Entró un poco de mundo; jugué una partida de mediator; tiré las cartas; jugué al piquete. El maitre d'hotel avisó. Mi nuevo jefe de cocina es divino; él viene de arribar de París. La crapaudina, mi plato favorito, estaba delicioso. Tomé café y licor. Otra partida de quince; perdí mi todo. Fui al espectáculo; la pieza que han dado es execrable; la pequeña pieza que han anunciado para el lunes que viene es muy galante, pero los actores son pitoyables[6]; los vestidos, horribles; las decoraciones, tristes. La Mayo-

---

[3] Comienza aquí el híbrido lenguaje propio de una petimetra o dama a la moda, explicado en las notas siguientes. Ya en el *Fray Gerundio* aparece el personaje de don Carlos y hasta el de una dama, que hablan esta «jerigonza» o «algarabía», como dice el P. Isla. (Vid. R.P. Sebold, edic. cit., III, págs. 147 y ss. y 162 y ss.) El lenguaje utilizado resulta, por un lado, de la mezcla de construcciones francesas con palabras castellanas; por otro, de los galicismos léxicos, algunos transcritos literalmente o casi (*desabillé, tour*, etc.); otros ya adaptados, como *apartamiento* (en D-G, *apartamento*, pero el P. Isla usa también la forma diptongada), *toaleta*, etc. Aunque unos han pervivido, otros muchos han respondido a modas pasajeras: *mediator, piquete*, etc.

[4] *La Zaïre*, de Voltaire, tragedia sobre las Cruzadas, constituyó ya cuando su estreno en París, en 1732, un clamoroso éxito.

[5] Referencia al agua perfumada de *la banda* o *lavanda*, irónicamente personificada.

[6] *pitoyables*, «lamentables» o «dignos de compasión». El galicismo, aquí censurado, es utilizado espontáneamente por el propio Cadalso en sus mismas *Cartas Marruecas*. (Vid. *Introducción*, nota 8.)

rita [7] cantó una cavatina pasablemente bien. El actor que hace los criados es un poquito extremoso; sin eso sería pasable. El que hace los amorosos no jugaría mal, pero su figura no es previniente. Es menester tomar paciencia, porque es preciso matar el tiempo. Salí al tercer acto, y me volví de allí a casa. Tomé de la limonada. Entré en mi gabinete para escribirte ésta, porque soy tu veritable amiga. Mi hermano no abandona su humor de misántropo; él siente todavía furiosamente el siglo pasado; yo no le pondré jamás en estado de brillar; ahora quiere irse a su provincia. Mi primo ha dejado a la joven persona que él entretenía. Mi tío ha dado en la devoción; ha sido en vano que yo he pretendido hacerle entender la razón. Adiós, mi querida amiga, hasta otra posta; y ceso, porque me traen un dominó nuevo a ensayar» [8].

Acabó Nuño de leer, diciéndome: —¿Qué has sacado en limpio de todo esto? Por mi parte, te aseguro que antes de humillarme a preguntar a mis amigos el sentido

---

[7] *La Mayorita* era el nombre con que se conocía a la tiple cómica María Mayor Ordóñez.

[8] El propio Cadalso insistirá en el párrafo siguiente en las construcciones enteramente gálicas que considera más llamativas. Entre las más significativas, de las que no va a repetir después, se hallan las siguientes: *toda sola,* «yo sola»; *viene de arribar,* «acaba de llegar»; *hace los amorosos,* «hace papeles de galán joven» *(amoureux); no jugaría mal* (de *jouer* «representar»); *no es previniente* (de *prévenant),* «gentil, cortés» (D-G ponen, contra la lección de los ms. «preveniente»); *tomar paciencia* (de *prendre patience),* «tener paciencia»; *tomé de la limonada,* con el llamado genitivo partitivo; *que él entretenía,* «a la que mantenía»; *ha dado en,* «se ha dedicado a»; *a ensayar,* «para probar». Entre los vocablos asimilados e incorporados a nuestra lengua se encuentran *abate* (que es, para Corominas, variante de *abad,* «de empleo afrancesado o italianizante») y *gabinete* «aposento íntimo». Fácilmente comprensibles, a pesar de ser groseros calcos fraseológicos, son: *un poco de mundo, pequeña pieza, joven persona, sala de compañía, veritable amiga.* Y responden a modas o usos desaparecidos *mediator* y *piquete,* que eran juegos de cartas; *crapaudina,* guiso de pichones machacados y asados a la parrilla; *cavatina,* «aria corta», es en realidad palabra italiana, todavía existente, como también *dominó* «disfraz».

de estas frases, me hubiera sujetado a estudiarlas, aunque hubiesen sido precisas cuatro horas por la mañana y cuatro por la tarde durante cuatro meses. Aquello de *medio día y medio,* y que *no había sido día* hasta mediodía, me volvía loco, y todo se me iba en mirar al sol, a ver qué nuevo fenómeno ofrecía aquel astro. Lo del *desabillé* también me apuró, y me di por vencido. Lo del *bonete de noche,* u de día, no pude comprehender jamás qué uso tuviese en la cabeza de una mujer. *Hacer un tour* puede ser cosa muy santa y muy buena, pero suspendo el juicio hasta enterarme. Dice que leyó de la *Zaira* unos ocho versos; sea enhorabuena, pero no sé qué es *Zaira. Mr. de Lavanda,* dice que vino; bien venido sea *Mr. de Lavanda,* pero no le conozco. Empezó su *toaleta;* esto ya lo entendí, gracias a mi sobrino que me lo explicó, no sin bastante trabajo, según mis cortas entendederas, burlándose de que su tío es hombre que no sabe lo que es *toaleta.* También me dijo lo que era *modista, piquete, maître d'hotel* y otras palabras semejantes. Lo que nunca me pudo explicar de modo que acá yo me hiciese bien cargo de ello, fue aquello de que *el jefe de cocina era divino.* También lo de *matar el tiempo,* siendo así que el tiempo es quien nos mata a todos, fue cosa que tampoco se me hizo fácil de entender, aunque mi intérprete habló mucho, y sin duda muy bueno, sobre este particular. Otro amigo, que sabe griego, o a lo menos dice que lo sabe, me dijo lo que era *misántropo,* cuyo sentido yo indagué con sumo cuidado por ser cosa que me tocaba personalmente; y a la verdad que una de dos: o mi amigo no me lo explicó cual es, o mi hermana no lo entendió, y siendo ambos casos posibles, y no como quiera, sino sumamente posibles, me creo obligado a suspender por ahora el juicio hasta tener mejores informes. Lo restante me lo entendí tal cual, ingeniándome acá a mi modo, y estudiando con paciencia, constancia y trabajo [9].

[9] Las voces o construcciones que más sorprenden a Nuño, y, por tanto, a Cadalso, no son todas las que hoy más nos llamarían la atención; no extraña que haga notar el galimatías *medio día y medio* «las doce y media», ni *ser día* «tener luz», ni *hacer un*

Ya se ve —prosiguió Nuño— cómo había de entender esta carta el conde Fernán Gonzalo [10], si en su tiempo no había *té*, ni *desabillé*, ni *bonete de noche*, ni había *Zaira*, ni *Mr. Vanda*, ni *toaletas*, ni *los cocineros eran divinos*, ni se conocían *crapaudinas* ni *café*, ni más licores que el agua y el vino [11].

Aquí lo dejó Nuño. Pero yo te aseguro, amigo Ben-Beley, que esta mudanza de modas es muy incómoda, hasta para el uso de la palabra, uno de los mayores beneficios en que naturaleza nos dotó. Siendo tan frecuentes estas mutaciones, y tan arbitrarias, ningún español, por bien que hable su idioma este mes, puede decir: el mes que viene entenderé la lengua que me hablen mis vecinos, mis amigos, mis parientes y mis criados. Por todo lo cual, dice Nuño, mi parecer y dictamen, *salvo meliori,* es que en cada un año se fijen las costumbres para el siguiente, y por consecuencia se establezca el idioma que se ha de hablar durante sus 365 días. Pero como quiera que esta mudanza dimana en gran parte o en todo de los caprichos, invenciones y codicias de sastres, zapateros, ayudas de cámara, modistas, reposteros, cocineros, peluqueros y otros individuos igualmente útiles al vigor y gloria de los estados, convendría que cierto número igual de cada gremio celebre varias juntas, en las cuales quede este punto evacuado; y de resultas de estas respetables sesiones, vendan los

---

tour «dar una vuelta». Es de destacar, en cambio, que resalte *matar el tiempo* (de *tuer le temps), modista,* que Corominas fecha en 1817 *(modiste)* y hasta *misántropo,* quizás difundido gracias al *Misanthrope* de la homónima comedia de Molière. Han quedado en nuestra lengua, en su forma originaria, o casi, *maître d'hotel, desabillé* y *toaleta.* Curiosa resulta también la expresión *el jefe de cocina era divino* (Cfr. Carta LXXXVIII, nota 1).

[10] Fernán González, el primer conde independiente de Castilla, de la segunda mitad del siglo x.

[11] Para final, reitera Nuño su sátira más contra las costumbres o modas importadas de Francia que contra los rasgos de lengua que las reflejan. Así, el *bonete de noche,* el *té* (que es palabra de origen chino), el *café* y el *licor* (que era todavía para el *Dicc. de Aut.,* en la forma *liquor,* «el cuerpo líquido y fluido, como el agua, vino, leche, etc.»).

ciegos por las calles públicas, en los últimos meses de cada un año, al mismo tiempo que el Calendario, Almanak y Piscator [12], un papel que se intitule, poco más o menos: *Vocabulario nuevo al uso de los que quieran entenderse y explicarse con las gentes de moda, para el año de mil setecientos y tantos y siguientes, aumentado, revisto y corregido por una Sociedad de varones insignes, con los retratos de los más principales.*

CARTA XXXVI

Del mismo al mismo

Prescindiendo de la corrupción de la lengua, consiguiente a la de las costumbres, el vicio de estilo más universal en nuestros días es el frecuente uso de una especie de antítesis, como el del equívoco lo fue en el siglo pasado. Entonces un orador no se detenía en decir un desatino de cualquiera clase que fuese, por no desperdiciar un equivoquillo pueril y ridículo; ahora se expone a lo mismo por aprovechar una contraposición, falsa muchas veces. Por ejemplo, en el año de 1670 diría un panegirista en la oración fúnebre de uno que por casualidad se llamase Fulano Vivo: «Vengo a predicar con viveza la muerte del Vivo que murió para el mundo, y con moribundos acentos la vida del muerto que vive en las lenguas de la fama». Pero en 1770, un gacetista [1] que escribiese una expedición hecha por los españoles en América no se detendría un minuto en decir: «Estos españoles hicieron en estas conquistas las mismas hazañas que los soldados de Cortés, sin cometer las crueldades que aquéllos ejecutaron.»

---

[12] *Piscator*, «pronóstico general que suele salir cada año» (*Aut.*). Para *almanak* y *pronóstico*, vid. Carta XLIV, notas 2 y 3.

[1] *gacetista*, «el que habla frecuentemente de novedades, por las noticias de las gacetas» (*Aut.*). Vid. Carta XIV, nota 3.

CARTA XXXVII

DEL MISMO AL MISMO

Reflexionando sobre la naturaleza del diccionario que quiere publicar mi amigo Nuño, veo que, efectivamente, se han vuelto muy oscuros y confusos los idiomas europeos. El español ya no es inteligible. Lo más extraño es que los dos adjetivos *bueno* y *malo* ya no se usan; en su lugar se han puesto otros que, lejos de ser equivalentes, pueden causar mucha confusión en el trato común.

Pasaba yo un día por el frente del regimiento formado en parada [1], cuyo aspecto infundía terror. Oficiales de distinción y experiencia, soldados veteranos, armas bien acondicionadas, banderas que daban muestras de las balas que habían recibido, y todo lo restante del aparato, verdaderamente guerrero, daba la idea más alta del poder de quien la [2] mantenía. Admiréme de la fuerza que manifestaba tan buen regimiento, pero las gentes que pasaban le aplaudían por otro término. — ¡Qué oficiales tan bonitos! —decía una dama desde el coche—. — ¡Hermoso regimiento! —dijo un general galopando por el frente de banderas—. — ¡Qué tropa tan lucida! —decían unos—. — ¡Bella gente! —decían otros—. Pero ninguno dijo: —Este regimiento está bueno.

Me hallé poco ha en una concurrencia en que se hablaba de un hombre que se deleitaba en fomentar cizaña en las familias, suscitar pleitos entre los vecinos, sorprender doncellas inocentes y promover toda especie de vicios. Unos decían: —Fatal es este hombre.

---

[1] *en parada,* «para pasar revista o hacer alarde».

[2] *la:* en D-G, «lo». Pero *la,* referido a «idea» o a «parada», está en todos los manuscritos. Vid. Cartas XI, nota 3; y XXIV, nota 2.

Otros: —¡Qué lástima que tenga esas cosas! Pero nadie decía: —Éste es un hombre malo [3].

Ahora, Ben-Beley, ¿qué te parece de una lengua en que se han quitado las voces *bueno* y *malo?* ¿Qué te parecerá de unas costumbres que han hecho tal reforma en la lengua?

CARTA XXXVIII

DEL MISMO AL MISMO

Uno de los defectos de la nación española, según el sentir de los demás europeos, es el orgullo. Si esto es así, es muy extraña la proporción en que este vicio se nota entre los españoles, pues crece según disminuye el carácter del sujeto, parecido en algo a lo que los físicos dicen haber hallado en el descenso de los graves hacia el centro: tendencia que crece mientras más baja el cuerpo que la contiene. El rey lava los pies a doce pobres en ciertos días del año, acompañado de sus hijos, con tanta humildad, que yo, sin entender el sentido religioso de esta ceremonia, cuando asistí a ella me llené de ternura y prorrumpí en lágrimas [1]. Los magnates o nobles de primera jerarquía, aunque de cuando en cuando hablan de sus abuelos, se familiarizan hasta con sus ínfimos criados. Los nobles menos elevados hablan con más frecuencia de sus conexiones, entronques y enlaces. Los caballeros de las ciudades ya son algo pesados en punto de nobleza. Antes de visitar a un forastero o admitirle en sus casas, indagan quién

---

[3] Alusión al frecuente uso francés de adjetivos como *beau,* que a menudo equivale en castellano a *bueno.* Idéntica intención hay en el empleo de *fatal* y *lástima (dommage!).* Cierto es que tampoco parece el mejor de los ejemplos *este regimiento está bueno.*

[1] La actitud de Cadalso es, al mismo tiempo, ilustrada —es decir, crítica— y respetuosa, hasta el punto de emocionarse con lo que considera auténtico, aunque no lo comprenda.

fue su quinto abuelo, teniendo buen cuidado de no bajar un punto de esta etiqueta, aunque sea en favor de un magistrado del más alto mérito y ciencia, ni de un militar lleno de heridas y servicios. Lo más es que, aunque uno y otro forastero tengan un origen de los más ilustres, siempre se mira como tacha inexcusable el no haber nacido en la ciudad donde se halla de paso, pues se da por regla general que nobleza como ella no la hay en todo el reino.

Todo lo dicho es poco en comparación de la vanidad de un hidalgo de aldea. Éste se pasea majestuosamente en la triste plaza de su pobre lugar, embozado en su mala capa, contemplando el escudo de armas que cubre la puerta de su casa medio caída, y dando gracias a la providencia divina de haberle hecho don Fulano de Tal. No se quitará el sombrero, aunque lo pudiera hacer sin embarazarse; no saludará al forastero que llega al mesón, aunque sea el general de la provincia o el presidente del primer tribunal de ella. Lo más que se digna hacer es preguntar si el forastero es de casa solar conocida al fuero de Castilla, qué escudo es el de sus armas, y si tiene parientes conocidos en aquellas cercanías. Pero lo que te ha de pasmar es el grado en que se halla este vicio en los pobres mendigos. Piden limosna; si se les niega con alguna aspereza, insultan al mismo a quien poco ha suplicaban. Hay un proverbio por acá que dice: «El alemán pide limosna cantando, el francés llorando y el español regañando.»

CARTA XXXIX

Del mismo al mismo

Pocos días ha, me entré una mañana en el cuarto de mi amigo Nuño antes que él se levantase. Hallé su mesa cubierta de papeles, y, arrimándome a ellos con la libertad que nuestra amistad nos permite, abrí un cuadernillo que tenía por título *Observaciones y reflexiones sueltas*. Cuando pensé hallar una cosa por lo menos mediana, hallé que era un laberinto de materias sin conexión. Junto a una reflexión muy seria sobre la inmortalidad del alma, hallé otra acerca de la danza francesa, y, entre dos relativas a la patria potestad, una sobre la pesca del atún. No pude menos de extrañar este desarreglo, y aun se lo dije a Nuño, quien sin alterarse ni hacer más movimiento que suspender la acción de ponerse una media, en cuyo movimiento le cogió mi reparo, me respondió: —Mira, Gazel; cuando intenté escribir mis observaciones sobre las cosas del mundo y las reflexiones que de ellas nacen, creí también sería justo disponerlas en varias órdenes, como religión, política, moral, filosofía, crítica, etc.; pero cuando vi el ningún método que el mundo guarda en sus cosas, no me pareció digno de que estudiase mucho el de escribirlas[1]. Así como vemos al mundo mezclar lo sagrado con lo profano, pasar de lo importante a lo frívolo, confundir lo malo con lo bueno, dejar un asunto para emprender otro, retroceder y adelantar a un tiempo, afanarse y descuidarse, mudar y afectar constancia, ser firme y aparentar ligereza, así también yo quiero escribir con igual desarreglo—. Al decir esto prosiguió vistiéndose, mientras fui ojeando[2] el manuscrito. Extrañé también que un hombre tan amante de su patria tuviese tan poco escrito sobre el gobierno de ella; a lo que me dijo: —Se ha escrito tanto, con tanta variedad, en tan diversos tiempos, y con tan distintos fines sobre el gobierno de las monarquías, que ya poco se puede decir de nuevo que sea útil a los estados, o seguro para los autores.

---

[1] Frases que pudieran servir de justificación a la carencia de ordenamiento temático en las propias *Cartas Marruecas*.

[2] *ojeando:* en D-G «hojeando». Vid. Carta VI, nota 3.

CARTA XL

Paseábame yo con Nuño la otra tarde por la calle principal de la corte, muy divertido de ver la variedad de gentes que le hablaban y a quienes él respondía. —Todos mis conocidos son mis amigos —me decía—, porque, como saben que a todos quiero bien, todos me corresponden. No es el género humano tan malo como otros le suelen pintar, y como efectivamente le hallan los que no son buenos. Uno que desea y anhela continuamente engrandecerse y enriquecerse a costa de cualquiera prójimo suyo, ¿qué derecho tiene a hablar ni aun a pretender el menor rastro de humanidad entre los hombres sus compañeros? ¿Qué sucede? Que no halla sino recíprocas injusticias en los mismos que hubieran producido abundante cosecha de beneficios, si él no hubiera sembrado tiranías en sus pechos. Se irrita contra lo que es natural, y declama contra lo que él mismo ha causado. De aquí tantas invectivas contra el hombre, que de suyo es un animal tímido, sociable, cuitado.

Seguimos nuestra conversación y paseo, sin que el hilo de ella interrumpiese a mi amigo el cumplimiento, con el sombrero o con la mano, a cuantos encontrábamos a pie o en coche. Por esta urbanidad que es casi religión en Nuño, me pareció sumamente extraña su falta de atención para con un anciano de venerable presencia que pasó junto a nosotros, sin que mi amigo le saludase ni hiciese el menor obsequio, cuando merecía tanto su aspecto. Pasaba de ochenta años; abundantes canas le cubrían la cabeza majestuosa y frente arrugada, apoyábase en un bastón costoso; le sostenía con respeto un lacayo de librea magnífica; iba recibiendo reverencias del pueblo, y en todo daba a entender un carácter respetable.

—El culto con que veneramos a los viejos —me dijo Nuño— suele ser a veces más supersticioso que debido. Cuando miro a un anciano que ha gastado su vida en alguna carrera útil a la patria, lo miro sin duda con veneración; pero cuando el tal no es más que un ente viejo que de nada ha servido, estoy muy lejos de venerar sus canas.

CARTA XLI

Del mismo al mismo

Nosotros nos vestimos como se vestían dos mil años ha nuestros predecesores; los muebles de las casas son de la misma antigüedad de los vestidos; la misma fecha tienen nuestras mesas, trajes de criados y todo lo restante; por todo lo cual sería imposible explicarte el sentido de esta voz: *lujo*. Pero en Europa, donde los vestidos se arriman[1] antes de ser viejos, y donde los artesanos más viles de la república son los legisladores más respetados, esta voz es muy común; y para que no leas varias hojas de papel sin entender el asunto de que se trata, haz cuenta que *lujo* es la abundancia y variedad de las cosas superfluas a la vida.

Los autores europeos están divididos sobre si conviene o no esta variedad o abundancia. Ambos partidos traen especiosos argumentos en su apoyo. Los pueblos que, por su genio inventivo, industria mecánica y sobra de habitantes, han influido en las costumbres de

_____

[1] *se arriman,* en el sentido de «dejar de la mano alguna cosa que se trae en ella o que uno trae consigo» (*Aut.*).

sus vecinos, no sólo lo aprueban, sino que les predican el lujo y los empobrecen, persuadiéndoles ser útil lo que les deja sin dinero. Las naciones que no tienen esta ventaja natural gritan contra la introducción de cuanto en lo exterior choca a su sencillez y traje, y en lo interior los hace pobres.

Cosa fuerte es que los hombres, tan amigos de distinciones y precisiones en unas materias, procedan tan de bulto en otras. Distingan de lujo, y quedarán de acuerdo. Fomente cada pueblo el lujo que resulta de su mismo país, y a ninguno será dañoso. No hay país que no tenga alguno o algunos frutos capaces de adelantamiento y alteración. De estas modificaciones nace la variedad; con ésta se convida la vanidad; ésta fomenta la industria, y de esto resulta el lujo ventajoso al pueblo, pues logra su verdadero objeto, que es el que el dinero físico de los ricos y poderosos no se estanque en sus cofres, sino que se derrame entre los artesanos y pobres.

Esta especie de lujo perjudicará al comercio grande, o sea general; pero nótese que el tal comercio general del día consiste mucho menos en los artículos necesarios que en los superfluos. Por cada fanega de trigo, vara de paño o de lienzo que entra en España, ¡cuánto se vende de cadenas de reloj, vueltas [2] de encaje, palilleros [3], abanicos, cintas, aguas de olor y otras cosas de esta calidad! No siendo el genio español dado a estas fábricas, ni la población de España suficiente para abastecerlas de obreros es imposible que jamás compitan los españoles con los extranjeros en este comercio; siempre será dañoso a España, pues la empobrece y la esclaviza al capricho de la industria extranjera; y ésta, hallando continuo pábulo en la extracción de los metales oro y plata (única balanza de la introducción de las modas), el efecto sería cada día más exquisito y, por con-

<hr>

[2] *Vueltas:* véase Carta VIII, nota 3.

[3] Los *palilleros*, «en que se guardan los palillos para limpiarse los dientes» (*Aut.*), figuraban entre tantos objetos refinados de la moda.

siguiente, más capaz de agotar el oro y plata que tengan los españoles. En consecuencia de esto, estando el atractivo del lujo refinado y apurado, que engaña a los mismos que conocen que es perjudicial, y juntándose esto con aquello, no tiene fin el daño.

No quedan más que dos medios para evitar que el lujo sea total ruina de esta nación: o superar la industria extranjera, o privarse de su consumo, inventando un lujo nacional que igualmente lisonjeará el orgullo de los poderosos, y les obligaría a hacer a los pobres partícipes de sus caudales.

El primer medio parece imposible, porque las ventajas que llevan las fábricas extranjeras a las españolas son tantas, que no cabe que éstas desbanquen a aquéllas. Las que se establezcan en adelante, y el fomento de las ya establecidas, cuestan a la corona grandes desembolsos. Éstos no pueden resarcirse sino del producto de lo fabricado aquí, y esto siempre será a proporción más caro que lo fabricado afuera; conque lo de afuera siempre tendrá más despacho[4], porque el comprador acude siempre adonde por el mismo dinero halla más ventaja en la cantidad y calidad, u ambas. Si por algún accidente que no cabe en la especulación, pudiesen estas fábricas dar en el primer año el mismo género, y por el mismo precio que las extrañas, las de fuera, en vista del auge en que están desde tantos años en fuerza de los caudales adquiridos, y visto el fondo ya hecho, pueden muy bien malbaratar su venta, minorando en mucho los precios unos cuantos años; y en este caso, no hay resistencia de parte de las nuestras.

El segundo medio, cual es la invención de un lujo nacional, parecerá a muchos tan imposible como el primero, porque hace mucho tiempo que reina la epidemia de la imitación y que los hombres se sujetan a pensar por el entendimiento de otros, y no cada uno por el suyo. Pero aun así, retrocediendo dos siglos en

---

[4] *tendrá más despacho*, es decir, más venta.

la historia, veremos que se vuelve imitación lo que ahora parece invención.

Siempre que para constituir el lujo baste la profusión, novedad y delicadez [5], digo que ha habido dos siglos ha (y, por consiguiente, no es imposible que lo haya ahora) un lujo nacional; lo que me parece demostrable de este modo:

En los tiempos inmediatos a la conquista de América, no había las fábricas extranjeras en que se refunde hoy el producto de aquellas minas, porque el establecimiento de las dichas fábricas es muy moderno respecto a aquella época; y no obstante esto, había lujo, pues había profusión, abundancia y delicadez (respecto de que si no lo hubiera habido, entonces no se hubiera gastado sino lo preciso). Luego hubo en aquel tiempo un lujo considerable, puramente nacional; esto es, dimanado de los artículos que ofrece la naturaleza sin pasar los Pirineos. ¿Por qué, pues, no lo puede haber hoy, como lo hubo entonces? Pero ¿cuál fue?

Indáguese en qué consistía la magnificencia de aquellos ricoshombres. No se avergüencen los españoles de su antigüedad, que por cierto es venerable la de aquel siglo. Dedíquense a hacerla revivir en lo bueno, y remediarán por un medio fácil y loable la exacción de tanto dinero como arrojan cada año, a cuya pérdida añaden la nota de ser tenidos por unos meros administradores de las minas que sus padres ganaron a costa de tanta sangre y trabajos.

¡Extraña suerte es la de la América! ¡Parece que está destinada a no producir jamás el menor beneficio a sus poseedores! Antes de la llegada de los europeos, sus habitantes comían carne humana, andaban desnudos, y los dueños de la mayor parte de la plata y oro del orbe no tenían la menor comodidad de la vida. Después de su conquista, sus nuevos dueños, los españoles, son los que menos aprovechan aquella abundancia.

---

[5] *delicadez* era rorma normal al par de «delicadeza».

Volviendo al lujo extranjero y nacional, éste, en la antigüedad que he dicho, consistía, a más de varios artículos ya olvidados, en lo exquisito de sus armas, abundancia y excelencia de sus caballos, magnificencia de sus casas, banquetes de increíble número de platos para cada comida, fábricas de Segovia y Córdoba, servicio personal voluntario al soberano, bibliotecas particulares, etcétera; todo lo cual era producto de España y se fabricaba por manos españolas. Vuélvanse a fomentar estas especies y, consiguiéndose el fin político del lujo (que, como está ya dicho, es el reflujo de los caudales excesivos de los ricos a los pobres), se verán en breves años multiplicarse la población, salir de la miseria los necesitados, cultivarse los campos, adornarse las ciudades, ejercitarse la juventud y tomar el Estado su antiguo vigor. Éste es el cuadro del antiguo lujo. ¿Cómo retrataremos el moderno? Copiemos los objetos que nos ofrecen a la vista, sin lisonjearlos ni ofenderlos. El poderoso de este siglo (hablo del acaudalado, cuyo dinero físico es el objeto del lujo) ¿en qué gasta sus rentas? Despiértanle dos ayudas de cámara primorosamente peinados y vestidos; toma café de Moca exquisito en taza traída de la China por Londres; pónese una camisa finísima de Holanda, luego una bata de mucho gusto tejida en León de Francia; lee un libro encuadernado en París; viste a la dirección de un sastre y peluquero francés; sale con un coche que se ha pintado donde el libro se encuadernó; va a comer en vajilla labrada en París o Londres las viandas calientes, y en platos de Sajonia o China las frutas y dulces; paga a un maestro de música y otro de baile, ambos extranjeros; asiste a una ópera italiana, bien o mal representada, o a una tragedia francesa, bien o mal traducida [6]; y al tiempo de acostarse, puede decir esta oración: «Doy gracias al cielo de que todas mis operaciones de hoy han salido di-

---

[6] Todo este trozo parece un breve resumen del contenido de *Il Giorno,* del poeta italiano Giuseppe Parini (1729-1799). Cfr. Joaquín Arce, *El conocimiento de la literatura italiana...,* páginas 39-40, cit. en la Bibliografía.

rigidas a echar fuera de mi patria cuanto oro y plata ha estado en mi poder.»

Hasta aquí he hablado con relación a la política, pues considerando sobre las costumbres, esto es, hablando no como estadista, sino como filósofo, «todo lujo es dañoso, porque multiplica las necesidades de la vida, emplea el entendimiento humano en cosas frívolas y, dorando los vicios, hace despreciable la virtud, siendo ésta la única que produce los verdaderos bienes y gustos.»

CARTA XLII

De Nuño a Ben-Beley

Según las noticias que Gazel me ha dado de ti, sé que eres un hombre de bien que vives en África, y según las que te habrá dado él mismo de mí, sabrás que soy un hombre de bien que vivo en Europa. No creo que necesite más requisito para que formemos mutuamente un buen concepto el uno del otro. Nos estimamos sin conocernos; que a poco que nos tratáramos, seríamos amigos [1].

El trato de este joven y el conocimiento de que tú le has dado crianza me impelen a dejar a Europa y pasar a África, donde resides. Deseo tratar un sabio africano, pues te juro que estoy fastidiado de todos los sabios europeos, menos unos pocos que viven en Europa como si estuviesen en África. Quisiera me dijeses qué método seguiste y qué objeto llevaste en la educación de Gazel. He hallado su entendimiento a la verdad muy poco cultivado, pero su corazón inclinado a lo bueno; y como aprecio en muy poco toda la erudición del

---

[1] Por encima de las distancias y de la diversidad geográfica hay un ideal humano en el siglo XVIII: el del hombre de bien, unido al sentimiento de la amistad.

mundo respecto de la virtud, quisiera que nos viniesen de África unas pocas docenas de ayos como tú para encargarse de la educación de nuestros jóvenes, en lugar de los ayos europeos, que descuidan mucho la dirección de los corazones de sus alumnos por llenar sus cabezas de noticias de blasón, cumplidos franceses, vanidad española, arias italianas y otros renglones de esta perfección e importancia; cosas que serán sin duda muy buenas, pues tanto dinero llevan por enseñarlas, pero que me parecen muy inferiores a las máximas cuya práctica observo en Gazel.

Por medio de estos pocos renglones cumplo con su encargo y con mi deseo: todo esto me ha sido muy fácil. ¡Cuán dificultoso me hubiera sido practicar lo mismo respecto de un europeo! En el país del mundo en que hay más comodidad para que un hombre sepa de otro, por la prontitud y seguridad de los correos, se halla la mayor dificultad para escribir éste a aquél. Si, como eres un moro que jamás me has visto, ni yo he visto, que vives a doscientas leguas de mi casa, y que eres en todo diferente de mí, fueses un europeo cristiano y avecindado a diez leguas de mi lugar, sería obra muy ardua la de escribirte por la primera vez. Primero, había de considerar con madurez lo ancho del margen de la carta. Segundo, sería asunto de mucha reflexión la distancia que había de dejar entre el primer renglón y la extremidad del papel. Tercero, meditaría muy despacio el cumplido con que había de empezar. Cuarto, no con menos aplicación estudiaría la expresión correspondiente para el fin. Quinto, no merecía menos cuidado el saber cómo te había de llamar en el contenido de la carta; o si había de dirigir el discurso como hablando contigo solo, o como con muchos, o como con tercera persona, u al señorío que puedes tener en algún lugar, o a la excelencia tuya sobre varios que tengan señoríos, o a otras calidades semejantes, sin hacer caso de tu persona; naciendo de todo esto tanta y tan terrible confusión, que por no entrar en ella muchas veces deja de escribir un español a otro.

El Ser Supremo, que nosotros llamamos Dios y vosotros Alá, y es quien hizo África y Asia, Europa y América, te guarde los años, y con las felicidades que deseo, a ti y a todos los americanos, africanos, asiáticos y europeos.

CARTA XLIII

DE GAZEL A NUÑO

La ciudad en que ahora me hallo es la única de cuantas he visto que se parece a las de la antigua España, cuya descripción me has hecho muchas veces. El color de los vestidos, triste; las concurrencias, pocas; la división de los dos sexos, fielmente observada; las mujeres, recogidas; los hombres, celosos; los viejos, sumamente graves; los mozos, pendencieros, y todo lo restante del aparato me hace mirar mil veces al calendario por ver si estamos efectivamente en el año que vosotros llamáis de 1768 [1], o si es el de 1500, ó 1600 al sumo. Sus conversaciones son correspondientes a sus costumbres. Aquí no se habla de los sucesos que hoy vemos ni de las gentes que hoy viven, sino de los eventos que ya pasaron y hombres que ya fueron. He llegado a dudar si por arte mágica me representa algún encantador las generaciones anteriores. Si esto es así, ¡ojalá alcanzara su ciencia a traerme a los ojos las edades futuras! Pero sin molestarme más en este correo, y reservando el asunto para cuando nos veamos, te asegu-

---

[1] En 1768, en el último día de octubre, salió desterrado Cadalso de Madrid para Zaragoza, parándose en Alcalá. Muy bien pudiera el autor referirse en el texto a una de estas dos ciudades, aunque quien habla aquí es Gazel; y sin descartar el que por entonces hubiese ya empezado a escribir sus *Cartas marruecas,* el año puede aludir a la duración de la estancia del moro en la Península. (Vid. Carta LXVII, nota 4.)

ro que admiro como singular mérito en estos habitantes la reverencia que hacen continuamente a las cenizas de sus padres. Es una especie de perpetuo agradecimiento a la vida que de ellos han recibido. Pero, pues en esto puede haber exceso, como en todas las prendas de los hombres, cuya naturaleza suele viciar hasta las virtudes mismas, responde lo que te se [2] ofrezca sobre este particular.

CARTA XLIV

De Nuño a Gazel,
RESPUESTA DE LA ANTECEDENTE

Empiezo a responder a tu última carta por donde la acabaste. Confírmate en la idea de que la naturaleza del hombre está corrompida y, para valerme de tu propia expresión, suele viciar hasta las virtudes mismas. La economía es, sin duda, una virtud moral, y el hombre que es extremado en ella la vuelve en el vicio llamado avaricia; la liberalidad se muda en prodigalidad, y así de las restantes. El amor de la patria es ciego como cualquiera otro amor; y si el entendimiento no le dirige, puede muy bien aplaudir lo malo, desechar lo bueno, venerar lo ridículo y despreciar lo respetable. De esto nace que, hablando con ciego cariño de la antigüedad, va el español expuesto a muchos yerros siempre que no se haga la distinción siguiente. En dos clases divido los españoles que hablan con entusiasmo de la antigüedad de su nación: los que entienden por antigüedad el siglo

---

[2] *te se:* los testimonios manuscritos de las *Cartas* me inducen a respetar el orden de los pronombres como está en el texto. Vid. *Noches lúgubres,* notas 4 y 32. Cierto es, sin embargo, que D-G afirman que no han encontrado «ningún caso entre los manuscritos autógrafos de Cadalso». (Edic. cit., pág. 102.)

último, y los que por esta voz comprenden el antepasado y anteriores.

El siglo pasado no nos ofrece cosa que pueda lisonjearnos. Se me figura España desde fin de 1500 como una casa grande que ha sido magnífica y sólida, pero que por el discurso de los siglos se va cayendo y cogiendo debajo a los habitantes. Aquí se desploma un pedazo del techo, allí se hunden dos paredes, más allá se rompen dos columnas, por esta parte faltó un cimiento, por aquélla se entró el agua de las fuentes, por la otra se abre el piso; los moradores gimen, no saben dónde acudir; aquí se ahoga en la cuna el dulce fruto del matrimonio fiel; allí muere de golpes de las ruinas, y aun más del dolor de ver a este espectáculo, el anciano padre de la familia; más allá entran ladrones a aprovecharse de la desgracia; no lejos roban los mismos criados, por estar mejor instruidos, lo que no pueden los ladrones que lo ignoran.

Si esta pintura te parece más poética que verdadera, registra la historia, y verás cuán justa es la comparación. Al empezar este siglo [1], toda la monarquía española, comprendidas las dos Américas, media Italia y Flandes, apenas podía mantener veinte mil hombres, y ésos mal pagados y peor disciplinados. Seis navíos de pésima construcción, llamados galeones, y que traían de Indias el dinero que escapase [2] los piratas y corsarios; seis galeras ociosas en Cartagena, y algunos navíos que se alquilaban según las urgencias para transporte de España a Italia, y de Italia a España, formaban toda la armada real. Las rentas reales, sin bastar para mantener la corona, sobraban para aniquilar al vasallo, por las confusiones intro-

---

[1] *este siglo* no es el de Cadalso, sino el de que acaba de hablar, es decir, el XVII. En el párrafo siguiente dirá *siglo anterior* para referirse sin lugar a dudas al XVI. No se trata, por tanto, de «principios del siglo XVIII», como dice la nota de la edición de D-G. Tienen razón, en cambio, al señalar como errada la lección «fin de 1600», al principio del párrafo segundo de esta Carta, como consta en la edición de Tamayo.

[2] *que escapase los piratas:* anómala construcción de todos los manuscritos, que debe interpretarse «escapase a».

ducidas en su cobro y distribución. La agricultura, totalmente arruinada, el comercio, meramente pasivo, y las fábricas, destruidas, eran inútiles a la monarquía. Las ciencias iban decayendo cada día. Introducíanse tediosas y vanas disputas que se llamaban filosofía; en la poesía admitían equívocos ridículos y pueriles; el Pronóstico[3], que se hacía junto con el Almanak[4], lleno de insulseces de astrología judiciaria[5], formaba casi toda la matemática que se conocía; voces hinchadas y campanudas, frases dislocadas, gestos teatrales iban apoderándose de la oratoria práctica y especulativa. Aun los hombres grandes que produjo aquella era solían sujetarse al mal gusto del siglo, como hermosos esclavos de tiranos feísimos. ¿Quién, pues, aplaudirá tal siglo?

Pero ¿quién no se envanece si se habla del siglo anterior, en que todo español era un soldado respetable? Del siglo en que nuestras armas conquistaban las dos Américas y las islas de Asia, aterraban a África e incomodaban a toda Europa con ejércitos pequeños en número y grandes por su gloria[6], mantenidos en Italia, Alemania, Francia y Flandes, y cubrían los mares con escuadras y armadas de navíos, galeones y galeras; del siglo en que la academia de Salamanca hacía el primer papel entre las universidades del mundo; del siglo en que nuestro idioma se hablaba por todos los sabios y nobles de Europa. ¿Y quién podrá tener voto en materias críticas, que confunda dos eras tan diferentes, que parece en ellas la nación dos pueblos diversos? ¿Equivocará un entendimiento mediano un tercio de españoles delante de Túnez, mandado por Carlos I, con la guardia de la cu-

---

[3] *Pronóstico*, o sea, «la composición que hacen los astrólogos, y dan al público al principio del año, en que conjeturan los sucesos dél, por las lunaciones y postura de los astros» *(Aut.)*.

[4] *almanak* es la forma que aparece también registrada en el *Diccionario de Autoridades*, aunque advierte que se dice y pronuncia «comúnmente almanaque».

[5] *astrología judiciaria*; vid. Carta LXXXIII, nota 1.

[6] *pequeños en número y grandes por su gloria*: ¿se trata de una de las especies de antítesis propias del estilo de su siglo, según señala el propio Cadalso en la Carta XXXVI?

chilla [7] de Carlos II? ¿A Garcilaso con Villamediana? ¿Al Brocense con cualquiera de los humanistas de Felipe IV? ¿A don Juan de Austria, hermano de Felipe II, con don Juan de Austria, hijo de Felipe IV? [8] Créeme que la voz *antigüedad* es demasiado amplia, como la mayor parte de las que pronuncian los hombres con sobrada ligereza.

La predilección con que se suele hablar de todas las cosas antiguas, sin distinción de crítica, es menos efecto de amor hacia ellas que de odio a nuestros contemporáneos. Cualquiera virtud de nuestros coetáneos nos ofende porque la miramos como un fuerte argumento contra nuestros defectos; y vamos a buscar las prendas de nuestros abuelos, por no confesar las de nuestros hermanos, con tanto ahínco que no distinguimos al abuelo que murió en su cama, sin haber salido de ella, del que murió en campaña, habiendo vivido siempre cargado con sus armas; ni dejamos de confundir al abuelo nuestro, que no supo cuántas leguas tiene un grado geográfico, con los Álavas [9] y otros, que anunciaron los descubrimientos matemáticos hechos un siglo después por los mayores hombres de aquella facultad. Basta que no les hayamos conocido, para que los queramos; así como basta que tratemos a los de nuestros días, para que sean objeto de nuestra envidia o desprecio.

Es tan ciega y tan absurda esta indiscreta pasión a la

---

[7] *cuchilla:* «se llama también el arma de acero que traían los archeros de la guardia de Corps» *(Aut.).*

[8] Compáranse, como se ve, figuras del siglo XVI frente a otras del XVII: de los poetas, a Garcilaso con el conde de Villamediana; de los eruditos humanistas, recuerda al filólogo, catedrático de la Universidad de Salamanca, Francisco Sánchez de las Brozas, conocido por *El Brocense* (1523-1601); entre los personajes históricos, contrapone a Juan de Austria con su casi homónimo Juan José de Austria, hijo bastardo del rey Felipe IV, que llegó a ser virrey de Sicilia.

[9] Diego de Álava y Viamont (no Beaumont ni militar, según Palau) escribió una obra que Cadalso conocía muy bien: *El perfecto capitán instruido en la disciplina militar y nueva ciencia de la Artillería,* Madrid, 1590, citada también en la Carta XLIX y en *Los eruditos a la violeta.*

antigüedad, que un amigo mío, bastante gracioso por cierto, hizo una exquisita burla de uno de los que adolecen de esta enfermedad. Enseñóle un soneto de los más hermosos de Hernando de Herrera, diciéndole que lo acababa de componer un condiscípulo suyo. Arrojólo al suelo el imparcial crítico, diciéndole que no se podía leer de puro flojo e insípido. De allí a pocos días, compuso el mismo muchacho una octava, insulsa si las hay, y se la llevó al oráculo, diciendo que había hallado aquella composición en un manuscrito de letra de la monja de Méjico [10]. Al oírlo, exclamó el otro diciendo: —Esto sí que es poesía, invención, lenguaje, armonía, dulzura, fluidez, elegancia, elevación —y tantas cosas más que se me olvidaron—; pero no a mi sobrino, que se quedó con ellas de memoria, y cuando oye se lee alguna infelicidad del siglo pasado delante de un apasionado de aquella era, siempre exclama con increíble entusiasmo irónico: —¡Esto sí que es invención, poesía, lenguaje, armonía, dulzura, fluidez, elegancia, elevación!

Espero cartas de Ben-Beley; y tú manda a Nuño.

CARTA XLV

De Gazel a Ben-Beley

Acabo de llegar a Barcelona. Lo poco que he visto de ella me asegura ser verdadero el informe de Nuño; el juicio que formé por instrucción suya del genio de los catalanes y utilidad de este principado. Por un par de provincias semejantes pudiera el rey de los cristianos

---

[10] *La monja de Méjico* fue la poetisa sor Juana Inés de la Cruz (1651-1675), también llamada la «Décima Musa», aquí contrapuesta al famoso poeta sevillano Fernando de Herrera, como la máxima representante, en las letras coloniales hispanoamericanas, de la lírica barroca.

trocar sus dos Américas. Más provecho redunda a su corona de la industria de estos pueblos que de la pobreza de tantos millones de indios. Si yo fuera señor de toda España, y me precisaran [1] a escoger los diferentes pueblos de ella por criados míos, haría a los catalanes mis mayordomos.

Esta plaza es de las más importantes de la península y, por tanto, su guarnición es numerosa y lucida, porque entre otras tropas se hallan aquí las que llaman guardias de infantería española. Un individuo de este cuerpo está en la misma posada que yo desde antes de la noche en que llegué; ha congeniado sumamente conmigo por su franqueza, cortesanía y persona; es muy joven, su vestido es el mismo que el de los soldados rasos, pero sus modales le distinguen fácilmente del vulgo soldadesco. Extrañé esta contradicción; ayer en la mesa, que en estas posadas llaman redonda, porque no tienen asiento preferente, viéndole tan familiar y tan bien recibido con los oficiales más viejos del cuerpo, que son muy respetables, no pudo aguantar un minuto más mi curiosidad acerca de su clase, y así le pregunté quién era. —Soy —me dijo— cadete de este cuerpo, y de la compañía de aquel caballero —señalando a un anciano venerable, con la cabeza cargada de canas, el cuerpo lleno de heridas y el aspecto guerrero—. —Sí, señor, y de mi compañía —respondió el viejo—. Es nieto y heredero de un compañero mío que mataron a mi lado en la batalla de Campo Santo [2]; tiene veinte años de edad y cinco de servicio: hace el ejercicio mejor que todos los granaderos del batallón; es un poco travieso, como los de su clase y edad, pero los viejos no lo extrañamos, porque son lo que fuimos, y serán lo que somos. —No sé qué grado es ese de cadete —dije yo—. —Esto se reduce —dijo otro oficial— a que un joven de buena

---

[1] *me precisaran,* «me obligaran».

[2] *La batalla de Campo Santo* (1743) tuvo lugar en la provincia de Módena (Italia) entre tropas españolas y austríacas. Tras una dura jornada de lucha, los españoles sufrieron grandes pérdidas y se vieron obligados a retirarse.

familia sienta plaza, sirve doce o catorce años, haciendo siempre el servicio de soldado raso, y después de haberse portado como es regular se arguía de su nacimiento, es promovido al honor de llevar una bandera con las armas del rey y divisa del regimiento. En todo este tiempo, suelen consumir, por la indispensable decencia con que se portan, sus patrimonios, y por las ocasiones de gastar que se les presentan, siendo su residencia en esta ciudad, que es lucida y deliciosa, o en la corte, que es costosa. —Buen sueldo gozarán —dije yo—, para estar tanto tiempo sin el carácter de oficial y con gastos como si lo fueran. —El prest[3] de soldado raso y nada más —dijo el primero—; en nada se distinguen, sino en que no toman ni aun eso, pues lo dejan con alguna gratificación más al soldado que cuida de sus armas y fornitura[4]. —Pocos habrá —insté yo— que sacrifiquen de ese modo su juventud y patrimonio. —¿Cómo pocos? —saltó el muchacho—. Somos cerca de 200, y si se admiten todos los que pretenden ser admitidos, llegaremos a dos mil. Lo mejor es que nos estorbamos mutuamente para el ascenso, por el corto número de vacantes y grande de cadetes; pero más queremos esperar montando centinelas con esta casaca, que dejarla. Lo más que hacen algunos de los nuestros es: benefician compañías[5] de caballería o dragones, cuando la ocasión se presenta, si se hallan ya impacientes de esperar; y aun así, quedan con tanto afecto al regimiento como si viviesen en él. — ¡Glorioso cuerpo —exclamé yo—, en que doscientos nobles ocupan el hueco de otros tantos plebeyos, sin más paga que el honor de la nación! ¡Gloriosa nación, que pro-

---

[3] *prest,* el haber diario de los soldados. El *Diccionario de Autoridades* lo registra bajo la forma *pre,* «voz modernamente introducida y tomada de los franceses».

[4] *fornitura,* otro galicismo *(forniture)* del lenguaje militar, con que se designa el correaje y cartuchera del soldado.

[5] *benefician compañías,* en el sentido de «obtener algún empleo, ministerio y cargo, mediante la anticipación y desembolso de alguna cantidad de dinero» *(Aut.).* El propio Cadalso *compró,* como dice el ms. O, o *benefició* una compañía, con lo que pudo obtener el grado de capitán.

duce nobles tan amantes de su rey! ¡Poderoso rey, que manda a una nación cuyos nobles individuos no anhelan más que a servirle, sin reparar en qué clase ni con qué premio!

CARTA XLVI

Ben-Beley a Nuño

Cada día me agrada más la noticia de la continuación de tu amistad con Gazel, mi discípulo. De ella infiero que ambos sois hombres de bien. Los malvados no pueden ser amigos. En vano se juran mil veces mutua amistad y estrecha unión; en vano uniforman su proceder; en vano trabajan unidos a algún objeto común: nunca creeré que se quieren. El uno engaña al otro, y éste al primero, por recíprocos intereses de fortuna o esperanza de ella. Para esto, sin duda necesitan ostentar una amistad firmísima con una aparente confianza. Pero de nadie se desconfían más que el uno del otro, porque el primero conoce los fraudes del segundo, a menos que se recaten mutuamente el uno del otro; en cuyo caso habrá mucha menor franqueza y, por consiguiente, menor amistad. No dudo que ambos se unan muy de veras en daño de un tercero; pero perdido éste, los dos inmediatamente riñen por quedar uno solo en posesión del bocado que arrebataron de las manos del perdido; así como dos salteadores de camino se juntan para robar al pasajero, pero luego se hieren mutuamente sobre repartir lo que han robado. De aquí viene que el pueblo ignorante se admire cuando ve convertida en odio la amistad que tan pura y firme le parecía. ¡Alá! ¡Alá!, dicen: ¿quién creyera que aquellos dos se separaran al cabo de tantos años? ¡Qué corazón el del hombre! ¡Qué inconstante! ¿Adónde te refugiaste, santa amistad? ¿Dónde te hallaremos? ¡Creíamos que tu asilo era el pecho de cualquiera de éstos dos, y ambos te destierran! Pero considérese las circunstancias de este caso, y se conocerá que todas éstas son varias declamaciones e injurias al corazón humano. Si el vulgo (tan discretamente llamado profano por un poeta filósofo latino [1], cuyas obras me envió Gazel), si el vulgo, digo, profano supiese la verdadera clave de esta y de otras maravillas, no se espantaría de tantas. Entendería que aquella amistad no lo fue, ni mereció más nombre que el de una mutua traición, conocida por ambas partes y mantenida por las mismas el tiempo que pareció conducente.

Al contrario, entre dos corazones rectos, la amistad crece con el trato. El recíproco conocimiento de las bellas prendas que por días se van descubriendo aumenta la mutua estimación. El consuelo que el hombre bueno recibe viendo crecer el fruto de la bondad de su amigo le estimula a cultivar más y más la suya propia. Este gozo, que tanto eleva al virtuoso, jamás puede llegar a gozarle, ni aun a conocerle, el malvado. La naturaleza le niega un número grande de gustos inocentes y puros, en trueque de las satisfacciones inicuas que él mismo se procura fabricar con su talento siniestramente dirigido. En fin, dos malvados felices a costa de delitos se miran con envidia, y la parte de prosperidad que goza el uno es tormento para el otro. Pero dos hombres justos, cuando se hallen en alguna situación dichosa, gozan no sólo de su propia dicha cada uno, sino también de la del otro. De donde se infiere que la maldad, aun en el mayor auge de la fortuna, es semilla abundante de recelos y sustos; y que, al contrario, la bondad, aun cuando parece desdichada, es fuente continua de gustos, delicias y sosiego.

Éste es mi dictamen sobre la amistad de los buenos y malos; y no lo fundo sólo en esta especulación, que me parece justa, sino en repetidos ejemplares que abundan en el mundo.

---

[1] *Odi profanum vulgus* es una famosa oda de Horacio, a quien Cadalso llama *poeta filósofo* con adjetivo encomiástico frecuente en el siglo. (Vid. Carta LIX, nota 9.)

CARTA XLVII

Veo que nos conformamos mucho en las ideas de virtud, amistad y vicio, como también en la justicia que hacemos al corazón del hombre en medio de la universal sátira que padece la humanidad en nuestros días. Bien me lo prueba tu carta, pero si se publicase pocos la entenderían. La mayor parte de los lectores la tendría por un trozo de moral abstracto y casi de ningún servicio en el trato humano. Reiríanse de ello los mismos que lloran algunas veces de resulta de no observarse semejante doctrina. Ésta es otra de nuestras flaquezas, y de las más antiguas, pues no fue el siglo de Augusto el primero que dio motivo a decir: *conozco lo mejor y sigo lo peor* [1]; y desde aquél al nuestro han pasado muchos, todos muy parecidos los unos a los otros.

CARTA XLVIII

De Nuño a Ben-Beley

He visto en una de las cartas que Gazel te escribe un retrato horroroso del siglo actual, y la ridícula defensa de él, hecha por un hombre muy superficial e ignorante. Partamos la diferencia tú y yo entre los dos pareceres;

---

[1] Traducción de la conocida frase de *Las Metamorfosis* de Ovidio, *video meliora, proboque; deteriora sequor,* cit. en la Carta LXVII.

y sin dejar de conocer que no es la era tan buena ni tan mala como se dice, confesemos que lo peor que tiene este siglo es que lo defiendan como cosa propia semejantes abogados. El que se ve en esta carta oponerse a la demasiado rigurosa crítica de Gazel es capaz de perder la más segura causa. Emprende la defensa, como otros muchos, por el lado que muestra más flaqueza y ridiculez. Si en lugar de querer sostener estas locuras se hiciera cargo de lo que merece verdaderos aplausos, hubiera dado sin duda al africano mejor opinión de la era en que vino a Europa. Otro efecto le hubiera causado una relación de la suavidad de costumbres, humanidad en la guerra, noble uso de las victorias, blandura en los gobiernos; los adelantamientos en las matemáticas y física; el mutuo comercio de talentos por medio de las traducciones que se hacen en todas las lenguas de cualquiera obra que sobresale en alguna de ellas. Cuando [1] todas estas ventajas no sean tan efectivas como lo parecen, pueden a lo menos hacer equilibrio con la enumeración de desdichas que hace Gazel; y siempre que los bienes y los males, los delitos y las virtudes estén en igual balanza, no puede llamarse tan infeliz el siglo en que se note esta igualdad, respecto del número que nos muestra la historia llenos de miserias y horrores, y sin una época siquiera que consuele al género humano.

---

[1] *Cuando,* «aun cuando, aunque». Es frecuente en el Siglo de Oro.

CARTA XLIX

Gazel a Ben-Beley

¿Quién creyera que la lengua tenida universalmente por la más hermosa de todas las vivas dos siglos ha, sea hoy una de las menos apreciables? Tal es la priesa[1] que se han dado a echarla a perder los españoles. El abuso de su flexibilidad, digámoslo así, la poca economía en figuras y frases de muchos autores del siglo pasado, y la esclavitud de los traductores de presente a sus originales, han despojado este idioma de sus naturales hermosuras, cuales eran laconismo, abundancia y energía. Los franceses han hermoseado el suyo al paso que los españoles lo han desfigurado. Un párrafo de Montesquieu[2] y otros coetáneos tiene tal abundancia de las tres hermosuras referidas, que no parecían caber en el idioma francés; y siendo anteriores con un siglo y algo más los autores que han escrito en buen castellano, los españoles del día parecen haber hecho asunto formal de humillar el lenguaje de sus padres. Los traductores e imitadores de los extranjeros son los que más han lucido en esta empresa. Como no saben su propia lengua, porque no se sirven tomar el trabajo de estudiarla, cuando se hallan con alguna hermosura en algún original francés, italiano o inglés, amontonan galicismos, italianismos y anglicismos, con lo cual consiguen todo lo siguiente:

1.º Defraudan el original de su verdadero mérito,

---

[1] *priesa:* así dicen los manuscritos. D-G corrigen injustificadamente poniendo «prisa».
[2] Antes de Montesquieu aparece en O el nombre de Voltaire, cuyas obras estaban totalmente prohibidas por la Inquisición española; ésta pudo haber sido la causa de que los censores lo eliminaran, como acreditan los demás manuscritos que conocemos.

pues no dan la verdadera idea de él en la traducción. 2.º Añaden al castellano mil frases impertinentes. 3.º Lisonjean al extranjero, haciéndole creer que la lengua española es subalterna a las otras. 4.º Alucinan a muchos jóvenes españoles, disuadiéndoles del indispensable estudio de su lengua natal.

Sobre estos particulares suele decirme Nuño: —Algunas veces me puse a traducir, cuando muchacho, varios trozos de literatura extranjera; porque así como algunas naciones no tuvieron a menos el traducir nuestras obras en los siglos en que éstas lo merecían, así debemos nosotros portarnos con ellas en lo actual. El método que seguí fue éste: leía un párrafo del original con todo cuidado; procuraba tomarle el sentido preciso; lo meditaba mucho en mi mente, y luego me preguntaba yo a mí mismo: si yo hubiese de poner en castellano la idea que me ha producido esta especie que he leído, ¿cómo lo haría? Después recapacitaba si algún autor antiguo español había dicho cosa que se le pareciese; si se me figuraba que sí, iba a leerlo, y tomaba todo lo que me parecía ser análogo a lo que deseaba. Esta familiaridad con los españoles del XVI siglo y algunos del XVII me sacó de muchos apuros, y sin esta ayuda es formalmente imposible el salir de ellos, a no cometer los vicios de estilo que son tan comunes. Más te diré. Creyendo la transmigración de las artes tan firmemente como cree la de las almas cualquiera buen pitagorista [3], he creído ver en el castellano y latín de Luis Vives, Alonso Matamoros, Pedro Ciruelo, Francisco Sánchez llamado el Brocense, Hurtado de Mendoza, Ercilla, fray Luis de Granada, fray Luis de León, Garcilaso, Argensola, Herrera, Álava, Cervantes y otros [4], las semillas que tan fe-

---

[3] *pitagorista* o «pitagórico» era el que admitía la teoría de los números de Pitágoras, de la que derivaron incluso su creencia en la metempsicosis o transmigración de las almas.

[4] Con los más acreditados poetas del siglo XVI, Garcilaso, Fray Luis, Herrera, Ercilla y los hermanos Argensola, incluye, además de Cervantes, a místicos como fray Luis de Granada; filósofos como Luis Vives; historiadores como Diego Hurtado de Mendoza

lizmente han cultivado los franceses de la mitad última del siglo pasado, de que tanto fruto han sacado los del actual. En medio del justo respeto que siempre han observado las plumas españolas en materias de religión y gobierno, he visto en los referidos autores excelentes trozos, así de pensamiento como de locución, hasta en las materias frívolas de pasatiempo gracioso; y en aquellas en que la crítica con sobrada libertad suele mezclar lo frívolo con lo serio, y que es precisamente el género que más atractivo tiene en lo moderno extranjero, hallo mucho en lo antiguo nacional, así impreso como inédito. Y en fin, concluyo que, bien entendido y practicado nuestro idioma, según lo han manejado los maestros arriba citados, no necesita más echarlo a perder en la traducción de lo que se escribe, bueno o malo, en lo restante de Europa; y a la verdad, prescindiendo de lo que han adelantado en física y matemática, por lo demás no hacen absoluta falta las traducciones.

Esto suele decir Nuño cuando habla seriamente en este punto.

CARTA L

Gazel a Ben-Beley

El uso fácil de la imprenta, el mucho comercio, las alianzas entre los príncipes y otros motivos han hecho comunes a toda la Europa las producciones de cada reino de ella. No obstante, lo que más ha unido a los sabios europeos de diferentes países es el número de tra-

---

y a otros menos conocidos: al orador y escritor Alonso García Matamoros (1490-1550), ya mencionado en la Carta XXI, nota 5; al preceptor de Felipe II y autor de diversas obras, Pedro Ciruelo (†1580); al Brocense (ya citado en la Carta XLIV, nota 8; y a ese Álava, que bien pudiera ser Diego de Álava, también aludido en la Carta XLIV, nota 8. Garcilaso, Cervantes y Mendoza se repiten en la Carta LXVII, y el último en la LXXVIII.

ducciones de unas lenguas en otras; pero no creas que esta comodidad sea tan grande como te figuras desde luego. En las ciencias positivas, no dudo que lo sea, porque las voces y frases para tratarlas en todos los países son casi las propias, distinguiéndose éstas muy poco en la sintaxis, y aquéllas sólo en la terminación, o tal vez en la pronunciación de las terminaciones; pero en las materias puramente de moralidad, crítica, historia o pasatiempo, suele haber mil yerros en las traducciones, por las varias índoles de cada idioma. Una frase, al parecer la misma, suele ser en la realidad muy diferente, porque en una lengua es sublime, en otra es baja, y en otra media. De aquí viene que no sólo no se da el verdadero sentido que tiene en una, si le traduce exactamente, sino que el mismo traductor no la entiende, y, por consiguiente, da a su nación una siniestra idea del autor extranjero, siguiendo a tanto exceso alguna vez este daño, que se dejan de traducir muchas cosas porque suenan mal a quien emprendiera de buena gana la traducción si le sonasen bien, como si le acompañaran las cosas necesarias para este ingrato trabajo, cuales son a saber: su lengua, la extraña, la materia y las costumbres también de ambas naciones. De aquí nace la imposibilidad positiva de traducirse algunas obras. El poema burlesco de los ingleses titulado *Hudibras* [1] no puede pasarse a lengua alguna del continente de Europa. Por lo mismo, nunca pasarán los Pirineos las letrillas satíricas de Góngora, y por lo propio muchas comedias de Molière jamás gustarán sino en Francia, aunque sean todas composiciones perfectas en sus líneas.

Esto, que parece desgracia, lo he mirado siempre como fortuna. Basta que los hombres sepan participarse los frutos que sacan de las ciencias y artes útiles, sin que tam-

---

[1] El *Hudibras* (en nuestro ms., «Hudibra») es el primer poema heroico-cómico inglés (1663-1678), obra de Samuel Butler (1612-1680), cuyo protagonista, sir Hudibras, es una especie de Don Quijote. Ya Voltaire, en la XXII de sus *Lettres philosophiques,* consideró este poema intraducible, juicio que seguramente tuvo en cuenta Cadalso, como bien suponen D-G.

bién se comuniquen sus extravagancias. La nobleza francesa tiene cierta especie de vanidad: exprésela el cómico censor en la comedia *Le Glorieux* [2], sin que esta necedad se comunique a la nobleza española; porque ésta, que es por lo menos tan vana como la otra, se halla muy bien reprendida del mismo vicio, a su modo, en la ejecutoria del drama intitulado *El Dómine Lucas* [3], sin que se pegue igual locura a la francesa. Hartas ridiculeces tiene cada nación sin copiar las extrañas. La imperfección en que se hallan aún hoy las facultades beneméritas de la sociedad humana prueba que necesita del esfuerzo unido de todas las naciones que conocen la utilidad de la cultura.

CARTA LI

De Gazel a Ben-Beley

Una de las palabras cuya explicación ocupa más lugar en el diccionario de mi amigo Nuño es la voz *política,* y su adjetivo derivado *político.* Quiero copiarte todo el párrafo; dice así:

«Política viene de la voz griega que significa ciudad, de donde se infiere que su verdadero sentido es la ciencia de gobernar los pueblos, y que los *políticos* son aquellos que están en semejantes encargos o, por lo menos, en carrera de llegar a estar en ellos. En este supuesto, aquí acabaría este artículo, pues venero su carácter; pero han usurpado este nombre estos sujetos que se hallan

---

[2] *Le Glorieux* es obra del comediógrafo francés Philippe Néricault (1680-1745), más conocido como Destouches.

[3] *El Dómine Lucas* era la obra más famosa del madrileño José de Cañizares (1676-1750), que gozó de cierta fama en la primera mitad del siglo XVIII. Como se ve, Cadalso compara a dos comediógrafos casi rigurosamente coetáneos.

muy lejos de verse en tal situación ni merecer tal respeto. Y de la corrupción de esta palabra mal apropiada a estas gentes nace la precisión de extenderme más.

«Políticos de esta segunda especie son unos hombres que de noche no sueñan y de día no piensan sino en hacer fortuna por cuantos medios se ofrezcan. Las tres potencias del alma racional y los cinco sentidos del cuerpo humano se reducen a una desmesurada ambición en semejantes hombres. Ni quieren, ni entienden, ni se acuerdan de cosa que no vaya dirigida a este fin. La naturaleza pierde toda su hermosura en el ánimo de ellos. Un jardín no es fragrante, ni una fruta es deliciosa, ni un campo es ameno, ni un bosque frondoso, ni las diversiones tienen atractivo, ni la comida les satisface, ni la conversación les ofrece gusto, ni la salud les produce alegría, ni la amistad les da consuelo, ni el amor les presenta delicia, ni la juventud les fortalece. Nada importan las cosas del mundo en el día, la hora, el minuto, que no adelantan un paso en la carrera de la fortuna. Los demás hombres pasan por varias alteraciones de gustos y penas; pero éstos no conocen más que un gusto, y es el de adelantarse, y así tienen, no por pena, sino por tormentos inaguantables, todas las varias contingencias e infinitas casualidades de la vida humana. Para ellos, todo inferior es un esclavo, todo igual un enemigo, todo superior un tirano. La risa y el llanto en estos hombres son como las aguas del río que han pasado por parajes pantanosos: vienen tan turbias, que no es posible distinguir su verdadero sabor y color. El continuo artificio, que ya se hace segunda naturaleza en ellos, los hace insufribles aun a sí mismos. Se piden cuenta del poco tiempo que han dejado de aprovechar en seguir por entre precipicios el fantasma de la ambición que les guía. En su concepto, el día es corto para sus ideas, y demasiado largo para las de los otros. Desprecian al hombre sencillo, aborrecen al discreto, parecen oráculos al público, pero son tan ineptos que un criado inferior sabe todas sus flaquezas, ridiculeces, vicios y tal vez delitos, según el muy verdadero proverbio francés, que *ninguno es héroe con su ayuda de cámara.* De aquí nace revelarse tantos secretos, descubrirse tantas maquinaciones y, en sustancia, mostrarse los hombres ser defectuosos, por más que quieran parecer semidioses.»

En medio de lo odioso que es y debe ser a lo común de los hombres el que está agitado de semejante delirio, y que a manera del frenético debiera estar encadenado porque no haga daño a cuantos hombres, mujeres y niños encuentre por las calles, suele ser divertido su manejo para el que lo ve de lejos. Aquella diversidad de astucias, ardides y artificios es un gracioso espectáculo para quien no la teme. Pero para lo que no basta la paciencia humana es para mirar todas estas máquinas manejadas por un ignorante ciego, que se figura a sí mismo tan incomprensible como los demás le conocen necio. Creen muchos de éstos que la mala intención puede suplir al talento, a la viveza, y al demás conjunto que se ven en muchos libros, pero en pocas personas.

CARTA LII

De Nuño a Gazel

Entre ser hombres de bien y no ser hombres de bien, no hay medio. Si lo hubiera, no sería tanto el número de pícaros. La alternativa de no hacer mal a alguno, o de atrasarse uno mismo si no hace mal a otro, es de una tiranía tan despótica que sólo puede resistirse a ella por la invencible fuerza de la virtud. Pero la virtud está muy desairada en la corrupción del mundo para tener atractivo alguno. Su mayor trofeo es el respeto de la menor parte de los hombres.

CARTA LIII

De Gazel a Ben-Beley

Ayer estábamos Nuño y yo al balcón de mi posada viendo a un niño jugar con una caña adornada de cintas y papel dorado.

—¡Feliz edad —exclamé yo—, en que aún no conoce el corazón las penas verdaderas y falsos gustos de la vida! ¿Qué le importan a este niño los grandes negocios del mundo? ¿Qué daño le pueden ocasionar los malvados? ¿Qué impresión pueden hacer las mudanzas de la suerte próspera u adversa en su tierno corazón? Los caprichos de la fortuna le son indiferentes. ¡Dichoso el hombre si fuera siempre niño!

—Te equivocas —me dijo Nuño—. Si se le rompe esa caña con que juega; si otro compañero se la quita; si su madre le regaña porque se divierte con ella, le verás tan afligido como un general con la pérdida de la batalla, o un ministro en su caída. Créeme, Gazel, la miseria humana se proporciona a la edad de los hombres; va mudando de especie conforme el cuerpo va pasando por edades, pero el hombre es mísero desde la cuna al sepulcro [1].

---

[1] *desde la cuna al sepulcro* es expresión que recuerda el título de la obra de Quevedo *La cuna y la sepultura.* También en la Carta XXVII había escrito Cadalso: «la tumba es una cuna nueva...» Véase asimismo la nota 17 de las *Noches lúgubres.*

CARTA LIV

GAZEL A BEN-BELEY

La voz *fortuna* y la frase *hacer fortuna* me han gustado en el diccionario de Nuño. Después de explicarlas, añade lo siguiente:

«El que aspire a hacer fortuna por medios honrosos no tiene más que uno en que fundar su esperanza, a saber, el mérito. El que sea menos escrupuloso tiene mayor número en que escoger, a saber, todos los vicios y las apariencias de todas las virtudes. Escoja según las circunstancias lo que más le convenga, o por junto o por menor, ocultamente o a las claras, con moderación o sin ella.»

CARTA LV

DEL MISMO AL MISMO

—¿Para qué quiere el hombre hacer fortuna? —decía Nuño a uno que no piensa en otra cosa—. Comprendo que el pobre necesitado anhele a tener con qué comer y que el que está en mediana constitución aspire a procurarse algunas más conveniencias; pero tanto conato y desvelo para adquirir dignidades y empleos, no veo a qué conduzcan. En el estado de medianía en que me hallo, vivo con tranquilidad y sin cuidado, sin que mis operaciones sean objeto de la crítica ajena, ni motivo para remordimientos de mi propio corazón. Colocado en la altura que tú apeteces, no comeré más, ni dormiré mejor, ni tendré más amigos, ni he de libertarme de las enfermedades comunes a todos los hombres; por consiguiente, no tendría entonces más gustosa vida que tengo ahora. Sólo una reflexión me hizo en otros tiempos pensar alguna vez en declararme cortesano de la fortuna y solicitar sus favores. ¡Cuán gustoso me sería, decíame yo a mí mismo, el tener en mi mano los medios de hacer bien a mis amigos! Y luego llamaba mi memoria los nombres y prendas de mis más queridos, y los empleos que les daría cuando yo fuese primer ministro; pues nada menos apetecía, porque con nada menos se contentaba mi oficiosa ambición. Éste es mozo de excelentes costumbres, selecta erudición y genio afable: quiero darle un obispado. Otro sujeto de consumada prudencia, genio desinteresado y lo que se llama don de gentes, hágalo virrey de Méjico. Aquél es soldado de vocación, me consta su valor personal, y su cabeza no es menos guerrera que su brazo: le daré un bastón de general. Aquel otro, sobre ser de una casa de las más distinguidas del reino, está impuesto en el derecho de gentes, tiene un mayorazgo cuantioso, sabe disimular una pena y un gusto, ha tenido la curiosidad de leer todos los tratados de paces, y tiene de estas obras la más completa colección: le enviaré a cualquiera de las embajadas de primera clase; y así de los demás amigos.

¡Qué consuelo para mí cuando me pueda mirar como segundo criador de todos éstos! No sólo mis amigos serán partícipes de mi fortuna, sino también con más fuerte razón lo serán mis parientes y criados. ¡Cuántos primos, sobrinos y tíos vendrán de mi lugar y los inmediatos a acogerse a mi sombra! No seré yo como muchos poderosos que desconocen a sus parientes pobres. Muy al contrario, yo mismo presentaré en público todos estos novicios de fortuna hasta que estén colocados, sin negar los vínculos con que naturaleza me ligó a ellos. A su llegada necesitarán mi auxilio; que después ellos mismos se harán lugar por sus prendas y talentos, y más por la obligación de dejarme airoso.

Mis criados también, que habrán sabido asistir con lealtad y trabajo a mi persona, pasar malas noches, llevar mis órdenes y hacer mi voluntad, ¡cuán acreedores son a mi beneficencia! Colocaréles en varios empleos de honra y provecho. A los diez años de mi elevación, la mitad del imperio será hechura mía, y moriré con la complacencia de haber colmado de bienes a cuantos hombres he conocido.

Esta consideración es sin duda muy grata para quien tiene un corazón naturalmente benigno y propenso a la amistad; es capaz de mover el pecho menos ambicioso, y sacar de su retiro al hombre más apartado para hacerle entrar en las carreras de la fortuna y autoridad. Pero dos reflexiones me entibiaron el ardor que me había causado este deseo de hacer bien a otros. La primera es la ingratitud tan frecuente, y casi universal, que se halla en las hechuras, aunque sea de la más inmediata obligación; de lo cual cada uno puede tener suficientes ejemplos en su respectiva esfera. La segunda es que el poderoso así colocado no puede dispensar los empleos y dignidades según su capricho ni voluntad, sino según el mérito de los concurrentes. No es dueño, sino administrador de las dignidades, y debe considerarse como hombre caído de las nubes, sin vínculos de parentesco, amistad ni gratitud, y, por tanto, tendrá mil veces que negar su protección a las personas de su mayor aprecio por no hacer agravio a un desconocido benemérito.

Sólo puede disponer a su arbitrio —añadió Nuño— de los sueldos que goza, según los empleos que ejerce, y de su patrimonio peculiar.

CARTA LVI

Del mismo al mismo

Los días de correo u de ocupación suelo pasar después de comer a una casa inmediata a la mía, donde se juntan bastantes gentes que forman una graciosa tertulia. Siempre he hallado en su conversación cosa que me quite la melancolía y distraiga de cosas serias y pesadas; pero la ocurrencia de hoy me ha hecho mucha gracia. Entré cuando acababan de tomar café y empezaban a conversar. Una señora se iba a poner al clave [1]; dos señoritos de poca edad leían con mucho misterio un papel en el balcón; otra dama estaba haciendo una escarapela [2]; un oficial joven estaba vuelto de espaldas a la chimenea; uno viejo empezaba a roncar sentado en un sillón a la lumbre; un abate miraba al jardín, y al mismo tiempo leía algo en un libro negro y dorado; y otras gentes hablaban. Saludáronme al entrar todos. menos unas tres señoras y otros tantos jóvenes que estaban embebidos en una conversación al parecer la más seria.

—Hijas mías —decía una de ellas—, nuestra España nunca será más de lo que es. Bien sabe el cielo que me muero de pesadumbre, porque quiero bien a mi patria.

—Vergüenza tengo de ser española —decía la segunda—.

—¿Qué dirán las naciones extrañas? —decía la que faltaba. — ¡Jesús, y cuánto mejor fuera haberme quedado

---

[1] *clave* es el «clavicordio», instrumento antiguo de música parecido al piano de cola. «Es voz compuesta de clave y cuerda» (*Aut.*), lo que justifica el nombre del texto.

[2] *escarapela*, «cierto género de divisa, compuesta de cintas de diversos colores..., la cual se pone y trae cosida en el sombrero... y sirve para declarar y manifestar el partido que uno sigue: lo que de ordinario se usa en la milicia...» (*Aut.*).

yo en el convento en Francia, que no venir a España a ver estas miserias! —dijo la que aún no había hablado. —Teniente coronel soy yo, y con algunos méritos extraordinarios; pero quisiera ser alférez de húsares en Hungría primero que vivir en España —dijo uno de los tres que estaban con las tres. —Bien lo he dicho yo mil veces —dijo uno del triunvirato—, bien lo he dicho yo: la monarquía no puede durar lo que queda del siglo; la decadencia es rápida, la ruina inmediata. ¡Lástima como ella! ¡Válgame Dios! —Pero, señor —dijo el que quedaba— ¿no se toma providencia para semejantes daños? Me aturdo. Crean ustedes que en estos casos siente un hombre saber leer y escribir. ¿Qué dirán de nosotros más allá de los Pirineos?

Asustáronse todos al oír tales lamentaciones. —¿Qué es esto? —decían unos. —¿Qué hay? —repetían otros. Proseguían las tres parejas con sus quejas y gemidos, deseoso cada uno y cada una de sobresalir en lo enérgico. Yo también sentíme conmovido al oír tanta ponderación de males, y, aunque menos interesado que los otros en los sucesos de esta nación, pregunté cuál era el motivo de tanto lamento. —¿Es acaso —dije yo— alguna noticia de haber desembarcado los argelinos en la costa de Andalucía y haber devastado aquellas hermosas provincias? —No, no —me dijo una dama—; no, no; más que eso es lo que lloramos. —¿Se ha aparecido alguna nueva nación de indios bravos y han invadido el Nuevo Méjico por el Norte? —Tampoco es eso, sino mucho más que eso —dijo otra de las patriotas. —¿Alguna peste —insté yo— ha acabado con todos los ganados de España, de modo que esta nación se vea privada de sus lanas preciosísimas? —Poco importa eso —dijo uno de los celosos ciudadanos— respecto de lo que pasa.

Fuiles diciendo otra infinidad de daños públicos a que están expuestas las monarquías, preguntando si alguno de ellos había sucedido, cuando al cabo de mucho tiempo, lágrimas, sollozos, suspiros, quejas, lamentos, llantos, y hasta invectivas contra los astros y estrellas, la que había callado, y que parecía la más juiciosa de todas, exclamó con voz muy dolorida: —¿Creerás, Gazel, que en todo Madrid no se ha hallado cinta de este color, por más que se ha buscado?[3]

CARTA LVII

Gazel a Ben-Beley

Si los vicios comunes en el método europeo de escribir la historia son tan capitales como te tengo avisado, te espantará otro mucho mayor y más común en la historia que llaman universal. Apenas hay nación en Europa que no haya producido un escritor, o bien compendioso, o bien extenso, de la historia universal; pero ¿qué trazas de ser universal? A más de las preocupaciones que guían las plumas, y los respetos que atan las manos a estos historiadores generales, comunes con los iguales obstáculos de los historiadores particulares, tienen uno muy singular y peculiar de ellos, y es que cada uno, escribiendo con individualidad los fastos de su nación, los anales gloriosos de sus reyes y generales, los progresos hechos por sus sabios en las ciencias, contando cada cosa de éstas con unas menudencias en realidad despreciables, cree firmemente que cumple para con las demás naciones en referir cuatro o cinco épocas notables, y nombrar cuatro o cinco hombres grandes, aunque sea desfigurando sus nombres. El historiador universal inglés gastará muchas hojas en la noticia de quién fue cualquiera de sus corsarios, y apenas dice que hubo un Tu-

---

[3] Aunque la burla tan exagerada alcance lo grotesco, la intención de Cadalso no es sólo condenar la superficialidad de las tertulias y de los contertulios, sino insistir, una vez más, en sus ataques a ciertas modas y convencionalismos del vestuario. (Cfr. la Carta XXXIII, nota 2.)

rena [1] en el mundo. El francés nos dirá de buena gana
con igual exactitud quién fue el primer actor que mudó
el sombrero por el morrión en los papeles de su teatro,
y por poco se olvida quién fue el duque de Malboroug [2]

— ¡Qué chasco el que acabo de llevar! —díjome Nuño
pocos días ha—, ¡qué chasco, cuando, engañado por el
título de una obra en que el autor nos prometía la vida
de todos los grandes hombres del mundo, voy a buscar
unos cuantos amigos de mi mayor estimación, y no me
hallé ni siquiera con el nombre de ellos! Voy por el abecedario a encontrar los Ordoños, Sanchos, Fernandos de
Castilla, los Jaimes de Aragón, y nada, nada dice de
ellos.

Entre tantos hombres grandes como desperdiçiaron su
sangre durante ocho siglos en ayudar a su patria a sacudir el yugo de tus abuelos, apenas dos o tres han merecido la atención de este historiador. Botánicos insignes, humanistas, estadistas, poetas, oradores anteriores
con más de un siglo, y algunos dos, a las academias francesas, quedan sepultados en el olvido si no se leen más
historias que éstas. Pilotos vizcaínos, andaluces, portu-
gueses, que navegaron con tanta osadía como pericia, y
por consiguiente tan beneméritos de la sociedad, quedan
cubiertos con igual velo. Los soldados catalanes y aragoneses, tan ilustres en ambas Sicilias y sus mares por
los años 1280 [3], no han parecido dignos de fama póstuma a los tales compositores. Doctores cordobeses de tu

---

[1] El vizconde de Turena (1611-1675) sobresalió, como general
francés, en la Guerra de los Treinta Años.

[2] El duque de Marlborough (1650-1722), el célebre *Mambrú*
de la canción popular, intervino en la Guerra de Sucesión española como general inglés, en favor del Archiduque de Austria.
Fue, por tanto, contrario a las tropas borbónicas francesas. Esto
explica que pueda olvidarlo un historiador francés, atento, en cambio, a la evolución del teatro de su país y a sus cambios de vestuario, como el del sombrero por el *morrión,* es decir, la parte de
la armadura que cubría la cabeza.

[3] En 1282 tuvo lugar el levantamiento del pueblo de Sicilia
contra los franceses, conocido con el nombre de *Vísperas Sicilia-
nas.* El rey de Aragón, Pedro III, mandó una gran armada, que,
después de derrotar a la francesa, se apoderó de Sicilia.

religión y descendientes de tu país, que conservaron las ciencias en España mientras ardía la península en guerras sangrientas, tampoco ocupan una llana[4] en la tal obra.

Creo que se quejarán de igual descuido las demás naciones, menos la del autor. ¿Qué mérito, pues, para llamarse universal? Si un sabio de Siam-China se aplicase a entender algún idioma europeo y tuviese encargo de su soberano de leer una historia de éstos, e informarle de su contenido, juzgo que ceñiría su dictamen a estas pocas líneas: «He leído la historia universal cuyo examen se me ha cometido[5], y de su lectura infiero que en aquella pequeña parte del mundo que llaman Europa no hay más que una nación cultivada, es a saber la patria del autor; y los demás son unos países incultos, o poco menos, pues apenas tiene media docena de hombres ilustres cada una de ellas, por más que nos hayan quedado tradiciones de padres a hijos, por las cuales sabemos que centenares de años ha, arribaron a nuestras costas algunos navíos con hombres europeos, los cuales dieron noticia de que sus países en diferentes eras han producido varones dignos de la admiración de la posteridad. Digo que los tales viajeros deben ser despreciados por sospechosos en punto de verdad en lo que contaron de sus patrias y patriotas, pues apenas se habla de ellas ni de sus hijos en esta historia universal, escrita por un europeo, a quien debemos suponer completamente instruido en las letras de toda Europa, pues habla de toda ella».

En efecto, amigo Ben-Beley, no creo que se pueda ver jamás una historia universal completa, mientras se

---

[4] *llana*, «plana».

[5] *cometer*, «encomendar», normal en la época clásica y todavía vivo en el siglo XVIII. No es fácil saber a qué diccionario biográfico francés o inglés se refiere Cadalso (varias hipótesis hay en la edición de D-G, pág. 124), aunque bien pudiera tratarse de una mera referencia genérica a la parcialidad de las historias universales extranjeras.

siga el método de escribirla uno solo o muchos de un mismo país.

¿No se juntaron los astrónomos de todos los países para observar el paso de Venus por el disco del sol? [6] ¿No se comunican todas las academias de Europa sus observaciones astronómicas, sus experimentos físicos y sus adelantamientos en todas las ciencias? Pues señale cada nación cuatro o cinco de sus hombres los más ilustrados, menos preocupados, más activos y más laboriosos, trabajen éstos a los anales en lo respectivo a su patria, júntense después las obras que resultan del trabajo de los de cada nación, y de aquí se forma una verdadera historia universal, digna de todo aquel tal cual crédito que merecen las obras de los hombres.

CARTA LVIII

GAZEL A BEN-BELEY

Hay una secta de sabios en la república literaria que lo son a poca costa: éstos son los críticos. Años enteros, y muchos, necesita el hombre para saber algo en las ciencias humanas; pero en la crítica, cual se usa, desde el primero día es uno consumado. Sujetarse a los lentos progresos del entendimiento en las especulaciones matemáticas, en las experiencias de la física, en los laberintos de la historia, en las confusiones de la jurisprudencia es no acordarnos de la cortedad de nuestra vida, que por lo regular no pasa de sesenta años, rebajando de éstos lo que ocupa la debilidad de la niñez, el desenfreno de la juventud y las enfermedades de la vejez. Se humilla mucho nuestro orgullo con esta reflexión: el tiem-

---

[6] En 1769 hubo efectivamente, en California, una reunión de astrónomos para comprobar el paso de Venus.

po que he de vivir, comparado con el que necesito para
saber, es tal, que apenas merece llamarse tiempo. ¡Cuánto
más nos lisonjea esta determinación! Si no puedo por
este motivo aprender facultad alguna, persuado al mundo
y a mí mismo que las poseo todas, y pronuncio *ex
tripode* [1] sobre cuanto oiga, vea y lea.

Pero no creas que en esta clase se comprende a los
verdaderos críticos. Los hay dignísimos de todo respeto.
Pues ¿en qué se diferencian y cómo se han de distinguir?
preguntarás. La regla fija para no confundirlos es ésta:
los buenos hablan poco sobre asuntos determinados, y
con moderación; los otros son como los toros, que forman
la intención, cierran los ojos, y arremeten a cuanto
encuentran por delante, hombre, caballo, perro, aunque
se claven la espada hasta el corazón. Si la comparación te
pareciere baja, por ser de un ente racional con un bruto,
créeme que no lo es tanto, pues apenas puedo llamar
hombres a los que no cultivan su razón, y sólo se valen
de una especie de instinto que les queda para hacer
daño a todo cuanto se les presente, amigo o enemigo,
débil o fuerte, inocente o culpado.

---

[1] *ex tripode,* locución latina, paralela a *ex cathedra,* pero referida al «asiento que servía en el templo de Apolo para las mujeres fatídicas, por quien figuraban hablaba el oráculo» *(Aut.).* El Padre Isla había utilizado la misma expresión en el *Fray Gerundio.* (Vid. también Cartas XV, nota 1; LXVII, nota 2; LXXVIII, nota 9, y LXXX, nota 9.)

CARTA LIX

Del mismo al mismo

Dicen en Europa que la historia es el libro de los reyes. Si esto es así, y la historia se prosigue escribiendo como hasta ahora, creo firmemente que los reyes están destinados a leer muchas mentiras a más de las que oyen. No dudo que una relación exacta de los hechos principales de los hombres, y una noticia de la formación, auge, decadencia y ruina de los estados, darían en breves hojas a un príncipe lecciones de lo que ha de hacer, sacadas de lo que otros han hecho. Pero ¿dónde se halla esta relación y esta noticia? No la hay, Ben-Beley, no la hay ni la puede haber. Esto último te espantará, pero se te hará muy fácil de creer si lo reflexionas. Un hecho no se puede escribir sino en el tiempo en que sucede, o después de sucedido. En el tiempo del evento, ¿qué pluma se encargará de ello, sin que la detenga la razón de estado, o alguna preocupación? Después del cabo [1], ¿sobre qué documento ha de trabajar el historiador que lo transmita a la posteridad, sino sobre lo que dejaron escrito las plumas que he referido?

Yo mandara quemar de buena gana, decía yo a Nuño en la tertulia, pocos días ha, todas las historias menos la del siglo presente. Daría el encargo de escribir ésta a algún hombre lleno de crítica, imparcialidad y juicio. Los meros hechos, sin aquellas reflexiones que comúnmente hacen más importante el mérito del historiador

---

[1] *después del cabo,* expresión que podría interpretarse como «acabado el hecho», «una vez finalizado», etc., a partir de las locuciones entonces frecuentes *de cabo a cabo.* No debe descartarse, sin embargo, que se trate de una forma errada, que también estaría en los ms. H y L, ya que en O consta *caso.*

que el peso de la historia en la mente de los lectores, formarían todos la obra. —¿Y dónde se imprimiría? —dijo Nuño—. ¿Y quién la leería? ¿Y qué efectos produciría? ¿Y qué pago tendría el escritor? Era menester —añadió con gracia—, era menester imprimirla junto al cabo de Hornos o al de Buena Esperanza, y leerla a los hotentotes o a los patagones[2], y aun así me temo que algunos sabios de los que habrá sin duda a su modo entre aquéllos que nosotros nos servimos llamar salvajes, diría al oír tantos y tales sucesos al que los estuviera leyendo: «Calla, calla, no leas esas fábulas llenas de ridiculeces y barbaridades»; y los mozos proseguirían su danza, caza o pesca, sin creer que hubiese en el mundo conocido parte alguna donde pudiesen suceder tales cosas.

Prosígase, pues, escribiendo la historia como se hace en el día. Déjense a la posteridad noticias de nuestro siglo, de nuestros héroes y de nuestros abuelos, con poco más o menos la misma autoridad que las que nos envió la antigüedad acerca de los trabajos de Hércules y de la conquista del vellocino[3]. Equivóquese la fábula con la historia, sin más diferencia que escribirse ésta en prosa y la otra en verso; sea la armonía diferente, pero la verdad la misma, y queden nuestros hijos tan ignorantes de lo que sucede en nuestro siglo como nosotros lo estamos de lo que sucedió en el de Eneas.

Uno de los tertulianos[4] quiso partir la diferencia entre el proyecto irónico de Nuño y lo anteriormente ex-

---

[2] La preocupación o mención de los pueblos primitivos o salvajes es constante en los escritores del siglo XVIII. En este caso se trata de los *hotentotes,* negros del sur de África, donde está el cabo de Buena Esperanza; y de los *patagones,* indios del sur de América, en la Patagonia, donde está el cabo de Hornos. (Véase también Carta LXXXIX, nota 1.)

[3] Entre los mitos griegos son famosos tanto las hazañas de Hércules, sobre todo las que se conocen con el nombre de *los doce trabajos,* y la expedición de los argonautas, al mando de Jasón, a la conquista del vellocino de oro, vellón que, colgado de un roble en el bosque sagrado de Marte, estaba guardado por un enorme dragón.

[4] *tertulianos* era la forma usual en la época para designar a los que hoy denominamos «contertulios».

puesto, opinando que se escribiesen tres géneros de historias en cada siglo: uno para el pueblo, en la que hubiese efectivamente caballos llenos de hombres y armas, dioses amigos y contrarios, y sucesos maravillosos [5]; otro más auténtico, pero no tan sincero, que descubriese del todo los resortes [6] que mueven las grandes máquinas; éste sería del uso de la gente mediana; y otro cargado de reflexiones políticas y morales, en impresiones poco numerosas, meramente reservadas *ad usum Principum* [7].

No me parece mal esta treta en lo político, y creo que algunos historiadores españoles lo han ejecutado, a saber: Garibay con la primera mira, Mariana con la segunda, y Solís con la tercera [8]. Pero yo no soy político ni aspiro a serlo; deseo sólo ser filósofo [9], y en este ánimo digo que la verdad sola es digna de llenar el tiempo y ocupar la atención de todos los hombres, aunque singularmente a los que mandan a otros.

---

[5] Referencia al caballo de madera introducido en Troya por los griegos y a la participación, en los poemas homéricos, de los dioses paganos en los hechos de los hombres.

[6] *resortes:* vid. Carta LXXXVIII, nota 2.

[7] *ad usum Principum;* «para los dirigentes políticos» o «príncipes», como Maquiavelo llama al protagonista de su famoso tratado; compárese con *ad usum Delphini,* lo destinado al uso del delfín, primogénito del rey de Francia.

[8] Cadalso establece una jerarquía entre los tres historiadores según su finalidad: Esteban de Garibay (1525-1599) fue humanista y bibliotecario de Felipe II; su obra *Compendio historial de las crónicas y universal historia de todos los reinos de España* (1571) es precisamente censurada por su falta de rigor crítico. La *Historia* de Juan de Mariana (1536-1624) es considerada como un modelo de prosa histórica; y la *Historia de la conquista de México,* de Antonio de Solís (1610-1686), destaca por su mayor carga intelectual y por los efectos dramáticos que consigue. (Para Mariana y Solís, vid. Carta VIII, nota 2.)

[9] *filósofo,* en la amplia acepción del siglo XVIII: el hombre que piensa y actúa reflexiva y «virtuosamente», como también decían los ilustrados.

CARTA LX

Del mismo al mismo

Si los hombres distinguiesen el uso del abuso y el hecho del derecho, no serían tan frecuentes, tercas e insufribles sus controversias en las conversaciones familiares. Lo contrario, que es lo que se practica, causa una continua confusión, que mezcla mucha amargura en lo dulce de la sociedad. Las preocupaciones de cada individuo hacen más densa la tiniebla, y se empeñan los hombres en que ven más claro mientras más cierran los ojos.

Pero donde se palpa más el abuso de esta costumbre es en la conversación de las naciones, o ya cuando se habla de su genio, o ya de sus costumbres, o ya de su idioma. —Me acuerdo de haber oído contar a mi padre —dice Nuño hablando de esto mismo— que a últimos del siglo pasado, tiempo de la enfermedad de Carlos II, cuando Luis XIV tomaba todos los medios de adquirirse el amor de los españoles, como principal escalón para que su nieto subiese al trono de España, todas las escuadras francesas tenían orden de conformarse en cuanto pudiesen con las costumbres españolas, siempre que arribasen a algún puerto de la península. Éste formaba un punto muy principal de la instrucción que llevaban los comandantes de escuadras, navíos y galeras. Era muy arreglado a la buena política, y podía abrir mucho camino para los proyectos futuros; pero el abuso de esta sabia precaución hubo de tener malos efectos con un lance sucedido en Cartagena[1]. El caso es que llegó a

---

[1] Según D-G, «la sustancia de esta anécdota se encuentra en los *Voyages du P. Labat en Espagne et en Italie (1705-1706)*, París, 1730, págs. 264-265».

aquel pueblo una corta escuadra francesa. Su comandante destacó un oficial en una lancha para presentarse al gobernador y cumplimentarle de su parte; mandóle que antes de desembarcar en el muelle, observase si en el traje de los españoles había alguna particularidad que pudiese imitarse por la oficialidad francesa, en orden a conformarse en cuanto pudiesen con las costumbres del país, y que le diese parte inmediatamente antes de saltar en tierra. Llegó al muelle el oficial a las dos de la tarde, tiempo el más caluroso de una siesta de julio. Miró qué gentes acudían al desembarcadero; pero el rigor de la estación había despoblado el muelle, y sólo había en él por casualidad un grave religioso con anteojos puestos, y no lejos un caballero anciano, también con anteojos. El oficial francés, mozo intrépido, más apto para llevar un brulote[2] a incendiar una escuadra o para abordar un navío enemigo, que para hacer especulaciones morales sobre las costumbres de los pueblos, infirió que todo vasallo de la Corona de España, de cualquier sexo, edad u clase que fuese, estaba obligado por alguna ley hecha en cortes, o por alguna pragmática sanción[3] en fuerza de ley, a llevar de día y de noche un par de anteojos por lo menos. Volvió a bordo de su comandante, y le dio parte de lo que había observado. Decir cuál fue el apuro de toda la oficialidad para hallar tantos pares de anteojos cuantas narices había, es inexplicable. Quiso la casualidad que un criado de un oficial, que hacía algún género de comercio en los viajes de su amo, llevase unas cuantas docenas de anteojos, y de contado[4] se pusieron los suyos el oficial, algunos que le acompañaron, y la tripulación de la lancha de vuelta para el desembarcadero. Cuando volvieron a él, la noticia de haber llegado la escuadra francesa había llenado el muelle de gente, cuya sorpresa no fue compatible con cosa de este mundo cuando desembarcaron los oficiales franceses, mozos por

---

[2] *brulote,* vid. Carta VII, nota 3.
[3] *pragmática sanción* es la disposición legislativa de un rey sobre una materia fundamental.
[4] *de contado,* «de presente, luego, al instante» *(Aut.).*

la mayor parte primorosos en su traje, alegres en su porte y risueños en su conversación, pero cargados con tan importunos muebles[5]. Dos o tres compañías de soldados de galeras[6], que componían parte de la guarnición, habían acudido con el pueblo; y como aquella especie de tropa anfibia se componía de la gente más desalmada de España, no pudieron contenerse la risa. Los franceses, poco sufridos, preguntaron la causa de aquella mofa con más gana de castigarla que de inquirirla. Los españoles duplicaron las carcajadas, y la cosa paró en lo que se puede creer entre el vulgo soldadesco. Al alboroto acudió el gobernador de la plaza y el comandante de la escuadra. La prudencia de ambos, conociendo la causa de donde dimanaba el desorden y las consecuencias que podía tener, apaciguó con algún trabajo las gentes, no habiendo tenido poco para entenderse los dos jefes, pues ni éste entendía el francés ni aquél el español[7]; y menos se entendían un capellán de la escuadra y un clérigo de la plaza, que con ánimo de ser intérpretes empezaron a hablar latín, y nada comprendieron de las mutuas respuestas y preguntas por la grande variedad de la pronunciación, y el mucho tiempo que el primero gastó en reírse del segundo porque pronunciaba ásperamente la *j*, y el segundo del primero porque pronunciaba el diptongo *au* como si fuese *o*, mientras los soldados y marineros se mataban.

---

[5] *muebles,* en el sentido de «bienes que se pueden mover y llevar de una parte a otra» *(Aut.),* aquí aplicado a los anteojos. Entre los bienes muebles se contaban las joyas y objetos preciosos y los anteojos estaban en general guarnecidos de plata o de concha. Para otra acepción, véase Carta LXXV, nota 6.

[6] *soldados de galera,* o sea, de las embarcaciones «donde tiene el Rey los esclavos y forzados» *(Aut.),* lo que explica que sean «la gente más desalmada de España».

[7] *éste* y *aquél* no se corresponden con el orden gramatical en que ha mencionado a los dos jefes. Pero en Cadalso no cuenta la lógica de la gramática: *aquél* es, pues, el extranjero; y *éste,* el gobernador de Cartagena.

CARTA LXI

En esta nación hay un libro muy aplaudido por todas las demás. Lo he leído, y me ha gustado sin duda; pero no deja de mortificarme la sospecha de que el sentido literal es uno, y el verdadero es otro muy diferente. Ninguna obra necesita más que ésta el diccionario de Nuño. Lo que se lee es una serie de extravagancias de un loco, que cree que hay gigantes, encantadores, etcétera; algunas sentencias en boca de un necio, y muchas escenas de la vida bien criticada; pero lo que hay debajo de esta apariencia es, en mi concepto, un conjunto de materias profundas e importantes [1].

Creo que el carácter de algunos escritores europeos (hablo de los clásicos de cada nación) es el siguiente: los españoles escriben la mitad de lo que imaginan; los franceses más de lo que piensan, por la calidad de su estilo; los alemanes lo dicen todo, pero de manera que la mitad no se les entiende; los ingleses escriben para sí solos.

---

[1] Un testimonio más, y bien significativo, de la devoción cervantina de Cadalso, que sabe apreciar en el *Quijote* no sólo su ironía y lances graciosos, sino también su profundo sentido.

CARTA LXII

El estilo de tu carta, que acabo de recibir, me prueba
ser verdad lo que Gazel me ha escrito de ti tan repetidas veces. No dudaba yo que pudiese haber hombres
de bien entre vosotros. Jamás creí que la honradez y
rectitud fuese peculiar a éste u a otro clima; pero aun
así creo que ha sido singular fortuna de Gazel el encontrar contigo. Le encargo que te frecuente, y a ti que
me envíes una relación de tu vida, prometiéndote que te
enviaré una muy exacta de la mía, pues a lo que veo
somos tales los dos, que merecemos mutuamente tener
un perfecto conocimiento el uno del otro. Alá te guarde.

CARTA LXIII

GAZEL A BEN-BELEY

Arreglado a la definición de la voz *política* y su derivado *político*, según la entiende mi amigo Nuño, veo
un número de hombres que desean merecer este nombre.
Son tales, que con el mismo tono dicen la verdad y la
mentira; no dan sentido alguno a las palabras *Dios, padre, madre, hijo, hermano, amigo, verdad, obligación,*

---

[1] *respuesta de la XLII:* en F y en todos los ms., «respuesta de
la 41». Esto parece indicar que hubo cambios en la ordenación
de las cartas.

deber, justicia y otras muchas que miramos con tanto respeto y pronunciamos con tanto cuidado los que no nos tenemos por dignos de aspirar a tan alto timbre con tan elevados competidores. Mudan de rostro mil veces más a menudo que de vestido. Tienen provisión hecha de cumplidos, de enhorabuenas y de pésame. Poseen gran caudal de voces equívocas; saben mil frases de mucho boato y ningún sentido. Han adquirido a costa de inmenso trabajo cantidades innumerables de ceños, sonrisas, carcajadas, lágrimas, sollozos, suspiros y (para que se vea lo que puede el entendimiento humano) hasta desmayos y accidentes. Viven sus almas en unos cuerpos flexibles y manejables que tienen varias docenas de posturas para hablar, escuchar, admirar, despreciar, aprobar y reprobar, extendiéndose esta profunda ciencia teórico-práctica desde la acción más importante hasta el gesto más frívolo. Son, en fin, veletas que siempre señalan el viento que hace, relojes que notan la hora del sol, piedras que manifiestan la ley del metal y una especie de índice general del gran libro de las cortes. ¿Pues cómo estos hombres no hacen fortuna? Porque gastan su vida en ejercicios inútiles y vagos ensayos de su ciencia. ¿De dónde viene que no sacan el fruto de su trabajo? Les falta, dice Nuño, una cosa. ¿Cuál es la cosa que les **falta**?, pregunto yo. ¡Friolera! [1], dice Nuño: no les falta más que entendimiento.

[1] *friolera* es una cosa sin importancia; pero aquí se trata de una **exclamación** equivalente a «¡casi nada!»

CARTA LXIV

Gazel a Ben-Beley

A muy pocos días de mi introducción en algunas casas de esta corte me encontré con los tres memoriales [1] siguientes. Como era precisamente entonces la temporada que los cristianos llaman carnaval o carnestolendas, creí que sería chasco de los que acostumbran en semejantes días en estos países, pues no pude jamás creer que se hubiesen escrito de veras semejantes peticiones. Pero Nuño las vio y me dijo que no dudaba de la sinceridad de los que las formaban; y que ya que las remitía a su inspección, no sólo les ponía informe favorable de oficio, sino que como amigo se empeñaba muy eficazmente para que yo admitiese el informe y la súplica.

Si te cogen de tan buen humor como cogieron a Nuño, creo que también las aprobarás. No se te hagan increíbles, pues yo que estoy presenciando los lances aun más ridículos, te aseguro ser muy regulares. Te pondré los tres memoriales por el orden que vinieron a mis manos.

Primer memorial.—Señor Moro: Juana Cordoncillo, Magdalena de la Seda y compañía, apuntadoras [2] y armadoras de sombreros, establecidas en Madrid desde el año de 1748, en el nombre y con poder de todo el gre-

---

[1] *memorial* «se llama también el papel o escrito en que se pide alguna merced o gracia, alegando los méritos o motivos en que funda su razón» (*Aut.*).

[2] *apuntador,* «en la fábrica y obraje de paños, es el que por oficio los dobla y apunta», es decir, «doblarlos por el lomo y plegarlos, y después de doblados y puestos en pieza, pasar los pliegues con un hilo bramante por ambos lados, para que se les ponga el marco y sello, y conste estar fabricados según ley» (*Aut.*).

mio, con el mayor respeto decimos a usted: que habiendo desempeñado las comisiones y encargos así para dentro como para fuera de la corte, con general aprobación de todas las cabezas de nuestros parroquianos, en el arte de cortar, apuntar y armar sombreros, según las varias modas que ha habido en el expresado término, están en grave riesgo de perder su caudal, y lo que es más, su honor y fama, por lo escaso que está el tiempo en materia de invención de nueva moda en su facultad, el nobilísimo arte de la *sombreripidia* [3].

Cuando nuestro ejército volvió de Italia, se introdujo el sombrero *a la chamberí* con la punta del pico delantero tan agudo que a falta de lanceta [4] podría servir para sangrar aunque fuese a una niña de poca edad. Duró esta moda muchos años, sin más innovación que la de algunos indianos que aforraban [5] su sombrero así armado con alguna especie de lanilla del mismo castor.

El ejercicio *a la prusiana* fue época de nuestro gremio, porque desde entonces se varió la forma de los sombreros, minorando en mucho lo agudo, lo ancho y lo largo del dicho pico.

Continuó esto así hasta la guerra de Portugal, de cuya vuelta ya se innovó el sistema, y nuestros militares llevaron e introdujeron otros sombreros armados *a la beauvau*. Esta mutación dio nuevo fomento a nuestro comercio.

Estuvimos todas a pique de hacer rogativas porque no se divulgase la moda de llevar los sombreros debajo del brazo, como intentaron algunos de los que en Madrid tienen votos en esta materia.

Duró poco este susto: volvieron a cubrirse en agravio de los peinados primorosos; volvimos a triunfar de los peluqueros, y volvió nuestra industria a florecer. Qui-

---

[3] *sombreripidia,* vocablo forjado muy probablemente por el propio Cadalso con intención grotesca.

[4] *lanceta,* «instrumento de acero muy agudo y delgado, de que usan los sangradores para romper la vena» (*Aut.*).

[5] *aforrar,* forma antigua de «forrar». Vid. también Cartas LXXVIII, nota 6, y LXXXIII, nota 6.

simos celebrar solemnemente esta victoria conseguida por esta revolución favorable; no se nos permitió; pero nuestro secretario la señaló en los anales de nuestra república sombreril y, señalada que fue, la archivó.

Cayó esta moda, y se introdujo la de armarse *a la suiza,* con cuyo producto creímos que en breve circularía tanto dinero físico entre nosotras como puede haber en los catorce cantones[6]; pero los peluqueros franceses acabaron con esta moda con la introducción de otros sombreros casi imperceptibles para quien no tenga buena vista o buen microscopio.

Los ingleses, eternos émulos de los franceses, no sólo en armas y letras, sino en industria, nos iban a introducir sus gorras de montar a caballo, con lo que éramos perdidas sin remedio; pero Dios mejoró sus horas y quedamos como antes, pues vemos se perpetúa la moda de sombreros armados *a la invisible* con una continuación y una, digámoslo así, inmutabilidad que no tiene ejemplo, ni lo han visto nuestras antiguas de gremio. Esta constancia será muy buena en lo moral; pero en lo político, y particularmente para nuestro ramo, es muy mala. Ya no contemos con este oficio. Cualquiera ayuda de cámara, lacayo, volante[7], sabe armarlos, y nos hacemos cada día menos útiles; así llegaremos a ser del todo sobrantes en el número de los artesanos, y tendremos que pedir limosna. En este supuesto, y bien considerado que ya se hacía irremediable nuestra ruina, a no haber usted venido a España, le hacemos presente lo triste de nuestra situación. Por tanto:

Suplicamos a V. se sirva darnos un cuadernillo de láminas, en cada una de las cuales esté pintado, dibujado, grabado u impreso uno de los turbantes que se usan en la patria de V., para ver si de la hechura de ella podemos tomar modelo, norma, figura y molde para ar-

---

[6] La Confederación de cantones suizos ha ido aumentando con los siglos, después del núcleo inicial de tres cantones, a fines del siglo XIII. Hoy la forman 25 cantones.

[7] *volante* o *laqué,* «lacayo que corre delante, vestido regularmente a la ligera» *(Aut.)*

mar los sombreros de nuestros jóvenes. Estamos muy persuadidas que no les disgustarán sombreros *a la marrueca;* antes creo que los paisanos de V. serán los que tengan algún sentimiento en ver la menor analogía entre sus cabezas y las de nuestros petimetres [8]. Gracia que esperamos recibir de las relevantes prendas de V., cuya vida guarde Dios los años que necesitamos.

Segundo.—Señor Marrueco: los diputados del gremio de sastres con el mayor respeto hacemos a V. presente, que habiendo sido hasta ahora la novedad lo que más nos ha dado de comer; y que habiéndose acabado sin duda la fertilidad del entendimiento humano, pues ya no hay invención de provecho en corte de casacas, chupas y calzones, sobretodos, redingotes, cabriolés y capas [9], estamos deseosos de hallar quien nos ilumine. Los calzones de la última moda, los de la penúltima y los de la anterior ya son comunes; anchos, estrechos, con muchos botones, con pocos, con botoncillos, con botonazos, han apurado el discurso, y parece haber hallado el entendimiento su *non plus ultra* en materia de calzones; y por tanto:

Suplicamos a V. se sirva darnos varios diseños de calzones, calzoncillos y calzonazos, cuales se usan en África, para que puestos en la mesa de nuestro decano y examinados por los más antiguos y graves de nuestros hermanos, se aprenda algo sobre lo que parezca conveniente introducir en la moda de calzones; pues creemos que volverán a su más elevado auge nuestro crédito e interés si sacamos a la luz algo nuevo que pueda acomodarse a los calzones de nuestros europeos, aunque sea sacado de los calzones africanos. Piedad que desean alcanzar de la benevolencia de V., cuya vida guarde Dios muchos años.

---

[8] *petimetre:* véase Carta XXI, nota 1.

[9] De todas estas prendas del vestuario de la época pueden necesitar aclaración las *chupas* (véase Carta XXI, nota 3), los *redingotes* (francesismo que indicaba una prenda de abrigo a modo de gabán) y los *cabriolés* (otra especie de capotes con mangas o aberturas para sacar los brazos).

Tercero.—Señor Gazel: los siete más antiguos gremios de zapateros catalanes, con el mayor respeto puestos a los pies de V., en nombre de todos sus hermanos, inclusos los de viejo, portaleros y remendones [10], le hacemos presente que vamos a hacer la bancarrota zapateril más escandalosa que puede haber, porque a más del menor consumo de zapatos, nacido de andar en coche tanta gente que andaba poco ha y debiera andar siempre a pie, la poca variedad que cabe en un zapato, así de corte como de costura y color, nos empobrece.

El tiempo que duró el tacón colorado pasó; también pasó la temporada de llevar la hebilla baja, a gran beneficio nuestro, pues entraba una sexta parte menos de material en un par de zapatos, y se vendían por el mismo precio.

Todo ha cesado ya, y parece haber fijado, a lo menos para lo que queda del presente siglo, el zapato alto abotinado, que los hay que no parecen sino coturnos [11] o calzado de San Miguel. A más del daño que nos resulta de no mudarse la moda, subsiste siempre el menoscabo de una séptima parte más de material que entra en ellos, sin aumentar el precio establecido; por tanto:

Suplicamos a V. se sirva dirigirnos un juego completo de botas, botines, zapatos, babuchas, chinelas, alpargatas y toda cualesquiera otra especie de calzamenta [12] africana, para saber de ellas las innovaciones que nos parezcan adoptables al piso de las calles de Madrid. Fineza

---

[10] *zapatero de viejo* es «el oficial que sólo remienda los zapatos rotos u gastados» (*Aut.*). Es claro por qué Cadalso cuenta entre ellos a los *remendones; portaleros,* en cambio, parece hacer referencia al hecho de que estuvieran instalados en portales, como recoge Pedro Antonio de Alarcón en su relato «El amigo de la muerte».

[11] *coturno,* «especie de calzado a manera de borceguí, muy alto de suela, para hacer levantar del suelo la persona, y que parezca más alta y prócera» (*Aut.*, con la grafía *cothurno*).

[12] *calzamenta,* voz que, aunque de fácil formación, es probable invención de Cadalso. No me consta que esté documentada en ningún otro autor.

que deseamos deber a V., cuya vida Dios y San Crispín[13] guarde muchos años.

Hasta aquí los memoriales. Nuño, como llevo dicho, los informó y apoyó con toda eficacia, y aun suele leérmelos con comentarios de su propia imaginación cuando conoce que la mía está algo melancólica.

Anoche me decía, acabando de leerlos: —Mira, Gazel, estos pretendientes tienen razón. Las apuntadoras de sombreros, por ejemplo, ¿no forman un gremio muy benemérito del estado? ¿No contribuye a la fama de nuestras armas la noticia de que los sombreros de nuestros militares están cortados, apuntados, armados, galoneados y escarapelados[14] por mano de Fulana, Zutana o Mengana? Los que escriban las historias de nuestro siglo, no recibirán mil gracias de la posteridad por haberla instruido de que en el año de tantos vivía en tal calle, casa número tantos, una persona que apuntó los sombreros a doscientos cadetes de guardias, cuatrocientos de infantería veinte y ocho de caballería, ochocientos oficiales subalternos, trescientos capitanes y ciento y cincuenta oficiales superiores. Pues ¡cuánta mayor honra pasa nuestro siglo si alguno escribiera el nombre, edad, ejercicio, vida y costumbres del que introdujo tal o tal innovación en la parte principal de nuestras cabezas modernas; qué repugnancia hallaron en los ya proyectados; qué maniobras se hicieron para vencer este obstáculo; cómo se logró el arrinconar los sombreros que carecían de tal o tal adorno, etc.!

Por lo que toca a los sastres, paréceme muy acertada su solicitud, y no menos justa la pretensión de los zapateros. Aquí donde me ves, yo he tenido algunas temporadas de petimetre[15]; habiéndome hallado en la fuerza

---

[13] *San Crispín* y San Crispiniano, hermanos mártires de la época del emperador romano Maximiano, son los patronos de los zapateros.

[14] Para las labores del *apuntado* y *escarapelado,* véanse las *Cartas* LXIV, n. 2; y la LVI, n. 2, respectivamente.

[15] *petimetre,* vocablo ya mencionado en la nota 8 y en la Carta XXI, n. 1. Obsérvese que aquí, en boca de Nuño, puede tratarse de una confesión autobiográfica.

de mi tabardillo [16] cuando se usaba la hebilla baja en los zapatos (cosa que ya ha quedado sólo para volantes, cocheros y majos) [17], te aseguro que, o sea mi modo de pisar, o sea que llovía mucho en aquellos años, o sea que yo era algo extremado y rigoroso en la observancia de las leyes de la moda, me acuerdo que llevaba la hebilla tan sumamente baja, que se me solía quedar en la calle; y un día, entre otros, que subí al estribo de un coche a hablar a una dama que venía del Pardo, me bajé de pronto del estribo, quedándome en él el zapato; arrancó el tiro de mulas a un galope de más de tres leguas por hora; y yo me quedé a más de media larga de la puerta de San Vicente [18], descalzo de un pie, y precisamente una tarde hermosa de invierno en que se había despoblado Madrid para tomar el sol; y yo me vi corrido como una mona, teniendo que atravesar todo el paseo y mucha parte de Madrid con un zapato menos. Caí enfermo del sofocón, y me mantuve en casa hasta que salió la moda de llevar la hebilla alta. Pero como entre aquel extremo y el de la última en que ahora se hallan han pasado años, he estado mucho tiempo observando el lento ascenso de las expresadas hebillas por el pie arriba, con la impaciencia y cuidado que un astrónomo está viendo la subida de un astro por el horizonte, hasta tenerlo en el punto en que lo necesita para su observación.

---

[16] *tabardillo,* «enfermedad peligrosa que consiste en una fiebre maligna que arroja al exterior unas manchas pequeñas como picaduras de pulga y a veces granillos de diferentes colores, como morados, cetrinos, etc.» *(Aut.)* Esta forma de tifus o sarampión está empleada aquí en sentido figurado.

[17] Los *majos* formaban una peculiar categoría humana, popular y achulada, en el siglo XVIII español. A veces los nobles incurrían en *majismo,* o tendencia a imitar los modales plebeyos y las formas de vestir del *majo,* «el hombre que afecta guapeza y valentía, en las acciones o palabras. Comúnmente llaman así a los que viven en los arrabales de esta Corte» *(Aut.).* Para *volantes,* véase nota 7 de esta misma Carta.

[18] *La puerta de San Vicente* se hallaba al final del paseo de San Vicente, nombre que, después de nuestra guerra, se cambió por el de Onésimo Redondo.

Dales, pues, a esas gentes modelos que sigan, que tal vez habrá en ellos cosa que me acomode. Sólo para ti será el trabajo: porque si los demás artesanos conocen que tu dirección aprovecha a los gremios que la han solicitado, vendrán todos con igual molestia a pedirte la misma gracia.

CARTA LXV

Del mismo al mismo

Yo me vi una vez, decíame Nuño no ha mucho, en la precisión de que me despreciasen por tonto, o me aborreciesen como capaz de vengarme. No tardé en escoger, a pesar de mi amor propio, el concepto que más me abatía. Humilláronme en tanto grado, que nada me podía consolar sino esta reflexión que hice con mucha frecuencia: con abrir yo la boca, me temblarían en lugar de mofarme [1]; pero yo me estimaría menos. La autoridad de ellos puede desvanecerse, pero mi interior testimonio ha de acompañarme más allá de la sepultura. Hagan, pues, ellos lo que quieran; yo haré lo que debo.

Esta doctrina sin duda es excelente, y mi amigo Nuño hace muy bien en observarla, pero es cosa fuerte que los malos abusen de la paciencia y virtud de los buenos. No me parece ésta menor villanía que la del ladrón que roba y asesina al pasajero que halla dormido e indefenso en un bosque. Aun me parece mayor, porque el infeliz asesinado no conoce el mal que se le hace; pero el hombre virtuoso de este caso está viendo continuamente la mano que le hiere mortalmente. Esto, no obstante, dicen que es común en el mundo. —No tanto —respon-

---

[1] *me temblarían en lugar de mofarme:* nótese la anómala construcción de ambos verbos: el primero, con el valor de «me temerían», «temblarían ante mí»; el segundo, con el de «escarnecerme», «hacer mofa de mí».

dió Nuño—; las gentes se cansan de esta superabundancia de honradez y suelen vengarse cuando pueden. Lo que más me lisonjeaba en aquella situación era el conocimiento de ser yo original en mi conducta. Aun les daba yo gracias de haberme precisado a hacer un examen tan riguroso de mi hombría de bien. De su suma crueldad me resultaba el mayor consuelo, y lo que para otros hubiera sido un tormento riguroso, era para mí una nueva especie de delicia. Me tenía yo a mí mismo por un Belisario[8] de segunda clase, y solamente me hubiera yo trocado por aquel general, para serlo en la primera, contemplando que hubiera sido mayor mi satisfacción, cuanto más alta mi elevación y más baja mi caída.

CARTA LXVI

DEL MISMO AL MISMO

En Europa hay varias clases de escritores. Unos escriben cuanto les viene a la pluma; otros, lo que les mandan escribir; otros, todo lo contrario de lo que sienten; otros, lo que agrada al público, con lisonja; otros, lo que les choca, con reprehensiones. Los de la primera clase están expuestos a más gloria y más desastres, porque pueden producir mayores aciertos y desaciertos. Los de la segunda se lisonjean de hallar el premio seguro de su trabajo; pero si, acabado de publicarlo, se muere o se aparta el que se lo mandó y entra a sucederle uno de sistema

---

[8] *Belisario*, general bizantino del emperador Justiniano, del siglo VI, que reconquistó Cartago y el norte de África a los vándalos, y luchó en Italia contra los ostrogodos. Más tarde, cayó en desgracia del emperador. La figura había recobrado actualidad gracias al *Bélisaire* (1765), obra de J. F. Marmontel (1723-99), que Cadalso cita en sus *Eruditos a la violeta*.

opuesto, suele encontrar castigo en vez de recompensa. Los de la tercera son mentirosos, como los llama Nuño, y merecen por escrito el odio de todo el público. Los de la cuarta tienen alguna disculpa, como la lisonja no sea muy baja. Los de la última merecen aprecio por el valor, pues no es poco el que se necesita para reprehender a quien se halla bien con sus vicios, o bien cree que el libre ejercicio de ellos es una preeminencia muy apreciable. Cada nación ha tenido alguno o algunos censores más o menos rígidos; pero creo que para ejercer este oficio con algún respeto de parte del vulgo, necesita el que lo emprende hallarse limpio de los defectos que va a censurar. ¿Quién tendría paciencia en la antigua Roma para ver a Séneca escribir contra el lujo y la magnificencia con la mano misma que se ocupaba con notable codicia en atesorar millones? ¿Qué efecto podría producir todo el elogio que hacía de la medianía quien no aspiraba sino a superar a los poderosos en esplendor? El hacer una cosa y escribir otra es el modo más tiránico de burlar la sencillez de la plebe, y es también el medio más poderoso para exasperarla, si llega a comprehender este artificio.

CARTA LXVII

DE NUÑO A GAZEL

Desde tu llegada a Bilbao no he tenido carta tuya; la espero con impaciencia, para ver qué concepto formas de esos pueblos en nada parecidos a otro alguno. Aunque en la capital misma la gente se parezca a la de otras capitales, los habitantes del campo y provincias son verdaderamente originales. Idioma, costumbres, trajes son totalmente peculiares, sin la menor conexión con otros.

Noticias de literatura, que tanto solicitas, no tenemos

estos días; pero en pago te contaré lo que me pasó poco ha en los jardines del Retiro con un amigo mío (y a fe que dicen es sabio de veras, porque aunque gasta doce horas en cama, cuatro en el tocador, cinco en visitas y tres en el paseo, es fama que ha leído cuantos libros se han escrito, y en profecía cuantos se han de escribir, en hebreo, siriaco, caldeo, egipcio, chino, griego, latino, español, italiano, francés, inglés, alemán, holandés, portugués, suizo, prusiano, dinamarqués, ruso, polaco, húngaro y hasta la gramática vizcaína del padre Larramendi) [1]. Este tal, trabando conversación conmigo sobre los libros y papeles dados al público en estos años, me dijo: —He visto varias obrillas modernas así tal cual—; y luego tomó un polvo y se sonrió; y prosiguió: —Una cosa les falta, sí, una cosa. —Tantas les faltará y tantas les sobrará... —dije yo. —No, no es eso—, replicó el amigo, y tomó otro polvo y se sonrió otra vez, y dio dos o tres pasos, y continuó: —Una sola, que caracterizaría el buen gusto de nuestros escritores. ¿Sabe el señor don Nuño cuál es? —dijo, dando vueltas a la caja entre el dedo pulgar y el índice. —No —respondí yo lacónicamente. —¿No? —instó el otro. —Pues yo se la diré —y volvió a tomar un polvo, y a sonreírse, y a dar otros tres pasos. —Les falta —dijo con magisterio—, les falta en la cabeza de cada párrafo un texto latino sacado de algún autor clásico, con su cita y hasta la noticia de la edición con aquello de *mihi* entre paréntesis; con esto el escrito da a entender al vulgo, que se halla dueño de

---

[1] Dado el planteamiento irónico de Cadalso en todo el párrafo, puede suponerse intencionada esa mezcla de criterios geográficos y lingüísticos en la denominación de lenguas, como ocurre con el *prusiano* (que bien pudiera ser un mero sinónimo de «alemán»), y con el *suizo*, nombre de un país trilingüe y no de un idioma. Es exacta, en cambio, sin abandonar la ironía, la mención del jesuita Manuel de Larramendi (1690-1776), que intentó probar que las lenguas de la península venían de la vasca *(De la antigüedad y universalidad del Bascuence en España*, 1728), y quiso contribuir a su aprendizaje con *El imposible vencido. Arte de la lengua Bascongada* (1729).

todo el siglo de Augusto *materialiter et formaliter* [2]. ¿Qué tal? —Y tomó doble dosis de tabaco, sonrióse y paseó, me miró, y me dejó para ir a dar su voto sobre una bata nueva que se presentó en el paseo.

Quedé solo, raciocinando así: este hombre, tal cual Dios lo crió, es tenido por un pozo de ciencia, golfo de erudición y piélago de literatura; ¡luego haré bien si sigo sus instrucciones! Adiós, dije yo para mí; adiós, sabios españoles de 1500, sabios franceses de 1600, sabios ingleses de 1700; se trata de buscar retazos sentenciosos del tiempo de Augusto, y gracias a que no nos envían algunos siglos más atrás en busca de renglones que poner a la cabeza de lo que se ha de escribir en el año que, si no miente el Kalendario [3], es el de 1774 de la era cristiana [4], 1187 de la Hégira de los árabes, 6973 de la creación del mundo, 4731 del diluvio universal, 4018 de la fundación de España, 3943 de la de Madrid, 2549 de la era de las Olimpiadas, 192 de la corrección gregoriana, 16 del reinado de nuestro religioso y piadoso monarca Carlos III, que Dios guarde.

Fuime a casa, y sin abrir más que una obra encontré una colección completa de estos epígrafes. Extractélos, y los apunté con toda formalidad; llamé a mi copiante (que ya conoces, hombre asaz extraño) y le dije: —Mire Vm., don Joaquín, Vm. es mi archivero, y digno depositario de todos mis papeles, papelillos y papelones en prosa y en verso. En este supuesto, tome Vm. esta lista, que no parece sino de motes para galanes y damas; y advierta Vm. que si en adelante caigo en la tentación

---

[2] *materialiter et formaliter,* vocablos y distinciones habituales en el razonamiento escolástico: «materialmente» y «esencialmente», «mentalmente». Al igual que con la locución latina de la Carta LVIII, nota 1, también en el *Fray Gerundio de Campazas* aparece esta distinción lingüística.

[3] *Kalendario* es asimismo la grafía a que remite el *Dicc. de Aut.* Aparece, sin embargo, con *c,* al final de la Carta XXXV.

[4] Que en 1774 estuviera Cadalso escribiendo las *Cartas* es indudable. Vid. también Carta VII, nota 9. Es probable, sin embargo, que tuviera ya alguna escrita desde años atrás: véase Carta XLIII, nota 1.

de escribir algo para el público, debe Vm. poner un renglón de éstos en cada una de mis obras, según y conforme venga más al caso, aunque sea estirando el sentido. —Está muy bien —dijo mi don Joaquín (que a estas horas ya había sacado los anteojos, cortado una pluma nueva [5] y probado en el sobrescrito de una carta con un *Muy Señor mío* muy hermoso, y muchos rasgos). —De este modo los ha de emplear Vm. —proseguí yo.

Si se me ofrece, que creo se me ofrecerá, alguna disertación sobre lo mucho superficial que hay en las cosas, ponga Vm. aquello de Persio [6]:

Oh curas hominum ¡Oh quantum est in rebus inane!

Cuando publique endechas muy tristes sobre la muerte de algún personaje célebre, cuya pérdida sea sensible, vea Vm. cuán al caso vendrá la conocida dureza de algunos soldados de los que tomaron a Troya, diciendo con Virgilio:

... Quis talia fando
Myrmidonum, Dolopumve, aut duri miles Ulyssei
Temperet a lacrymis!

Dios me libre de escribir de amor, pero si tropiezo en esta flaqueza humana, y ando por estos montes y valles, bosques y peños, fatigando a la ninfa Eco con los nombres de Amarilis, Aminta, Servia, Nise, Corina, De-

---

[5] Téngase presente que las plumas utilizadas eran todavía las de ave.

[6] A lo largo de la carta se dan una serie de citas latinas, en general tópicas, tomadas fundamentalmente de obras de Virgilio, Horacio, Ovidio, Juvenal, Marcial y Persio, de cuya primera Sátira es este primer verso transcrito. Las referencias exactas de la procedencia de los versos pueden verse en la mencionada edición de D-G, que no reseñan las variantes textuales de las citas latinas. En nuestro ms. aparecen con bastantes errores, y con alteraciones en la distribución de los versos. Por ello me atengo fielmente en las transcripciones a la edición de D-G.

lia, Galatea y otras, por mucha prisa que yo le dé a Vm., no hay que olvidar lo de Ovidio:

Scribere jussit Amor.

Si me pongo alguna vez muy despacio a consolar algún amigo, o a mí mismo, sobre alguna de las infinitas desgracias que nos pueden acontecer a todos los herederos de Adán, sírvase Vm. poner de muy bonita letra lo de Horacio:

Aequam memento rebus in arduis
Servare mentem.

Cuando yo declame por escrito contra las riquezas, porque no la tengo, como hacen otros (y hacen menos mal que los que declaman contra ellas y no piensan sino en adquirirlas), ¡qué mal hará Vm. si no pone, hurtándoselo a Virgilio, que lo dijo en una ocasión harto serio, grave y estupendamente:

Quid non mortalia pectora cogis,
Auri sacra fames!

Sentiré muy mucho que la depravación de costumbres me haga caer en la torpeza de celebrar los desórdenes; pero como es tan frágil esta nuestra máquina, ¿qué sé yo si algún día me echaré a aplaudir lo que siempre he reprehendido, y cante que es inútil trabajo el de guardar mujeres, hijas y hermanas? A esta piadosa producción, hágame Vm. el corto agasajo de poner en boca de Horacio:

Inclusam Danaen turris ahenea,
Robur atque fores, ac vigilum canum
Tristes excubiae, munierant satis
Nocturnis ab adulteris.

Si algún día llego a profanar tanto mi pluma, que escriba contra lo que pienso, y digo entre otras cosas que este siglo es peor que otro alguno, con ánimo de congraciarme con los viejos del siglo pasado, lo puedo hacer a muy poca costa, sólo con que Vm. se sirva poner en la cabeza lo que el mismo dijo del suyo:

> *Clamant periisse pudorem*
> *Cuncti pene Patres.*

Si el cielo de Madrid no fuese tan claro y hermoso y se convirtiese en triste, opaco y caliginoso como el de Londres (cuya triste opacidad y caliginosidad depende, según geógrafo-físicos, de los vapores del Támesis, del humo del carbón de piedra y otras causas), me atrevería yo a publicar las *Noches lúgubres* que he compuesto a la muerte de un amigo mío, por el estilo de las que escribió el doctor Young. La impresión sería en papel negro con letras amarillas, y el epígrafe, a mi ver muy oportuno aunque se deba traer de la catástrofe de Troya a un caso particular, sería el de

> *Crudelis ubique*
> *Luctus, ubique pavor, et plurima noctis imago* [7].

Cuando publiquemos, mi don Joaquín, la colección de cartas que algunos amigos me han escrito en varias ocasiones (porque hoy de todo se hace dinero), Horacio tendrá que hacer también esta vez el gasto y diremos con él:

> *Nil ego praetulerim jucundo sanus amico.*

A fuerza de llamarse poetas muchos tunantes, ridículos, necios, bufones, truhanes y otros, ha caído mucho la poesía del antiguo aprecio con que se trataba marras [8]

---

[7] La cita aparece efectivamente en el encabezamiento de las *Noches lúgubres,* nota 1.

[8] *marras,* «adv. de tiempo para significar el que ya pasó, y en que sucedió algún caso particular... Es del estilo bajo y familiar» *(Aut.)*

a los buenos poetas. Ya ve Vm., mi don Joaquín, cuán al caso vendrá una disertación, volviendo por el honor de la poesía verdadera, diciendo su origen, aumento, decadencia, ruina y resurrección, y también ve Vm., mi don Joaquín, cuán del caso sería pedir otra vez a Horacio un poquito de latín por amor de Dios, y decir:

> Sic honor, et nomen divinis vatibus, atque
> Carminibus venit.

Al ver tanto papel como hace gemir la prensa en nuestros días, ¿quién podrá detener la pluma, por poco satírica que sea, y dejar de repetir con el nada lisonjero Juvenal?:

> Tenet insanabiles multos scribendi cacoethes.

Paréceme que por punto general debo yo, y debe todo escritor, o bien de papeles como éste, pequeños, o bien de tomazos grandes, como algunos que yo sé, escribir ante todas cosas después de cruz y margen lo que Marcial:

> Sunt bona sunt quaedam mediocria, sunt mala plura.
> Quae legis hic: aliter non fit, Avite, liber.

Siempre que yo vea salir al público un libro escrito en nuestros días en castellano puro, fluido, natural, corriente y genuino, cual se escribía en tiempo de mi señora abuela, prometo darle gracias al autor en nombre de los difuntos señores Garcilaso, Cervantes, Mariana, Mendoza, Solís y otros (que Dios haya perdonado), y el epígrafe de mi carta será:

> ...Aevo rarissima nostro
> Simplicitas.

Tengo, como vuestra merced sabe, don Joaquín, un tratado en vísperas de concluirle contra el archicrítico maestro Feijoo, con que pruebo contra el sistema de su reverendísima ilustrísima que son muy comunes, y por legítima consecuencia no tan raros, los casos de duendes, brujas, vampiros, brucolacos [9], trasgos [10] y fantasmas, todo ello auténtico por disposición de personas fidedignas, como amas de niños, abuelas, viejos de lugar y otros de igual autoridad. Hago ánimo de publicarlo en breve con láminas finas y exactos mapas; singularmente la estampa del frontispicio, que representa el campo de Barahona [11] con una asamblea general de toda la nobleza y plebe de la brujería; a cuyo fin volveremos a llamar a la puerta de Horacio, aunque sea a media noche, y, pidiéndole otro texto para una necesidad, tomaremos de su mano lo de

Somnia, terrores magicos, miracula, sagax,
Nocturnos lemures, portentaque tesala rides.

El primer soberano que muera en el mundo, aunque sea un cacique de indios entre los apaches, como su muerte llegue a mis oídos, me dará motivo para una arenga oratoria sobre la igualdad de las condiciones humanas respecto a la muerte, y vuelta en casa de Horacio en busca de:

Pallida mors aequo pulsat pede
Pauperum tabernas, regumque turres.

Por nada quisiera yo ser hombre de entradas y salidas, negocios graves, secretos importantes y ocupaciones

---

[9] Los *brucolacos,* según Feijoo en el escrito aludido en el texto (*Cartas eruditas,* t. IV, carta 20), son equivalentes a los vampiros. En F y en CHLS consta *brúcolas,* quizá por error. Sin embargo, la forma que se registra en el *Diccionario Castellano* (1765) de E. de Terreros es *brucolacas,* «nombre que daban los griegos a los falsos resucitados, o a los que imaginaban resucitar por arte del demonio».

[10] *trasgo,* «demonio casero que de ordinario inquieta las casas, particularmente de noche... Comúnmente se llama duende» *(Aut.)*

[11] *el campo de Barahona,* en la provincia de Soria, tenía fama, según consta ya en el *Tesoro* (1611) de Covarrubias, de ser el lugar donde las brujas celebraban sus aquelarres o reuniones.

misteriosas, sino para volverme loco un día, apuntar cuanto supiera y enviar mi manuscrito a imprimirse en Holanda, sólo para aprovechar lo que dijo Virgilio a los dioses del infierno:

Sit mihi fas audita loqui.

Supongamos que algún día sea yo académico, aunque indigno, de cualquiera de las academias o academías (escríbalo Vm. como quiera, mi don Joaquín, largo o breve, que sobre eso no hemos de reñir); si, como digo de mi asunto, algún día soy individuo de alguna de ellas, aunque sea la famosa de Argamasilla que hubo en tiempo del muy valiente señor Don Quijote de andante memoria, el día que tome asiento entre tanta gente honrada he de pronunciar un largo y patético discurso sobre lo útil de las ciencias, sobre todo en la particularidad de ablandar los genios y suavizar las costumbres; y molidos que estén mis compañeros con lo pesado de mi oratoria, les resarciré el perjuicio padecido en su paciencia acabando de decir cual Ovidio:

Ingenuas didicisse fideliter artes,
Emollit mores, nec sinit esse ferox.

Mire Vm., don Joaquín, por ahí anda una cuadrilla de muchachos que no hay quien los aguante. Si uno habla con un poco de método escolástico, se echan a reír, y de cuatro tajos o reveses lo hacen a uno callar. Esto ya ve Vm. cuán insufrible ha de ser por fuerza a los que hemos estudiado cuarenta años a Aristóteles, Galeno, Vinio [12] y otros, en cuya lectura se nos han caído los dientes, salido las canas, quemado las cejas, lasti-

---

[12] Junto al filósofo Aristóteles y al médico Galeno (vid. Carta LXXVIII, nota 7), menciona Cadalso al jurista holandés Arnold Vinnen (1588-1657), de cuyo apellido latinizado, Vinnius, deriva la forma española. Famoso en su tiempo por su comentario a Justiniano (*Justiniani Institutiones,* 1642), era estudiado en el siglo XVIII en las universidades españolas.

mado el pecho y acortado la vista, ¿no es verdad, don Joaquín? Pues mire Vm., los tengo entre manos, y los he de poner como nuevos. Diré lo mismo que dijo Juvenal de otros perillanes de su tiempo, arguyéndoles del respeto con que en otros tiempos se miraban las canas, pues dice que

> *Credebant hoc grande nefas, et morte piandum,*
> *Si juvenis vetulo non adsurrexerit.*

Me alegrara tener mucho dinero para muchas cosas, y, entre otras, para hacer una nueva edición de nuestros dramáticos del siglo pasado, con notas, ya críticas, ya apologéticas, y bajo el retrato de don Frey [13] Lope de Vega Carpio (que los franceses han dado en llamar López y decir que fue hijo de un cómico), aquello de Ovidio:

> *Video meliora, proboque;*
> *Deteriora sequor.*

Cuando nos vayamos a la aldea que Vm. sabe, y escribamos a los amigos de Madrid, aunque no sea más que pidiéndoles las gacetas o encargándoles alguna friolera [14], no se olvide Vm. de poner la que puso Horacio, diciendo:

> *Scriptorum chorus omnis amat nemus, et fugit urbes.*

Sobre el rumbo que ha tomado la crítica en nuestros días, no fuera malo tampoco el dar a luz un discurso que señalase el verdadero método que ha de seguir para ser útil en la república literaria; en este caso el mote será de Juvenal:

> *Dat veniam corvis, vexat censura*
> *Columbas...*

---

[13] *frey:* en D-G, «fray»; pero *freile* era «el caballero de algunas de las órdenes militares» *(Aut.),* tratamiento que llegó a tener Lope de Vega.
[14] *friolera:* véase Carta LXIII, nota 1.

Alguna vez me he puesto a considerar cuán digno asunto para un poema épico es la venida de Felipe V a España, cuánto adorno se podría sacar de los lances que le acaecieron en su reinado, cuánto pronóstico feliz para España la amable descendencia que dejó. Ya había yo formado el plan de mi obra, la división de cantos, los caracteres de los principales héroes, la colocación de algunos episodios, la imitación de Homero y Virgilio, varias descripciones, la introducción de lo sublime y maravilloso, la descripción de algunas batallas; y aun había empezado la versificación, cuidando mucho de poner *r r r,* en los versos duros, *l l l,* en los blandos, evitando los consonantes vulgares de *de, ible, able, ente, eso* y otros tales; en fin, la cosa iba de veras, cuando conocí que la epopeya es para los modernos el ave fénix de quien todos hablan y a quien nadie ha visto. Fue preciso dejarlo, y a fe que le tenía buscado un epigrama muy correspondiente al asunto, y era de Virgilio, cuando metiéndose a profeta dijo en voz hinchada y enfática:

Jam nova progenies coelo demittitur alto.

No fuera malo dedicarnos un poco de tiempo a buscar faltas, errores, equivocaciones, yerros y lugares oscuros en los más clásicos autores nuestros u ajenos, y luego salir con una crítica de ellos muy humilde al parecer, pero en la realidad muy soberbia (especie de humildad muy a la moda), y poner en el frontispicio, como por vía de obsequio al autor criticado, lo de Horacio, a saber:

Quandoque bonus dormitat Homerus.

Y así de todos los demás asuntos que puedan ofrecerse. Te estoy viendo reír de este método, amigo Gazel, que sin duda te parecerá pura pedantería; pero vemos mil libros modernos que no tienen nada de bueno sino el epígrafe.

CARTA LXVIII

Gazel a Ben-Beley

Examina la historia de todos los pueblos, y sacarás que toda nación se ha establecido por la austeridad de costumbres. En este estado de fuerza se ha aumentado, de este aumento ha venido la abundancia, de esta abundancia se ha producido el lujo, de este lujo se ha seguido afeminación, de esta afeminación ha nacido la flaqueza, de la flaqueza ha dimanado su ruina. Otros lo han dicho antes que yo; pero no por eso deja de ser verdad y verdad útil, y las verdades útiles están tan lejos de ser repetidas con sobrada frecuencia, que pocas veces llegan a repetirse con la suficiente.

CARTA LXIX

De Gazel a Nuño

Como los caminos son tan malos en la mayor parte de las provincias de tu país, no es de extrañar que se rompan con frecuencia los carruajes, se despeñen las mulas y los viajantes pierdan las jornadas. El coche que saqué de Madrid ha pasado varios trabajos; pero el de quebrarse uno de sus ejes, pudiendo serme muy sensible, no sólo no me causó desgracia alguna, sino que me procuró uno de los mayores gustos que pude haber en la vida, a saber: la satisfacción de tratar, aunque no tanto tiempo como quisiera, con un hombre distinto de cuantos hasta ahora he visto y pienso ver. El caso fue al pie de la letra como sigue, porque lo apunté muy individualmente en el diario de mi viaje.

A pocas leguas de esta ciudad, bajando una cuesta muy pendiente, se disparó el tiro de mulas, volcóse el coche, rompióse el eje delantero y una de las varas. Luego que volvimos del susto y salimos todos como pudimos por la puertecilla que quedó en alto, me dijeron los cocheros que necesitaban muchas horas para reparar este daño, pues era preciso ir a un lugar que estaba a una legua del paraje en que nos hallábamos para traer quien lo remediase. Viendo que iba anocheciendo, me pareció mejor irme a pie con un criado, y cada uno su escopeta, al lugar [1], y pasar la noche en él, durante la cual se remediaría el fracaso y descansaríamos los maltratados. Así lo hice, y empecé a seguir una vereda que el mismo cochero me señaló, por un terreno despoblado y nada seguro al parecer por lo áspero del monte. A cosa de un cuarto de legua me hallé en un paraje menos desagradable, y en una peña de la orilla de un arroyo vi un hombre de buen porte en acción de meterse un libro en el bolsillo, levantarse, acariciar un perro y ponerse un sombrero de campo, tomando un bastón más robusto que primoroso. Su edad sería de cuarenta años y su semblante era apacible, el vestido sencillo, pero aseado, y sus ademanes llenos de aquel desembarazo que da el trato frecuente de las gentes principales, sin aquella afectación que inspira la arrogancia y vanidad. Volvió la cara de pronto al oír mi voz, y saludóme. Le correspondí, adelantéme hacia él y, diciéndole que no me tuviese por sospechoso por el paraje, compañía y armas, pues el motivo era lo que me acababa de pasar (lo que le conté brevemente), pregúntele si iba bien para tal pueblo. El desconocido volvió a saludarme segunda vez, y me dijo que sentía mi desgracia, que eran frecuentes en aquel

---

[1] *lugar,* «vale también ciudad, villa o aldea; si bien rigurosamente se entiende por lugar la población pequeña, que es menor que villa y más que aldea» *(Aut.).*

puesto; que varias veces lo había hecho presente a las justicias [2] de aquellas cercanías y aun a otras superiores; que no diese un paso más hacia donde había determinado, porque estaba a un tiro de bala de allí la casa en que residía; que desde allí despacharía un criado suyo a caballo al lugar para que el alcalde enviase el auxilio competente.

Acordéme entonces de tu encuentro con el caballero ahijado del tío Gregorio; pero ¡cuán otro era éste! Obligóme a seguirle, y después de haber andado algunos pasos sin hablar cosa que importase, prorrumpió diciendo:

—Habrá extrañado el señor forastero el encuentro de un hombre como yo a estas horas y en este paraje; más extraño le parecerá lo que oiga y vea de aquí en adelante, mientras se sirva permanecer en mi compañía y casa, que es ésta —señalando una que ya tocábamos. En esto llamó a una puerta grande de la tapia de un huerto contiguo a ella. Ladró un perro disforme, acudieron dos mozos del campo que abrieron luego, y entrando por un hermoso plantío de toda especie de árboles frutales al lado de un estanque muy capaz, cubierto de patos y ánades, llegamos a un corral lleno de toda especie de aves, y de allí a un patio pequeño. Salieron de la casa dos niños hermosos, que se arrodillaron y le besaron la mano; uno le tomó el bastón, otro el sombrero, y se adelantaron corriendo y diciendo: —Madre, ahí viene padre [3]—. Salió al umbral de la puerta una matrona, llena de aquella hermosura majestuosa que inspira más respeto que pasión, y al ir a echar los brazos a su esposo reparó la compañía de los que íbamos con él. Detuvo el ímpetu de su ternura, y la limitó a preguntarle si había tenido alguna novedad, pues tanto había tardado en volver; a lo cual éste le respondió con estilo amoroso,

---

[2] *justicia,* «se toma regularmente por los ministros que la ejercen» *(Aut.).*

[3] *padre:* en O *papá,* según D-G, que es pronunciación afrancesada «introducida en Madrid por la corte borbónica en el siglo XVIII» (Corominas).

pero decente. Presentóme a su mujer, diciéndola[4] el motivo de llevarme a su casa, y dio orden de que se ejecutase lo ofrecido para que pudiese venir el coche. Entramos juntos por varias piezas pequeñas, pero cómodas, alhajadas con gracia y sin lujo, y nos sentamos en la que se preparó para mi hospedaje.

A nuestra vista te referiré más despacio la cena, la conversación que en ella hubo, las disposiciones caseras que dio mi huésped delante de mí, el modo cariñoso y bien ordenado con que se apartaron los hijos, mujer y criados a recogerse, y las expresiones de atractivo con que me ofreció su casa, me suplicó usase de ella, y se retiró para dejarme descansar. Quería también ejecutar lo mismo un criado anciano, que parecía de toda su confianza y que había quedado esperando que yo me acostase para llevarme la luz; pero me había movido demasiado la curiosidad toda aquella escena, y me parecían muy misteriosos sus personajes para no indagar el carácter de cada uno. Detúvele, pues, y con vivas instancias le pedí una y mil veces me declarase tan largo enigma. Resistióse con igual eficacia, hasta que al cabo de algunas suspensiones puso sobre la mesa la bujía que había tomado para irse, entornó la puerta, se sentó y me dijo que no dudaba los deseos que yo tendría de enterarme en el genio y condición de su amo; y prosiguió poco más o menos en estas voces:

—Si el cariño de una esposa amable, la hermosura del fruto del matrimonio, una posesión pingüe y honorífica, una robusta salud y una biblioteca selecta con que pulir un talento claro por naturaleza, pueden hacer feliz a un hombre que no conoce la ambición, no hay en el mundo quien pueda jactarse de serlo más que mi amo, o por mejor decir, mi padre, pues tal es para todos sus criados. Su niñez se pasó en esta aldea, su primera juventud en la Universidad; luego siguió el ejército; después vivió en la corte y ahora se ha retirado a este descanso.

---

[4] *diciéndola*: un caso más del frecuente laísmo. Vid. Carta VI, nota 5.

Esta variedad de vidas le ha hecho mirar con indiferencia cualquiera especie de ellas, y aun con odio la mayor parte de todas. Siempre le he seguido y siempre le seguiré, aun más allá de la sepultura, pues poco podré vivir después de su muerte. El mérito oculto en el mundo es despreciado y, si se manifiesta, atrae contra sí la envidia y sus secuaces. ¿Qué ha de hacer, pues, el hombre que lo tiene? Retirarse a donde pueda ser útil sin peligro propio. Llamo mérito el conjunto de un buen talento y buen corazón. De éste usa mi amo en beneficio de sus dependientes.

Los labradores a quienes arrienda sus campos lo miran como a un ángel tutelar de sus casas. Jamás entra en ellas sino para llenarlas de beneficios, y los visita con frecuencia. Los años medianos les perdona parte del tributo y el total en los malos. No se sabe lo que son pleitos entre ellos. El padre amenaza al hijo malo con nombrar a su amo, y halaga al hijo bueno con su nombre. La mitad de su caudal se emplea en colocar las hijas huérfanas de estos contornos con mozos honrados y pobres de las mismas aldeas. Ha fundado una escuela en un lugar inmediato, y suele por su misma mano distribuir un premio cada sábado al niño que ha empleado mejor la semana. De lejanos países ha hecho traer instrumentos de agricultura y libros de su uso que él mismo traduce de extrañas lenguas, repartiendo unos y otros de balde a los labradores. Todo forastero que pasa por este puesto halla en él la hospitalidad cual se ejercitaba en Roma en sus más felices tiempos. Una parte de su casa está destinada para recoger los enfermos de estas cercanías, en las cuales no se halla proporción de cuidarlos. Ni por esta tierra suele haber gente vaga: es tal su atractivo, que hace vasallos industriosos y útiles a los que hubieran sido inútiles, cuando menos, si hubieran seguido en un ocio acostumbrado. En fin, en los pocos años que vive aquí, ha mudado este país de semblante. Su ejemplo, generosidad y discreción ha hecho de un terreno áspero e inculto una provincia deliciosa y feliz.

La educación de sus hijos ocupa mucha parte de su tiempo. Diez años tiene el uno y nueve el otro; los he visto nacer y criarse; cada vez que los oigo o veo, me encanta tanta virtud e ingenio en tan pocos años. Éstos sí que heredan de su padre un caudal superior a todos los bienes de fortuna. En éstos sí que se verifica ser la prole hermosa y virtuosa el primer premio de un matrimonio perfecto. ¿Qué no se puede esperar con el tiempo de unos niños que en tan tierna edad manifiestan una alegría inocente, un estudio voluntario, una inclinación a todo lo bueno, un respeto filial a sus padres y un porte benigno y decoroso para con sus criados?

Mi ama, la digna esposa de mi señor, el honor de su sexo, es una mujer dotada de singulares prendas. Vamos claros [5], señor forastero: la mujer por sí sola es una criatura dócil y flexible. Por más que el desenfreno de los jóvenes se empeña en pintarla como un dechado de flaqueza, yo veo lo contrario: veo que es un fiel traslado del hombre con quien vive. Si una mujer joven, poderosa y con mérito halla en su marido una pasión de razón de estado, un trato desabrido y un mal concepto de su sexo en lo restante de los hombres, ¿qué mucho que proceda mal? Mi ama tiene pocos años, más que mediana hermosura, suma viveza y lo que llaman mucho mundo. Cuando se desposó con mi amo, halló en su esposo un hombre amable, juicioso, lleno de virtudes; halló un compañero, un amante, un maestro; todo en un solo hombre, igual a ella hasta en las accidentales circunstancias de lo que llaman nacimiento; por todo había de ser y continuar siendo buena. No es tan mala la naturaleza que pueda resistirse a tanto ejemplo de bondad. No he olvidado, ni creo que jamás pueda olvidar un lance en que acabó de acreditarse en mi concepto de mujer singular o única. Pasaba por estos países parte del ejército que iba a Portugal. Mi amo hospedó en casa algunos señores a quienes había conocido en la corte. Uno de ellos se detuvo algún tiempo más para convale-

---

[5] *vamos claros:* vid. Cartas LXXX, nota 3 y LXXXII, nota 1.

cer de una enfermedad que le sobrevino. Gallarda presencia, conversación graciosa, nombre ilustre, equipaje magnífico, desembarazo cortesano y edad propia a las empresas amorosas le dieron algunas alas para tocar un día delante de mi ama especies al parecer poco ajustadas al decoro que siempre ha reinado en esta casa. ¡Cuán discreta anduvo mi señora! El joven se avergonzó de su misma confianza; mi amo no pudo entender el asunto de que se trataba, y con todo esto la oí llorar en su cuarto y quejarse del desenfreno del joven.

Contándome otras cosas de este tenor de la vida de sus amos, me detuvo el buen criado toda la noche y, por no molestar a mis huéspedes, me puse en viaje al amanecer, dejando dicho que a mi regreso para Madrid me detendría una semana en su casa.

¿Qué te parece de la vida de este hombre? Es de las pocas que pueden ser apetecidas. Es la única que me parece envidiable.

CARTA LXX

De Nuño a Gazel
Respuesta de la anterior

Veo la relación que me haces de la vida del huésped que tuviste, por la casualidad, tan común en España, de romperse un coche de camino. Conozco que ha congeniado contigo aquel carácter y retiro. La enumeración que me haces de las virtudes y prendas de aquella familia, sin duda ha de tener mucha simpatía con tu buen corazón. El gustar de su semejante es calidad que días ha se ha descubierto propia de nuestra naturaleza, pero con más fuerza entre los buenos que entre los malvados; o, por mejor decir, sólo entre los buenos se halla esta simpatía, pues los malos se miran siempre unos a otros con notable recelo, y si se tratan con aparente intimidad, sus corazones están siempre tan separados como estrechados sus brazos y apretadas sus manos; doctrina en que me confirma tu amigo Ben-Beley. Pero, Gazel, volviendo a tu huésped y otros de su carácter, que no faltan en las provincias y de los cuales conozco no pequeño número, ¿no te parece lastimosa para el estado la pérdida de unos hombres de talento y mérito que se apartan de las carreras útiles a la república? ¿No crees que todo individuo está obligado a contribuir al bien de su patria con todo esmero? Apártense del bullicio los inútiles y decrépitos: son de más estorbo que servicio; pero tu huésped y sus semejantes están en la edad de servirla, y deben buscar las ocasiones de ello aun a costa de toda especie de disgustos. No basta ser buenos para sí y para otros pocos; es preciso serlo o procurar serlo para el total de la nación. Es verdad que no hay carrera en el estado que no esté sembrada de abrojos; pero no deben espantar al hombre que camina con firmeza y valor [1].

La milicia estriba toda en una áspera subordinación, poco menos rígida que la esclavitud que hubo entre los romanos. No ofrece sino trabajo de cuerpo a los bisoños [2] y de espíritu a los veteranos; no promete jamás premio que pueda así llamarse, respecto de las penas con que amenaza continuamente. Heridas y pobreza forman la vejez del soldado que no muere en el polvo de algún campo de batalla o entre las tablas de algún navío de guerra. Son además tenidos en su misma patria por ciudadanos despegados del gremio; no falta filósofo que los llame verdugos. ¿Y qué, Gazel, por eso no ha de haber soldados? ¿No han de entrar en la milicia los ma-

---

[1] Frente al ideal idílico del hombre virtuoso en soledad, cumplidor consigo y con los suyos, opone ahora Nuño los deberes del hombre ilustrado en sociedad. Se trata, como dirá al final, de ser no sólo *hombre bueno* sino *buen ciudadano*.

[2] *bisoños,* como se ve, contrapuesto a veteranos: «el soldado, o milicia nueva, que no ha perdido el miedo y está aún torpe en el ejercicio de las armas» *(Aut.).*

yores próceres de cada pueblo? ¿No ha de mirarse esta carrera como la cuna de la nobleza?

La toga es ejercicio no menos duro. Largos estudios, áridos y desabridos, consumen la juventud del juez; a ésta suceden un continuo afán y retiro de las diversiones, y luego, hasta morir, una obligación diaria de juzgar de vidas y haciendas ajenas, arreglado a una oscura letra de dudoso sentido y de escrupulosa interpretación, adquiriéndose continuamente la malevolencia de tantos como caen bajo la vara de la justicia. ¿Y no ha de haber por eso jueces, ni quien siga la carrera que tanto se parece a la esencia divina en premiar el bueno y castigar el malo?

Lo mismo puede ofrecer para espantarnos la vida de palacio, y aun mucho más, mostrándonos la precisión de vivir con un perpetuo ardid que muchas veces aun no basta para mantenerse el palaciego. Mil acasos no previstos deshacen los mayores esfuerzos de la prudencia humana. Edificios de muchos años se arruinan en un instante. Mas no por eso han de faltar hombres que se dediquen a aquel método de vivir.

Las ciencias, que parecen influir dulzura y bondad, y llenar de satisfacción a quien las cultiva, no ofrecen sino pesares. ¡A cuánto se expone el que de ellas saca razones para dar a los hombres algún desengaño, o enseñarles alguna verdad nueva! ¡Cuántas pesadumbres le acarrea! ¡Cuántas y cuán siniestras interpretaciones suscitan la envidia o la ignorancia, o ambas juntas, o la tiranía valiéndose de ellas! ¡Cuánto pasa el sabio que no supo lisonjear al vulgo! ¿Y por eso se ha de dejar a las ciencias? ¿Y por el miedo a tales peligros han de abandonar los hombres lo que tanto pule su racionalidad y la distingue del instinto de los brutos?

El hombre que conoce la fuerza de los vínculos que le ligan a la patria, desprecia todos los fantasmas producidos por una mal colocada filosofía que le procura espantar, y dice: Patria, voy a sacrificarte mi quietud, mis bienes y vida. Corto sería este sacrificio si se redujera a morir: voy a exponerme a los caprichos de la fortuna y a los de los hombres, aun más caprichosos que ella. Voy a sufrir el desprecio, la tiranía, el odio, la envidia, la traición, la inconstancia y las infinitas y crueles combinaciones que nacen del conjunto de muchas de ellas o de todas.

No me dilato más, aunque fuera muy fácil, sobre esta materia. Creo que lo dicho baste para que formes de tu huésped un concepto menos favorable. Conocerás que aunque sea hombre bueno será mal ciudadano; y que el ser buen ciudadano es una verdadera obligación de las que contrae el hombre al entrar en la república, si quiere que ésta le estime, y aun más si quiere que no lo mire como a extraño. El patriotismo es de los entusiasmos más nobles que se han conocido para llevar al hombre a despreciar y emprender cosas grandes, y para conservar los estados.

CARTA LXXI

Del mismo al mismo

A estas horas ya habrás leído mi última contra la quietud particular y a favor del entusiasmo; aunque sea molestar tu espíritu filosófico y retirado, he de continuar en ésta por donde dejé aquélla.

La conservación propia del individuo es tan opuesta al bien común de la sociedad, que una nación compuesta toda de filósofos no tardaría en ser esclavizada por otra. El noble entusiasmo del patriotismo es el que ha guardado los estados, detenido las invasiones, asegurado las vidas y producido aquellos hombres que son el verdadero honor del género humano. De él han dimanado las acciones heroicas imposibles de entenderse por quien no esté poseído del mismo ardor, y fáciles de imitar por quien se halla dominado de él.

(Aquí estaba roto el manuscrito, con lo que se priva al público de la continuación de un asunto tan plausible.)

CARTA LXXII

Gazel a Ben-Beley

Hoy he asistido por mañana y tarde a una diversión propiamente nacional de los españoles, que es lo que ellos llaman fiesta o corrida de toros. Ha sido este día asunto de tanta especulación para mí, y tanto el tropel de ideas que me asaltaron a un tiempo, que no sé por cuál empezar a hacerte la relación de ellas. Nuño aumenta más mi confusión sobre este particular, asegurándome que no hay un autor extranjero que hable de este espectáculo, que no llame bárbara a la nación que aún se complace en asistir a él. Cuando esté mi mente más en su equilibrio, sin la agitación que ahora experimento, te escribiré largamente sobre este asunto; sólo te diré que ya no me parecen extrañas las mortandades que sus historias dicen de abuelos nuestros en la batalla de Clavijo, Salado, Navas y otras, si las excitaron hombres ajenos de todo el lujo moderno, austeros en sus costumbres, y que pagan dinero por ver derramar sangre, teniendo esto por diversión dignísima de los primeros nobles. Esta especie de barbaridad los hacía sin duda feroces, pues desde niños se divertían con lo que suelen causar desmayos a hombres de mucho valor la primera vez que asisten a este espectáculo [1].

---

[1] Una vez más la opinión de Cadalso contrapesa sus habituales contradicciones: quiere salvar la corrida como algo propio de su país, pero no escatima en considerarla *barbaridad*. Los extranjeros la rechazan, pero no quienes admiran la antigua austeridad y creen que es la fiesta «diversión dignísima de los primeros nobles».

CARTA LXXIII

Del mismo al mismo

Cada día admiro más y más el número de varones grandes que se leen en genealogías de los reyes de la casa que actualmente ocupa el trono de España. El presente empezó su reinado perdonando las deudas que habían contraído provincias enteras por los años infelices, y pagando las que tenían sus antecesores para con sus vasallos. Con haber dejado las deudas en el estado que las halló, sin cobrar ni pagar, cualquiera le hubiera tenido por equitativo, y todos hubieran alabado su benignidad, pues teniendo en su mano el arbitrio de ser juez y parte, parecería suficiente moderación la de no cobrar lo que podía; pero se condenó a sí mismo y absolvió a los otros [1].

Y dio por este medio un ejemplo de justificación más estimable que un código entero que hubiese publicado sobre la justicia y el modo de administrarla. Se olvidó que era rey, y sólo se acordó que era padre [2].

Su hermano y predecesor, Fernando, en su reinado pacífico confirmó a su pueblo en la idea de que el nombre de Fernando había de ser siempre de buen agüero para España.

Su otro hermano, Luis, duró poco, pero lo bastante para que se llorase mucho su muerte.

Su padre, Felipe, fue héroe y fue rey, sin que sepa la posteridad en cuál clase colocarle sin agraviar a la otra.

---

[1] Desde el punto, todo este párrafo falta en O.

[2] Casi parece que se expresan ciertas reservas ante la excesiva generosidad de Carlos III que, efectivamente, eximió a sus vasallos del pago de contribuciones y deudas.

Vivo retrato de su progenitor Enrique IV [3], tuvo al principio de su reinado una mano levantada para vencer y otra para aliviar a los vencidos. Su pueblo se dividió en dos, y él también dividió en dos su corazón, para premiar a unos y perdonar a otros. Los pueblos que le siguieron fieles hallaron un padre que los halagaba, y los que se apartaron encontraron un maestro que los corregía. Tenían que admirarle los que no le amaban; y si los leales le hallaban bueno, los otros le hallaban grande. Como la naturaleza humana es tal que no puede tardar en querer al mismo a quien admira, murió reinando sobre todas las provincias, pero sin haber logrado una paz estable que le hiciese gozar los frutos de sus fatigas.

Sus ascendientes reinaron en Francia. Léanse sus historias con reflexión, y se verá qué era la Francia antes de Enrique IV, y qué papel tan diferente ha hecho aquella monarquía desde que la mandan los descendientes de aquel gran príncipe.

CARTA LXXIV

GAZEL A BEN-BELEY

Ayer me hallé en una concurrencia en que se hablaba de España, de su estado, de su religión, de su gobierno, de lo que es, de lo que ha sido, de lo que pudiera ser, etc. Admiróme la elocuencia, la eficacia y el amor con que se hablaba, tanto más cuanto noté que excepto Nuño, que era el que menos se explicaba, ninguno de los concurrentes era español. Unos daban al público los hermosos efectos de sus especulaciones para que esta

---

[3] Enrique IV, que preparó la hegemonía francesa en Europa, fue el primer rey de la dinastía de los Borbones en Francia, desde 1589 a 1610. Le sucedió Luis XIII, padre de Luis XIV, abuelo a su vez del primer rey borbónico de España, Felipe V.

monarquía tuviese cien navíos de línea en poco más de seis meses; otros, para que la población de estas provincias se duplicase en menos de quince años; otros, para que todo el oro y plata de ambas Américas queden en la península; otros, para que las fábricas de España desbancasen todas las de Europa; y así de lo demás.

Muchos apoyaban sus discursos con pariedades[1] sacadas de lo que sucede en otro país. Algunos pretendían que no les movía más objeto que el hacer bien a esta nación, contemplándola con dolor atrasada en más de siglo y medio respecto de las otras, y no faltaban algunos que ostentaban su profunda ciencia en estas materias para demostrar con más evidencia la inutilidad de los genios o ingenios españoles, y otros, en fin, por otros varios motivos.

Harto se hizo en tiempo de Felipe V, no obstante sus largas y sangrientas guerras, dijo uno. Tal quedó ello en la muerte de Carlos II, dijo otro. Fue muy desidioso, añadió un tercero, Felipe IV, y muy desgraciado su ministro el conde-duque de Olivares.

—¡Ay, caballeros! —dijo Nuño—; aunque todos ustedes tengan la mejor intención cuando hablan de remediar los atrasos de España, aunque todos tengan el mayor interés en trabajar a restablecerla, por más que la miren con el amor de patria, digámoslo así, adoptiva, es imposible que acierten. Para curar a un enfermo, no bastan las noticias generales de la facultad ni el buen deseo del profesor; es preciso que éste tenga un conocimiento particular del temperamento del paciente, del origen de la enfermedad, de sus incrementos y de sus complicaciones si las hay. Quieren curar toda especie de enfermos y de enfermedades con un mismo medicamento: no es medicina, sino lo que llaman charlatanería, no

---

[1] *pariedades:* en D-G «paridades». Sin embargo, la primera forma es la que figura tanto en el ms. F como en el O, seguido por los citados hispanistas. Los motivos que me llevan a respetar la forma aparentemente errada están expuestos en mis *Problemas lingüísticos y textuales...*, art. cit. en la Bibliografía.

sólo ridícula en quien la profesa, sino dañosa para quien la usa.

En lugar de todas estas especulaciones y proyectos, me parece mucho más sencillo otro sistema nacido del conocimiento que ustedes no tienen, y se reduce a esto poco: la monarquía española nunca fue tan feliz por dentro, ni tan respetada por fuera, como en la época de morir Fernando el Católico; véase, pues, qué máximas entre las que formaron juntas aquella excelente política han decaído de su antiguo vigor; vuélvase a dar el vigor antiguo, y tendremos la monarquía en el mismo pie[2] en que la halló la casa de Austria. Cortas variaciones respecto el sistema actual de Europa bastan, en vez de todas esas que ustedes han amontonado.

—¿Quién fue ese Fernando el Católico? —preguntó uno de los que habían perorado. —¿Quién fue ése? —preguntó otro. —¿Quién, quién? —preguntaron todos los demás estadistas.

—¡Ay, necio de mí! —exclamó Nuño, perdiendo algo de su natural quietud—; ¡necio de mí! que he gastado tiempo en hablar de España con gentes que no saben quién fue Fernando el Católico. Vámonos, Gazel.

CARTA LXXV

DEL MISMO AL MISMO

Al entrar anoche en mi posada, me hallé con una carta cuya copia te remito. Es de una cristiana a quien apenas conozco. Te parecerá muy extraño su contenido, que dice así:

Acabo de cumplir veinticuatro años, y de enterrar a mi último esposo de seis que he tenido en otros tantos

---

[2] *en el mismo pie:* vid. Carta XI, nota 4.

matrimonios, en espacio de poquísimos años. El primero fue un mozo de poca más edad que la mía, bella presencia, buen mayorazgo, gran nacimiento, pero ninguna salud. Había vivido tanto en sus pocos años, que cuando llegó a mis brazos ya era cadáver. Aún estaban por estrenar muchas galas de mi boda, cuando tuve que ponerme luto. El segundo fue un viejo que había observado siempre el más rígido celibatismo; pero heredando por muertes y pleitos unos bienes copiosos y honoríficos, su abogado le aconsejó que se casase; su médico hubiera sido de otro dictamen. Murió de allí a poco, llamándome hija suya, y juró que como a tal me trató desde el primer día hasta el último. El tercero fue un capitán de granaderos, más hombre, al parecer, que todos los de su compañía. La boda se hizo por poderes desde Barcelona; pero picándose con un compañero suyo en la luneta [1] de la ópera, se fueron a tomar el aire juntos [2] a la explanada y volvió solo el compañero, quedando mi marido por allá. El cuarto fue un hombre ilustre y rico, robusto y joven, pero jugador tan de corazón, que ni aun la noche de la boda durmió conmigo porque la pasó en una partida de banca. Dióme esta primera noche tan mala idea de las otras, que lo miré siempre como huésped en mi casa, más que como precisa mitad mía en el nuevo estado. Pagóme en la misma moneda, y murió de allí a poco de resulta de haberle tirado un amigo suyo un candelero a la cabeza, sobre no sé qué equivocación de poner a la derecha una carta que había de caer a la izquierda. No obstante todo esto, fue el marido que más me ha divertido, a lo menos por su conversación que era chistosa y siempre en estilo de juego. Me acuerdo que, estando un día comiendo con bastantes gentes en

---

[1] *luneta,* italianismo de la época, «se llama en los corrales de comedias la estancia cerrada que hay delante del tablado, donde se sientan gentes de distinción...» *(Aut.).* Es lo que hoy se conoce como el patio de butacas.

[2] *tomar el aire juntos* parece irónico eufemismo por «combatir en duelo».

casa de una dama [3] algo corta de vista, le pidió de un plato que tenía cerca y él la dijo [4]: —Señora, la talla anterior, pudo cualquiera haber apuntado, que había bastante fondo; pero aquel caballero que come y calla acaba de hacer a este plato una doble paz de paroli [5] con tanto acierto, que nos ha desbancado. —Es un apunte temible a este juego.

El quinto que me llamó suya era de tan corto entendimiento, que nunca me habló sino de una prima que él tenía y que quería mucho. La prima se murió de viruelas a pocos días de mi casamiento, y el primo se fue tras ella. Mi sexto y último marido fue un sabio. Estos hombres no suelen ser buenos muebles [6] para maridos. Quiso mi mala suerte que en la noche de mi casamiento se apareciese una cometa [7], o especie de cometa. Si algún fenómeno de éstos ha sido jamás cosa de mal agüero, ninguno lo fue tanto como éste. Mi esposo calculó que el dormir con su mujer sería cosa periódica de cada veinticuatro horas, pero que si el cometa volvía, tardaría tanto en dar la vuelta, que él no le podría observar; y así, dejó esto por aquello, y se salió al campo a hacer sus observaciones. La noche era fría, y lo bastante para darle un dolor de costado, del que murió.

Todo esto se hubiera remediado si yo me hubiera ca-

---

[3] *en casa de una dama:* en F, «en casa, una dama»; creo que es error y por eso corrijo.

[4] *la dijo.* Vid. Carta VI, nota 5.

[5] Terminología propia del juego de cartas: *la talla* es la mano dada; *apuntar* equivale a apostar; el *fondo* es la cantidad de dinero; *paz,* la ganancia de la cantidad apostada, que en este caso es doble; y *paroli* o *pároli* (en D-G «paroli») la jugada que consiste en no retirar lo ganado para cobrar triplicado si se vuelve a ganar (del italiano *li paro,* o sea, *paroli*). En el lenguaje figurado de los naipes el señor contesta a la dama miope que ya no queda nada en el plato del que pretende servirse, tras haberlo hecho el caballero que se puso el triple de lo que debía.

[6] *muebles:* sustantivo con gran carga irónica, aplicado al hombre. Según Terreros se llamaba *mueble* al cortejo en el habla madrileña. Cfr. Carta LX, nota 5.

[7] *una cometa,* en femenino, es como consta en los manuscritos, injustificadamente corregido por D-G en «un cometa».

sado una vez a mi gusto, en lugar de sujetarlo seis veces al de un padre que cree la voluntad de la hija una cosa que no debe entrar en cuenta para el casamiento. La persona que me pretendía es un mozo que me parece muy igual a mí en todas calidades, y que ha redoblado sus instancias cada una de las cinco primeras veces que yo he enviudado; pero en obsequio de sus padres, tuvo que casarse también contra su gusto, el mismo día que yo contraje matrimonio con mi astrónomo.

Estimaré al señor Gazel me diga qué uso o costumbre se sigue allá en su tierra en esto de casarse las hijas de familia, porque aunque he oído muchas cosas que espantan de lo poco favorable que nos son las leyes mahometanas, no hallo distinción alguna entre ser esclava de un marido o de un padre, y más cuando de ser esclava de un padre resulta el parar en tener marido, como en el caso presente.

CARTA LXXVI

Gazel a Ben-Beley

Son infinitos los caprichos de la moda. Uno de los actuales es escribirme cartas algunas mujeres que no me conocen sino de nombre, o por oírme, o por hablarme, o por ambos casos. Se han puesto muchas en este pie[1] desde que se divulgó la esquela[2] que me escribió la primera y yo te remití. Lo mismo ejecutaré con las que me parezcan dignas de pasar el mar para divertir a un sabio africano con extravagancias europeas; y sin perder

---

[1] *en este pie:* vid. Carta XI, nota 4.
[2] *esquela,* «tira de papel ancha de cuatro u seis dedos y de una tercia de largo poco menos, para anotar y apuntar alguna cosa en resumen... Es voz moderna, usada en las secretarías y oficinas de pluma» *(Aut.,* bajo la forma *eschela).*

correo, allá va esa copia. Depón por un rato, oh mi venerable Ben-Beley, el serio aspecto de tu edad y carácter. Te he oído mil veces que algún rato empleado en pasatiempo suele dejar el espíritu más descansado para dedicarse a sublimes especulaciones. Me acuerdo haberte visto cuidar de un pájaro en la jaula y de una flor en el jardín: nunca me pareciste más sabio. El hombre grande nunca es mayor que cuando se baja al nivel de los demás hombres, sin que esto le quite el remontarse después a donde le encumbre el rayo de la esencia suprema que nos anima. Dice, pues, así la carta:

«Señor moro: Las francesas tienen cierto pasatiempo que llaman *coquetería*[3], y es engaño que hace la mujer a cuantos hombres se presentan. La coqueta lo pasa muy bien, porque tiene a su disposición todos los jóvenes de algún mérito, y se lisonjea mucho del amor propio con tanto incienso. Pero como los franceses toman y dejan con bastante ligereza algunas cosas, y entre ellas las de amor, las consecuencias de mil coquetinas en perjuicio de un mozo se reducen a que el tal lo reflexiona un minuto, y se va con su incensario a otro altar. Los españoles son más formales en esto de enamorarse; y como ya todo aquel antiguo aparato de galanteo, obstáculos que vencer, dificultades que prevenir, criados que cohechar, como todo esto se ha desvanecido, empiezan a padecer desde el instante que se enamoraron de una coqueta española, y suele parar la cosa en que el amante que conoce la burla que le han hecho se muere, se vuelve loco, o a mejor librar, piensa en ausentarse desesperado. Yo soy una de las más famosas en esta secta, y no puedo menos de acordarme con satisfacción propia de las víctimas que se han sacrificado en mi templo y por mi culto. Si en Marruecos nos dan algún día semejante des-

---

[3] *coquetería* y *coqueta*, que usa Cadalso poco más abajo, eran recientes galicismos. El Diccionario de Autoridades no los registra todavía y Corominas da, para el primero, la fecha de 1843. Ambos neologismos caracterizan la actitud de la mujer de la buena sociedad en la segunda mitad del siglo XVIII, en su afán de exhibición y en su ansia de agradar y ser halagada y deseada.

potismo, que será en el mismo instante que se anulen las austeras leyes de los serrallos, y si las señoras marruecas quisiesen admitir unas cuantas españolas para catedráticas de esta nueva ciencia hasta ahora desconocida en África, prometo en breve tiempo sacar, entre mis lecciones y la de otra media docena de amigas, suficiente número de discípulas para que paguen los musulmanes a pocas semanas todas las tiranías que han ejercido sobre nosotras desde el mismo Mahoma hasta el día de la fecha; pues aumentando el dominio de mi sexo sobre el masculino en proporción del calor del clima como se ha experimentado en la corta distancia del paso de los Pirineos, deben esperar las coquetas marruecas un despotismo que apenas cabe en la imaginación humana, sobre todo en las provincias meridionales de ese imperio.»

CARTA LXXVII

Gazel a Ben-Beley

Los trámites del nacimiento, aumento, decadencia, pérdida y resurrección del buen gusto en la transmigración de las ciencias y artes dejan tal serie de efectos, que se ven en cada periodo de éstos los influjos del anterior. Pero cuando se hacen más notables es cuando, después de la era del mal gusto, al tocar ya en la del bueno, se conocen los efectos del antecedente; y si esto se advierte con lástima en las ciencias positivas y artes serias, se echa de ver con risa en las facultades de puro adorno, como elocuencia y poesía.

Ambas decayeron a la mitad del siglo pasado en España, como todo lo restante de la monarquía. Intentan volver ambas a levantarse en el actual; pero no obstante el fomento dado a las ciencias, a pesar de la resurrección de los autores buenos españoles del siglo XVI, sin embargo de la traducción de los extranjeros modernos, aun después del establecimiento de las Academias, y en medio de la mofa con que algunos españoles han ridiculizado la hinchazón y todos los vicios del mal lenguaje, se ven de cuando en cuando algunos efectos de la falsa retórica y poesía de la última mitad del siglo pasado. Algunos ingenios mueren todavía, digámoslo así, de la misma peste de que pocos escaparon entonces. Varios oradores y poetas de estos días parece no ser sino sombra o almas de los que murieron cien años ha, y volver al mundo, ya para seguir los discursos que dejaron pendientes cuando expiraron, ya para espantar a los vivos.

Nuño me decía esto mismo anoche, y añadió: —Ésta es una verdad patente, pero con particularidad en los títulos de los libros, papeles y comedias. Aquí tengo una lista de títulos extraordinarios de obras que han salido al público con toda solemnidad de veinte años a esta parte, haciendo poco honor a nuestra literatura, aunque su contenido no deje de tener muchas cosas buenas, de lo que prescindo.

Sacó su cartera, aquella cartera de que te he hablado tantas veces, y después de papelear, me dijo: —Toma y lee—. Tomé y leí, y decía de este modo:

«Lista de algunos títulos de libros, papeles y comedias, que me han dado golpe[1], publicados desde el año de 1757, cuando ya era creíble que se hubiese acabado toda hinchazón y pedantería»[2].

1. *Los celos hacen estrellas, y el amor hace prodigios.* Decía al margen de letra de Nuño: «No entiendo la primera parte de este título.»

2. *Medula eutropólica*[3] *que enseña a jugar a las da-*

---

[1] *dar golpe,* «... metafóricamente significa causar harmonía al entendimiento, armar mucho a la razón algún dicho, argumento, viveza o conjetura» *(Aut.).*

[2] Todos los libros que va a citar Cadalso «aparecen en la *Gazeta de Madrid,* entre 1757 y 1772» precisan D-G (ed. cit., página 170), añadiendo nuevos detalles tomados de dichos anuncios.

[3] *Medula eutropólica:* en D-G, frente a la lección de O, «Mé-

mas con espada y broquel, añadida y aumentada. Y la nota marginal decía: «Estábamos todos en que el juego de las damas, así como el del aljedrez [4], era juego de mucha cachaza, excelentes para una aldea tranquila, propios de un capitán de caballos que está dando verde [5] a su compañía, con el boticario o fiel de fechos [6] de su lugar, mientras dan las doce para ir a comer el puchero; pero el autor medular eutropólico nos da una idea tan honrosa de este pasatiempo, que me alegró mucho no ser aficionado a tal juego; porque esto de ir un hombre armado con espada y broquel, cuando sólo creí que se trataba de un poco de diversión mansueta [7], sosegada y flemática, es chasco temible.»

3. *Arte de bien hablar, freno de lenguas, modelo de hacer personas, entretenimiento útil y camino para vivir en paz.* Al margen se leían los siguientes renglones: «Éste es mucho título, y lo de hacer personas es mucha obra.»

4. *Nueva mágica experimental y permitida. Ramillete de selectas flores, así aritméticas como físicas, astronómicas, astrológicas, graciosos juegos repartidos en un manual Kalendario para el presente año de 1761.* Sin duda enfadó mucho este título a mi amigo, pues al margen había puesto de malísima letra, como temblándole el pulso de pura cólera: «Si se lee este título dos veces seguidas a cualquiera estatua de bronce, y no se hace pedazos de risa o rabia, digo que hay bronces más duros que los mismos bronces.»

5. *Zumba de pronósticos y pronóstico de zumbas.*

---

dula eutrapélica». Prefiero respetar la forma deformada de los ms., que pudiera ser consciente.

[4] *aljedrez:* respeto la forma de los manuscritos. D-G corrigen injustificadamente poniendo «ajedrez».

[5] *verde,* «se llama también el alcacer (cebada) que se da a las caballerías por la primavera para purgarlas» *(Aut.).*

[6] *fiel de fechos,* «el que en los lugares suple la falta del escribano» *(Aut.,* en la voz «fecho»).

[7] *mansueto,* «lo mismo que manso, en el sentido de apacible» *(Aut.).*

«Zumbando me quedan los oídos con el retruécano», decía la nota marginal.

6. *Manojito de diversas flores, cuya fragancia descifra los misterios de la Misa y Oficio Divino, da esfuerzos a los moribundos y ahuyenta las tempestades.*

7. *Eternidad de diversas eternidades.*

8. *Arco iris de paz, cuya cuerda es la consideración y meditación para rezar el Santísimo Rosario de Nuestra Señora. Su aljaba ocupa 560 consideraciones, que tira el Amor Divino a todas sus almas.*

9. *Sacratísimo antídoto el nombre inefable de Dios contra el abuso de agur.* Al margen de este título y los tres antecedentes, había: «Siento mucho que para hablar de los asuntos sagrados de una religión verdaderamente divina, y por consiguiente digna de que se trate con la más profunda circunspección, se usen expresiones tan extravagantes y metáforas tan ridículas. Si semejantes locuciones fuesen sobre materias menos respetables, se pudiera hacer buena mofa de ellas.»

10. *Historia de lo futuro. Prologómeno[8] a toda la historia de lo futuro, en que se declara el fin y se prueban los fundamentos de ella, traducida del portugués.* Y la nota decía: «Alabo la diligencia del traductor. Como si no tuviésemos bastante copia de hinchazón, pedantería y delirio, sembrada, cultivada, cogida y almacenada de nuestra propia cosecha, el buen traductor quiere introducirnos los productos de la misma especie de los extranjeros, por si nos viene algún año malo de este fruto.»

11. *Antorchas para solteros, de chispas para casados.* Y al margen había puesto mi amigo: «Este título es más que todos los anteriores juntos. No hay hombre en España que lo entienda, como no lea la obra, y no es obra que convide mucho a los lectores por el título.»

12. *Ingeniosa y literal competencia entre Musa, rey*

---

[8] *Prologómeno:* en D-G, «Prolegómeno». Sin embargo, la primera es la forma que también aparece en el título de la *Gaceta,* citado por los mismos hispanistas. En O, «prologomento».

de los nombres, y Amo, rey de los verbos, a la que dio
fin una campal y sangrienta batalla que se dieron los va-
sallos de uno y otro monarca; compuesta en forma de
coloquio. La nota marginal decía: «Por el honor literario de mi patria sentiré mucho que pase los Pirineos semejante título, aunque para mi uso particular no puedo
menos de aplaudirlo, pues cada vez que lo leo me quita
dos o tres grados de mi natural hipocondría[9]. Si todos
estos títulos fuesen de obras jocosas o satíricas, pudiera
tolerarse, aunque no tanto; pero es insufrible este estilo
cuando los asuntos de las obras son serios, y mucho más
cuando son sagrados. Es sensible que aún permanezca
semejante abuso en nuestro siglo en España, cuando ya
se ha desterrado de todo lo restante del mundo, y más
cuando en España misma se ha hecho por varios autores
tan repetida y graciosa crítica de ello, y más severa que
en parte alguna de Europa, respecto de que el genio español en las materias de entendimiento es como la grue-
sa artillería, que es difícil de transportarse y manejarse
a mudar de dirección, pero, mudada una vez, hace más
efecto dondequiera que la apuntan.»

CARTA LXXVIII

DEL MISMO AL MISMO

¿Sabes tú lo que es un verdadero sabio escolástico?
No digo de aquellos que, siguiendo por carrera o razón
de estado el método común, se instruyen plenamente a
sus solas de las verdaderas ciencias positivas, estudian a
Newtón[1] en su cuarto y explican a Aristóteles en su cá-

[9] *hipocondría:* tristeza habitual como consecuencia de extremada sensibilidad nerviosa.
[1] *Newtón,* con acento en el ms., que respeto, porque así utili-
zan su nombre en el verso la mayor parte de los poetas que lo

tedra —de los cuales hay muchos en España—, sino de los que creen en su fuero interno que es desatino físico y ateísmo puro todo lo que ellos mismos no enseñan a sus discípulos y no aprendieron de sus maestros. Pues mira, hazte cuenta que vas a oírle hablar. Figúrate antes que ves un hombre muy seco, muy alto, muy lleno de tabaco, muy cargado de anteojos, muy incapaz de bajar la cabeza ni saludar a alma viviente, y muy adornado de otros requisitos semejantes. Ésta es la pintura que Nuño me hizo de ellos, y que yo verifiqué ser muy conforme al original cuando anduve por sus universidades. Te dirán, pues, de este modo, si le vas insinuando alguna afición tuya a otras ciencias que las que él sabe:

«Para nada se necesitan dos años, ni uno siquiera, de retórica. Con saber unas cuantas docenas de voces largas de catorce o quince sílabas cada una, y repetirlas con frecuencia y estrépito, se compone una oración o bien fúnebre o bien gratulatoria». Si le dices las ventajas de la buena oratoria, su uso, sus reglas, los ejemplos de Solís, Mendoza, Mariana [2] u otros, se echará a reír y te volverá la espalda.

«La poesía es un pasatiempo frívolo. ¿Quién no sabe hacer una décima o glosar una cuarteta de repente a una dama, a un viejo, contra un médico o una vieja, en memoria de tal santo u en reverencia de tal Misterio?» Si le dices que esto no es poesía, que la poesía es una cosa inexplicable y que sólo se aprende y se conoce leyendo los poetas griegos y latinos y tal cual moderno; que la religión misma usa de la poesía en las alabanzas al Criador; que la buena poesía es la piedra de toque del buen gusto de una nación o siglo; que, despreciando las pro-

---

mencionan en el siglo XVIII. El gran sabio y matemático inglés (1642-1727), iniciador de la nueva ciencia, fue el científico extranjero más citado entonces en la lírica. Vid. Joaquín Arce, «Ídolos científicos en la poesía española de la Ilustración», en *Cuadernos Hispanoamericanos,* 322-23 (1977).

[2] Los tres autores han sido ya destacados como prosistas: véase para Solís y Mariana, Carta VIII, nota 2; y, para Mendoza, la XLIX, nota 4.

ducciones ridículas de equivoquistas[3], truhanes y bufones, las poesías heroicas y satíricas son las obras tal vez más útiles a la república literaria, pues sirven para perpetuar la memoria de los héroes y corregir las costumbres de nuestros contemporáneos, no harían caso de ti.

«La física moderna es un juego de títeres. He visto esas que llaman máquinas de física experimental: juego de títeres, vuelvo a decir, agua que sube, fuego que baja, hilos, alambres, cartones, puro juguete de niños». Si le instas que a lo que él llama juego de títeres deben todas las naciones los adelantamientos en la vida civil, y aun de la vida física, pues estarían algunas provincias debajo del agua sin el uso de los diques y máquinas construidas por buenos principios de la tal ciencia; si les dices que no hay arte mecánica que no necesite de dicha física para subsistir y adelantar; si les dices, en fin, que en todo el universo culto se hace mucho caso de esta ciencia y de sus profesores, te llamará hereje.

Pobre de ti si le hablas de matemáticas. «Embuste y pasatiempo —dirá él muy grave—. Aquí tuvimos a don Diego de Torres[4], repetirá con mucha solemnidad y orgullo, y nunca estimamos su facultad, aunque mucho su persona por las sales y conceptos de sus obras». Si le dices: yo no sé nada de don Diego de Torres, sobre si fue o no gran matemático, pero las matemáticas son y han sido siempre tenidas por un conjunto de conocimientos que forman la única ciencia que así puede llamarse entre los hombres. Decir si ha de llover por marzo, ha de hacer frío por diciembre, si han de morir algunas personas en este año y nacer otras en el que viene, decir que tal planeta tiene tal influjo, que el comer melones ha de

---

[3] *equivoquista,* quien abusa del *equívoco,* «nombre o palabra que conviene a diferentes cosas» *(Aut.),* aquí referido más bien a los escritores conceptistas.
[4] Diego de Torres y Villarroel (1693-1770), escritor y personaje pintoresco, acreditado como astrólogo, que ganó sorprendentemente unas oposiciones a la cátedra de matemáticas de la Universidad de Salamanca.

dar tercianas[5], que el nacer en tal día, a tal hora, significa tal o tal serie de acontecimientos, es, sin duda, un despreciable delirio; y si ustedes han llamado a esto matemática, y si creen que la matemática no es otra cosa diversa, no lo digan donde lo oigan gentes. La física, la navegación, la construcción de los navíos, la fortificación de las plazas, la arquitectura civil, los acampamentos[6] de los ejércitos, la fundición, manejo y suceso de la artillería, la formación de los caminos, el adelantamiento de todas las artes mecánicas, y otras partes más sublimes, son ramos de esta facultad, y vean ustedes si estos ramos son útiles en la vida humana.

«La medicina que basta, dirá el mismo, es lo extractado de Galeno e Hipócrates[7]. Aforismos racionales, ayudados de buenos silogismos, bastan para constituir un buen médico». Si le dices que, sin despreciar el mérito de aquellos dos sabios, los modernos han adelantado en esta facultad por el mayor conocimiento de la anatomía y botánica, que no tuvieron en tanto grado los antiguos, a más de muchos medicamentos, como la quina y mercurio, que no se usó hasta ahora poco, también se reirá de ti.

Así de las demás facultades. Pues ¿cómo hemos de vivir con estas gentes?, preguntará cualquiera. Muy fácilmente, responde Nuño. Dejémoslos gritar continuamente sobre la famosa cuestión que propone[8] un satírico moderno, *utrum chimera, bombilians in vacuo pos-*

---

[5] *terciana,* «especie de calentura intermitente, que repite al tercero día, de donde tomó el nombre...» *(Aut.).*

[6] *acampamentos,* «campamentos». Cfr. las Cartas LXIV, nota 5, y LXXXIII, nota 6.

[7] Todavía en la segunda mitad del siglo XVIII se seguía enseñando la medicina, en los centros no ilustrados, según los principios sentados ya en la antigüedad griega por Hipócrates (del siglo V a. de C.) y por Galeno (que murió a principios del siglo III de nuestra era), aplicando el sistema de raciocinio escolástico a base de silogismos.

[8] *propone:* en todos los ms., «siempre». Acojo excepcionalmente una corrección de S, de cuya autenticidad dudo, porque hace falta un verbo para el sentido de la frase.

sit comedere secundas intentiones [9]. Trabajemos nosotros a las ciencias positivas, para que no nos llamen bárbaros los extranjeros; haga nuestra juventud los progresos que pueda; procure dar obras al público sobre materias útiles, deje morir a los viejos como han vivido, y cuando los que ahora son mozos lleguen a edad madura, podrán enseñar públicamente lo que ahora aprenden ocultos. Dentro de veinte años se ha de haber mudado todo el sistema científico de España insensiblemente, sin estrépito, y entonces verán las academias extranjeras si tienen motivo para tratarnos con desprecio. Si nuestros sabios tardan algún tiempo en igualarse con los suyos, tendrán la excusa de decirles: —Señores, cuando éramos jóvenes, tuvimos unos maestros que nos decían: *Hijos míos, vamos a enseñaros todo cuanto hay que saber en el mundo; cuidado no toméis otras lecciones, porque de ellas no aprenderéis sino cosas frívolas, inútiles, despreciables y tal vez dañosas.* Nosotros no teníamos gana de gastar el tiempo sino en lo que nos pudiese dar conocimientos útiles y seguros, con que nos aplicamos a lo que oíamos. Pero a poco fuimos oyendo otras voces y leyendo otros libros, que, si nos espantaron al principio, después nos gustaron. Los empezamos a leer con aplicación, y como vimos que en ellos se contenían mil verdades en nada opuestas a la religión ni a la patria, pero sí a la desidia y preocupación, fuimos dando varios usos a unos y a otros cartapacios y libros escolásticos, hasta que no quedó uno. De esto ya ha pasado algún tiempo, y en él nos hemos igualado con ustedes, aunque nos llevaban siglo y cerca de medio de delantera. Cuéntese por nada lo dicho, y pongamos la fecha desde hoy, supo-

---

[9] En su *Fray Gerundio de Campazas* (II, cap. I), el padre Isla propone, como defendida en Alemania, dicha cuestión. Según R. P. Sebold, editor del *Fray Gerundio, ob. cit.*, II, pág. 25, «la cuestión burlesca que tanto encanta a fray Toribio se halla ya en Rabelais, *Vie de Gargantua et de Pantagruel*, lib. II, cap. VII, donde se lee *bombinans*, en vez de *bombilians*». Sebold la interpreta así: «Si una quimera zumbando en el vacío puede comerse segundas intenciones». (Cfr. Carta LXVII, nota 2).

niendo que la península se hundió a mediados del siglo XVII y ha vuelto a salir de la mar a últimos del de XVIII.

CARTA LXXIX

Del mismo al mismo

Dicen los jóvenes: esta pesadez de los viejos es insufrible. Dicen los viejos: este desenfreno de los jóvenes es inaguantable. Unos y otros tienen razón, dice Nuño; la demasiada prudencia de los ancianos hace imposibles las cosas más fáciles, y el sobrado ardor de los mozos finge fáciles las cosas imposibles. En este caso no debe interesarse el prudente, añade Nuño, ni por uno ni por otro bando; sino dejar a los unos con su cólera y a los otros con su flema; tomar el medio justo y burlarse de ambos extremos.

CARTA LXXX

Del mismo al mismo

Pocos días ha presencié una exquisita chanza que dieron a Nuño varios amigos suyos extranjeros; pero no de aquéllos que para desdoro de su respectiva patria andan vagando el mundo [1], llenos de los vicios de todos los países que han corrido por Europa, y traen todo el conjunto de todo lo malo a este rincón de ella, sino de los que procuran imitar y estimar lo bueno de todas

---

[1] *vagando el mundo:* nótese la irregular construcción transitiva del verbo, en vez de «vagar por».

partes y que, por tanto, deben ser muy bien admitidos en cualquiera. De éstos trata Nuño algunos de los que residen en Madrid, y los quiere como paisanos suyos, pues tales le parecen todos los hombres de bien del mundo, siendo para con ellos un verdadero cosmopolita, o sea ciudadano universal. Zumbábanle, pues, sobre la facilidad con que los españoles de cualquiera condición y clase toma[2] el tratamiento de *don*. Como el asunto es digno de crítica, y los concurrentes eran personas de talento y buen humor, se les ofreció una infinidad de ideas y de expresiones a cual más chistosas, sin el empeño enfático de las disputas de escuela, sino con el donaire de las conversaciones de corte.

Un caballero flamenco, que se halla en Madrid siguiendo no sé qué pleito, dimanado de cierta conexión de su familia con otra de este país y tronco de aquélla, le decía lo absurdo que le parecía este abuso, y lo amplificaba, añadía y repetía: —*Don* es el amo de una casa; *don,* cada uno de sus hijos; *don,* el dómine que enseña gramática al mayor; *don,* el que enseña a leer al chico; *don,* el mayordomo; *don,* el ayuda de cámara; *doña,* el ama de llaves; *doña,* la lavandera. Amigo, vamos claros[3]: son más *dones* los de cualquiera casa que los del Espíritu Santo.

Un oficial reformado[4] francés, ayudante de campo del marqués de Lede[5], hombre sumamente amable que ha llegado a formar un excelente medio entre la grave-

[2] *toma:* respeto, contra lo que hacen las ediciones modernas (Tamayo, D-G, R. Reyes), el anómalo singular, que es la forma de todos los manuscritos, ya que creo debe interpretarse como un especial rasgo de la prosa de Cadalso. El verbo no concuerda con *españoles,* sino con *clase* o *condición.* (Vid. Carta IX, n. 3.)

[3] *vamos claros:* vid. Carta LXXXII, nota 1, donde repite la expresión.

[4] *reformado,* «se toma por el oficial militar que no está en actual ejercicio de su empleo» *(Aut.).* En el texto se alude, quizá, según D-G, a un tal Juan Dupont, con quien Cadalso mantuvo correspondencia.

[5] el *marqués de Lede* fue un importante personaje de la corte de Felipe V, que llegó a ser ministro durante el brevísimo reinado (1724) de Luis I.

dad española y la ligereza francesa, tomó la mano y dijo mil cosas chistosas sobre el mismo abuso.

A éste siguió un italiano, de familia muy ilustre, que había venido viajando por su gusto, y se detenía en España, aficionado de la lengua castellana, haciendo una colección de los autores españoles, criticando con tanto rigor a los malos como aplaudiendo con desinterés a los buenos [6].

A todo callaba Nuño; y su silencio aun me daba más curiosidad que la crítica de los otros; pero él no les interrumpió mientras tuvieron que decir y aun repetir lo dicho; ni aun mudaba de semblante. Al contrario, parecía aprobar con su dictamen el de sus amigos: con la cabeza, que movía de arriba abajo, con las cejas que arqueaba, con los hombros que encogía algunas veces; y con la alternativa de poner de cuando en cuando ya el muslo derecho sobre la rodilla izquierda, ya el muslo izquierdo sobre la rodilla derecha, significaba, a mi ver, que no tenía cosa que decir en contra; hasta que, cansados ya de hablar todos los concurrentes, les dijo poco más o menos:

—No hay duda que es extravagante el número de los que usurpan el tratamiento de *don;* abuso general en estos años, introducido en el siglo pasado, y prohibido expresamente en los anteriores. *Don* significa *señor,* como que es derivado de la voz latina *Dominus.* Sin pasar a los godos, y sin fijar la vista en más objetos que en los posteriores a la invasión de los moros, vemos que solamente los soberanos, y aun no todos, ponían *don* antes de su nombre. Los duques y grandes señores lo tomaron después con condescendencia de los reyes. Después quedó

---

[6] Se trata, sin duda, de Giambattista Conti que, durante su estancia en Madrid, donde vivió en la casa de N. Fernández de Moratín, formó parte de la tertulia de la Fonda de San Sebastián. Publicó, efectivamente, una *Colección de poesías castellanas traducidas en verso toscano* (Madrid, 1772-90) y, aparte, *La célebre égloga primera de Garcilaso de la Vega, con su traducción italiana en el mismo metro* (Madrid, 1771). Para los contactos con Italia, y correspondiente bibliografía, véase J. Arce, «El conocimiento de la Literatura Italiana...», art. cit.

en todos aquellos en quienes parecía bien, a saber, en todo señor de vasallos. Siguióse esta práctica con tanto rigor, que un hijo segundo del mayor señor, no siéndolo él mismo, no se ponía tal distintivo. Ni los empleos honoríficos de la Iglesia, toga y ejército daban semejante adorno, aun cuando recaían en las personas de la más ilustre cuna. Se firmaban con todos sus títulos, por grandes que fueran; se les escribía con todos sus apellidos, aunque fuesen los primeros de la monarquía, como Cerdas, Guzmanes, Pimenteles, sin poner el *don;* pero no se olvidaba al caballero particular más pobre, como tuviese efectivamente algún señorío, por pequeño que fuese. En cuántos monumentos, y no muy antiguos, leemos inscripciones de este o semejante tenor: *Aquí yace Juan Fernández de Córdova, Pimentel, Hurtado de Mendoza y Pacheco, Comendador de Mayorga en la Orden de Alcántara, Maestre de Campo del tercio viejo de Salamanca; nació,* etc., etc. *Aquí yace el licenciado Diego de Girón y Velasco, del Consejo de S. M. en el Supremo de Castilla, Embajador que fue en la Corte del Santo Padre,* etc., etc.

Pero ninguno de éstos ponía el *don,* aunque les sobrasen tantos títulos sobre que recaer. Después pareció conveniente tolerar que las personas condecoradas con empleos de consideración en el Estado se llamasen así. Y esto, que pareció justo, demostró cuánto más lo era el rigor antiguo, pues en pocos años ya se propagó la *donimanía* (perdonen ustedes la voz nueva), de modo que en nuestro siglo todo el que no lleva librea se llama don Fulano; cosa que no consiguieron *in illo tempore* ni Hernán Cortés, ni Sancho Dávila, ni Antonio de Leiva, ni Simón Abril, ni Luis Vives, ni Francisco Sánchez [7],

---

[7] De estos personajes, Cadalso ha hablado ampliamente de su héroe preferido, Cortés, en la Carta IX, y lo ha citado en la XVI, nota 3, junto con Leiva y otros; se ha referido ya a los humanistas Vives (Carta XLIX, nota 4) y Sánchez (Cartas XLIV, nota 8, y XLIX, nota 4). Antonio Sancho Dávila (1590-1666) fue un militar y diplomático español que ocupó importantes cargos: gobernador y capitán general de Orán, capitán general de las plazas

ni los otros varones insignes en armas y letras. Más es, que la multitud del *don* lo ha hecho despreciable entre la gente de primorosa educación. Llamarle a uno don Juan, don Pedro, don Diego a secas, es tratarle de criado; es preciso llamarle *señor don,* que quiere decir dos veces don. Si el *señor don* llega también a multiplicarse en el siglo que viene como el *don* en el nuestro, ya no bastará el *señor don* para llamar a un hombre de forma sin agraviarle, y será preciso decir *don señor don;* y temiéndose igual inconveniente en lo futuro, irá creciendo el número de los *dones* y *señores* en el de los siglos, de modo que dentro de algunos se pondrán las gentes en el pie de no llamarse las unas a las otras, por el tiempo que se ha de perder miserablemente en repetir el *señor don* tantas y tan inútiles veces. Las gentes de corte, que sin duda son las que menos tiempo tienen que perder, ya han conocido este daño y para ponerle competente remedio, si tratan a uno con alguna familiaridad, le llaman por el apellido a secas; y si no se hallan todavía en este pie [8], le añaden el *señor* de su apellido sin el nombre de bautismo. Pero aun de aquí nace otro embarazo: si nos hallamos en una sala muchos hermanos, o primos, o parientes del mismo apellido, ¿cómo nos han de distinguir, sino por las letras del abecedario, como los matemáticos distinguen las partes de sus figuras, o por números, como los ingleses sus regimientos de infantería?

A esto añadió Nuño otras mil reflexiones chistosas, y acabó levantándose con los demás para dar un paseo, diciendo: —Señores, ¿qué le hemos de hacer? Esto prueba lo que mucho tiempo se ha demostrado, a saber, que los hombres corrompen todo lo bueno. Yo lo confie-

---

de Dunkerque, embajador extraordinario en Inglaterra, gobernador del estado de Milán, presidente del consejo de Flandes, etc. Pedro Simón Abril (1530?-1595?) fue maestro de humanidades y autor de una gramática latina y otra griega, ambas en castellano, para mejor divulgar el aprendizaje de las lenguas clásicas.

[8] *en este pie,* y unas líneas antes, *en el pie:* vid. Carta XI, nota 4.

so en este particular, y digo lisa y llanamente que hay tantos dones superfluos en España como marqueses en Francia, barones en Alemania y príncipes en Italia; esto es, que en todas partes hay hombres que toman posesión de lo que no es suyo, y lo ostentan con más pompa que aquellos a quienes toca legítimamente; y si en francés hay un adagio que dice, aludiendo a esto mismo, *Baron allemand, Marquis français et Prince d'Italie, mauvaise compagnie,* así también ha pasado a proverbio castellano el dicho de Quevedo [9]:

> Don Turuleque me llaman,
> pero pienso que es adrede,
> porque no sienta muy bien
> el don con el Turuleque.

CARTA LXXXI

Del mismo al mismo

No es fácil saber cómo ha de portarse un hombre para hacerse un mediano lugar en el mundo. Si uno aparenta talento o instrucción, se adquiere el odio de las gentes, porque le tienen por soberbio, osado y capaz de cosas grandes. Si, al contrario, uno es humilde y comedido, le desprecian por inútil y necio. Si ven que uno es algo cauto, prudente y detenido, le tienen por vengativo y traidor. Si es uno sincero, humano y fácil de reconciliarse con el que le ha agraviado, le llaman cobarde y pusilánime; si procura elevarse, ambicioso; si se contenta con la medianía, desidioso; si sigue la corriente del mundo, adquiere nota de adulador; si se opone a los

---

[9] La referencia a la frase proverbial se encuentra también en el *Fray Gerundio* (vid. ed. cit., I, pág. 15, y III, pág. 149), aunque no relacionada con los versos de Quevedo.

delirios de los hombres, sienta plaza de extravagante. Estas consideraciones, pesadas con madurez y confirmadas con tantos ejemplos como abundan, le dan al hombre gana de retirarse a lo más desierto de nuestra África, huir de sus semejantes y escoger la morada de los desiertos u montes entre fieras y brutos.

CARTA LXXXII

Del mismo al mismo

Yo me guardaré de creer que haya habido siglo en que los hombres hayan sido cuerdos. Las extravagancias humanas son tan antiguas como ridículas, y cada era ha tenido su locura favorita. Pero así como el que entra en un hospital de locos se admira del que ve en cada jaula hasta que pasa a otra en que halla otro loco más frenético, así el siglo que ahora vemos merece la primacía hasta que venga otro que lo supere. El inmediato será, sin duda, el superior, pero aprovechemos los pocos años que quedan de éste para divertirnos, por si no llegamos a entrar en el siguiente; y vamos claros [1]: son muy exquisitos sus delirios, singularmente el de haber llegado a dar por falsos unos cuantos axiomas o proposiciones que se tenían por principios sentados e indubitables.

—Yo tengo —díjome Nuño— dos amigos que, a fuerza de estudiar las costumbres actuales y blasfemar de las antiguas, y a fuerza de querer sacar la quinta esencia

---

[1] *vamos claros:* «frase familiar con que se da a entender que las materias de que entre dos o más personas se trata o se discurre, se traten clara y desnudamente, con claridad y verdad, y sin el menor embozo...» *(Aut.).* La usa también en Carta LXXX, nota 3, y LXIX, nota 5.

del modernismo [2], han llegado a perder la cabeza, como puede acontecer a los que se empeñen mucho en el hallazgo de la piedra filosofal [3]; pero lo más singular de su desgracia es la manía que han tomado, a saber: examinarse el uno al otro sobre ciertas máximas que tienen por indubitables. Para esto le hace hacer ciertas protestaciones de su manía, que todas estriban sobre las máximas comunes de nuestros infatuados hombres de moda. Visitándolos muchas veces, por si puedo contribuir a su restablecimiento, he llegado a aprender de memoria varios de sus artículos, a más de que he encargado al criado que les asiste de que apunte todo lo que oiga gracioso en este particular, y todas las mañanas me presente la lista. Óyelo por preguntas y respuestas, según suelen repetirlas.

P[regunta]. ¿Tenéis por cierto que se pueda ser un excelente soldado sin haber visto más fuego que el de una chimenea; y que sólo baste llevar la vuelta de la manga muy estrecha, hablar mal de cuantos generales no dan buena mesa, decir que desde Felipe II acá no han hecho nada nuestros ejércitos, asegurar que de veinte años de edad se pueden mandar cien mil hombres, mejor que con cuarenta años de experiencia, quince funciones [4] generales, cuatro heridas y conocimiento del arte?

R[espuesta]. Sí tengo.

P. ¿Tenéis por cierto que se pueda ser un pasmoso sabio sin haber leído dos minutos al día, sin tener un libro, sin haber tenido maestros, sin ser bastante humilde para preguntar, y sin tener más talento que para bailar un minuet?

R. Tengo.

---

[2] *modernismo:* para la novedad del vocablo en la época, téngase en cuenta que Corominas le asigna la fecha de 1899, es decir, un siglo y cuarto después.
[3] *piedra filosofal,* «la materia con que algunos filósofos o alquimistas pretenden hacer oro artificialmente» (*Aut.*).
[4] *función:* «en la milicia se llama cualquiera acción de armas, como asalto de plaza o combate con los enemigos» (*Aut.*).

P. ¿Tenéis por cierto que para ser buen patriota baste hablar mal de la patria, hacer burla de nuestros abuelos, y escuchar con resignación a nuestros peluqueros, maestros de baile, operistas, cocineros, y sátiras despreciables contra la nación; hacer como que habéis olvidado vuestra lengua paterna, hablar ridículamente mal varios trozos de las extranjeras, y hacer ascos de todo lo que pasa y ha pasado desde los principios por acá?

R. Sí tengo.

P. ¿Tenéis por cierto que para juzgar de un libro no se necesita verlo, y basta verlo por el forro u algo del índice y prólogo?

R. Sí tengo.

P. ¿Tenéis por cierto que para mantener el cuerpo físico humano son indispensables cuatro horas de mesa con variedad de platos exquisitos y mal sanos, café que debilita los nervios, licores que privan la cabeza, y después un juego que arruina los bolsillos, contrayendo deudas vergonzosas para pagar?

R. Sí tengo.

P. ¿Tenéis por cierto que para ser ciudadano útil baste dormir doce horas, gastar tres en el teatro, seis en la mesa y tres en el juego?

R. Sí tengo.

P. ¿Tenéis por cierto que para ser buen padre de familia baste no ver meses enteros a vuestra mujer, sino a las ajenas, arruinar vuestros mayorazgos, entregar vuestros hijos a un maestro alquilado, o a vuestros lacayos, cocheros y mozos de mulas?

R. Sí tengo.

P. ¿Tenéis por cierto que para ser grande hombre baste negaros al trato civil, arquear las cejas, tener grandes equipajes, grandes casas y grandes vicios?

R. Sí tengo.

P. ¿Tenéis por cierto que para contribuir de vuestra parte al adelantamiento de las ciencias, baste perseguir a los que las cultivan o con desprecio a los que se dedican a cultivarlas; y mirar a un filósofo, a un poeta, a un matemático, a un orador, como a un papagayo, a un mico, a un enano y a un bufón?

R. Sí tengo.

P. ¿Tenéis por cierto que todo hombre taciturno, especulativo y modesto en proferir su dictamen, merece desprecio y mofa, y hasta golpes y palos si los aguantara, y que, al contrario, para ser digno de atención es menester hablar como una cotorra, dar vueltas como mariposa y hacer más gestos que un mico?

R. Sí tengo.

P. ¿Tenéis por cierto que la suma y final bienaventuranza del hombre consiste en tener un tiro de caballos frisones muy gordos, o de potros cordobeses muy finos, o de mulas manchegas muy altas?

R. Sí tengo.

P. ¿Tenéis por cierto que si el siglo que viene abre los ojos sobre las ridiculeces del actual, será vuestro nombre y el de vuestros semejantes el objeto de la risa y mofa, y tal vez de odio y execración?; y no obstante esto, ¿vienes [5] a prometer vivir en una extravagancia?

R. Sí tengo y prometo.

Y luego suele callar el preguntante, y el otro le hace otras tantas preguntas, añadió Nuño. Lo sensible es que no hagan todo un catecismo completo análogo a esta especie de símbolo de sus extravagancias. Muy curioso estoy de saber qué mandamientos pondrían, qué obras de misericordia, qué pecados, qué virtudes opuestas a ellos, qué oraciones. Los que han profesado esta religión, venerado sus misterios, asistido a sus ritos y procurado propagar su doctrina, suelen pasar alegremente los años agradables de su vida. El alto concepto en que se tienen a sí mismos; el sumo desprecio con que tratan a los otros; la admiración que les atrae el mundo femenino; su parte extravagante; y, en fin, la ninguna reflexión seria que pueda detener un punto su continuo movimiento, les da sin duda una juventud muy gustosa.

---

[5] Obsérvese el cambio de persona verbal: «¿*Tenéis*...?»; pero «¿*vienes*...?»

Pero cuando van llegando a la edad madura, y ven que van a caer en el mayor desaire, creo que se han de hallar en muy triste situación. Se desvanece todo aquel torbellino de superficialidades, y se hallan en otra esfera. Los hombres serios, formales e importantes no los admiten, porque nunca los han tratado; las mujeres los desconocen, porque los ven despojados de todas las prendas que los hacían apreciables en el estrado [6], y se me figura cada uno de ellos como el murciélago, que ni es ratón ni pájaro.

¿En qué clase, pues, de estado se han de colocar uno de éstos cuando llega a la edad menos ligera y deliciosa? ¡Cuán amargos instantes tendrá cuando se vea en la imposibilidad de ser ni hombre ni niño! Le darán envidia los hombres que van entrando en la edad que él ha pasado, y le extrañarán los hombres que van entrando con las canas que ya le asoman. Si hubiese contraído la naturaleza, al tiempo de producirle, alguna obligación de mantenerle siempre en la edad florida, moriría sin haber usado de su razón, embobado en los aparentes placeres y felicidades. Si conociendo lo corto de la juventud, hubiese mirado las cosas sólidas, se hallaría a cierto tiempo colocado en alguna clase de la república, más o menos feliz a la verdad, pero siempre con algún establecimiento; cuando [7] en el caso del petimetre [8], éste no tiene que esperar más que mortificaciones y desaires desde el día que se le arrugó la cara, se le pobló la barba, se le embasteció [9] el cuerpo y se le ahuecó la voz; esto es, desde el día que pudiera haber empezado a ser algo en el mundo.

---

[6] *estrado:* «el conjunto de alhajas que sirve para cubrir y adornar el lugar o pieza en que se sientan las señoras para recibir las visitas, que se compone de alfombra o tapete, almohadas, taburetes o sillas bajas» *(Aut.).* Se llamaba también así el lugar cubierto con el estrado.

[7] *cuando:* vid. Carta XLVIII, nota 1.

[8] *petimetre:* vid. Carta XXI, nota 1.

[9] *embastecer,* «engrosar, ponerse basto».

CARTA LXXXIII [1]

Del mismo al mismo

Si yo creyese en los delirios de la astrología judiciaria [2], no emplearía la vida en cosa alguna con tanto gusto y curiosidad como indagar el signo que preside el nacimiento de los hombres literatos en España. En todas partes es, sin duda, desgracia, y muy grande, la de nacer con un grado más de talento que el común de los mortales; pero en esa península, dice Nuño, es uno de los mayores infortunios que puede contraer el hombre al nacer. A la verdad, prosigue mi amigo, si yo fuese casado y mi mujer se hallase próxima a dar sucesión a mi casa, la diría [3] con frecuencia: desea con mucha vehemencia tener un hijo tonto; verás qué vejez tan descansada y honorífica nos da. Heredará a todos sus tíos y abuelos, y tendrá robusta salud. Hará boda ventajosa y una fortuna brillante. Será reverenciado en el pueblo y favorecido de los poderosos; y moriremos llenos de conveniencias [4]. Pero si el hijo que ahora tienes en tus entrañas saliese con talento, ¿cuánta pesadumbre ha de

---

[1] Esta carta fue por entero suprimida en la primera edición del *Correo de Madrid* (1789). La razón debe buscarse en la valoración negativa que se hace de España como país donde los hombres con talento son perseguidos y en el que ciertos autores hasta se ven obligados a ocultar sus propias obras, como en cierto modo le ocurrió al mismo Cadalso, cuyas *Cartas* no llegaron a publicarse mientras vivió.

[2] *judiciario*, «se aplica a los que ejercitan el arte de adivinar por los astros, de que se jactan vanamente los astrólogos, que también se dice astrología judiciaria» *(Aut.).*

[3] *la diría*, un ejemplo más del frecuente laísmo. Vid. Carta VI, nota 5.

[4] *conveniencias*: «se toma de ordinario por bienes, rentas y comodidades...» *(Aut.).*

prepararnos? Me estremezco al pensarlo, y me guardaré muy bien de decírtelo por miedo de hacerte malparir de susto. Sea cual sea el fruto de nuestro matrimonio, yo te aseguro, a fe de buen padre de familia, que no le he de enseñar a leer ni a escribir, ni ha de tratar con más gente que el lacayo de casa.

Dejemos la chanza de Nuño y volvamos, Ben-Beley, a lo dicho. Apenas ha producido esta península hombre superior a los otros, cuando han llovido miserias sobre él hasta ahogarle. Prescindo de aquéllos que por su soberbia se atraen la justa indignación del gobierno, pues éstos en todas partes están expuestos a lo mismo. Hablo sólo de las desgracias que han experimentado en España los sabios inocentes de cosas que los hagan merecedores de tal castigo, y que sólo se le han adquirido en fuerza de la constelación que acabo de referirte, y forma el objeto de mi presente especulación.

Cuando veo que Miguel de Cervantes ha sido tan desconocido después de muerto como fue infeliz cuando vivía, pues hasta ahora poco no se ha sabido dónde nació, y que este ingenio, autor de una de las pocas obras originales que hay en el mundo, pasó su vida parte en el hospital, parte en la cárcel, y parte en las filas de una compañía como soldado raso, digo que Nuño tiene razón en no querer que sus hijos aprendan a leer [5].

Cuando veo que don Francisco de Quevedo, uno de los mayores talentos que Dios ha criado, habiendo nacido con buen patrimonio y comodidades, se vio reducido a una cárcel en que se le acangrenaban [6] las llagas que le hacían los grillos, me da gana de quemar cuanto libro veo.

Cuando veo que Luis de León, no obstante su carácter en la religión y en la universidad, estuvo muchos años en la mayor miseria de una cárcel algo más temi-

---

[5] En S se suprimió este entero párrafo que falta también, por consecuencia, en la ed. de Tamayo.

[6] *acangrenaban*. El Dicc. de Autoridades sólo registra *cangrenar* y *gangrenarse*, dando esta última forma por más común. Vid. Cartas LXIV, nota 5, y LXXVIII, nota 6.

ble para los cristianos que el mismo patíbulo, me estremezco [7].

Es tan cierto este daño, tan seguras sus consecuencias y tan espantoso su aspecto, que el español que publica sus obras hoy las escribe con increíble cuidado, y tiembla cuando llega el caso de imprimirlas. Aunque le conste la bondad de su intención, la sinceridad de sus expresiones, la justificación del magistrado, la benevolencia del público, siempre teme los influjos de la estrella; así como el que navega cuando truena, aunque el navío sea de buena calidad, el mar poco peligroso, su tripulación robusta y su piloto muy práctico, siempre se teme que caiga un rayo y le abrase los palos o las jarcias, o tal vez se comunique a la pólvora en la Santa Bárbara [8].

De aquí nace que muchos hombres, cuyas composiciones serían útiles a ellos mismos y honoríficas a la patria, las ocultan; y los extranjeros, al ver las obras que salen a luz en España, tienen a los españoles en un concepto que no se merecen. Pero aunque el juicio es fatuo, no es temerario, pues quedan escondidas las obras que merecían aplausos. Yo trato poca gente; pero aun entre mis conocidos me atrevo a asegurar que se pudieran sacar manuscritos muy apreciables sobre toda especie de erudición, que naturalmente yacen como si fuese en el polvo del sepulcro, cuando apenas han salido de la cuna. Y de otros puedo afirmar también que, por un pliego que han publicado, han guardado noventa y nueve.

---

[7] Cadalso ha elegido tres nombres emblemáticos de escritores del Siglo de Oro, todos ellos encarcelados: desde Fray Luis, perseguido por la Inquisición, al autor del *Quijote* y a Quevedo, que fue encerrado en San Marcos de León hasta la caída del conde-duque de Olivares (1643).

[8] La *Santa Bárbara* (que es la forma de los ms.) o *santabárbara*, que es como transcriben D-G, es la parte de la nave en que se guarda la pólvora, donde solía haber la imagen de esta santa, patrona de los artilleros.

CARTA LXXXIV

Ben-Beley a Gazel

No enseñes a tus amigos la carta que te escribí contra esa cosa que llaman fama póstuma [1]. Aunque ésta sea una de las mayores locuras del hombre, es preciso dejarla reinar como otras muchas. Pretender reducir el género humano a sólo lo que es moralmente bueno, es pretender que todos los hombres sean filósofos, y esto es imposible. Después de escribirte meses ha sobre este asunto, he considerado que el tal deseo es una de las pocas cosas que pueden consolar a un hombre de mérito desgraciado. Puede serle muy fuerte alivio el pensar que las generaciones futuras le harán la justicia que le niegan sus coetáneos, y soy de parecer que se han de dar cuantos gustos y consuelos pueda apetecer, aunque sean pueriles, como sean inocentes, al infeliz y cuitado animal llamado hombre.

CARTA LXXXV

Gazel a Ben-Beley,
Respuesta de la anterior

Bien me guardaré de enseñar tu carta a algunas gentes. Me hace mucha fuerza la reflexión de que la esperanza de la fama póstuma es la única que puede man-

---

[1] La carta de Ben Beley sobre «esa especie de locura que llaman deseo de la fama póstuma» es la XXVIII.

tener en pie a muchos que padecen la persecución de su siglo y apelan a los venideros; y que, por consiguiente, debe darse este consuelo y cualquiera otro decente, aunque sea pueril, al hombre que vive en medio de tanto infortunio. Pero mi amigo Nuño dice que ya es demasiado el número de gentes que en España siguen el sistema de la indiferencia sobre esta especie de fama. O sea carácter del siglo u espíritu verdadero de filosofía; o sea consecuencia de la religión, que mira como vanas, transitorias y frívolas las glorias del mundo, lo cierto es que en la realidad es excesivo el número de los que miran el último día de su vida como el último de su existencia en este mundo.

Para confirmarme en ello, me contó la vida que hacen muchos, incapaces de adquirir tal fama póstuma. No sólo habló de la vida deliciosa de la corte y grandes ciudades, que son un lugar común de la crítica, sino de las villas y aldeas. El primer ejemplo que saca es el del huésped que tuve y tanto estimé en mi primer viaje por la península. A éste siguen otros varios muy parecidos a él, y suele concluir diciendo: —Son muchos millares de hombres los que se levantan muy tarde, toman chocolate muy caliente, agua muy fría, se visten, salen a la plaza, ajustan un par de pollos, oyen misa, vuelven a la plaza, dan cuatro paseos, se informan en qué estado se hallan los chismes y hablillas del lugar, vuelven a casa, comen muy despacio, duermen la siesta, se levantan, dan un paseo al campo, vuelven a casa, se refrescan, van a la tertulia, juegan a la malilla [1], vuelta a casa, rezan el rosario, cenan y se meten en la cama.

---

[1] *malilla:* «juego de naipes nuevamente introducido, que se dispone entre cuatro personas...»; la carta más alta «es la malilla o nueve...» *(Aut.).*

CARTA LXXXVI

Ben-Beley a Gazel

Pregunta a tu amigo Nuño su dictamen sobre un héroe famoso en su país por el auxilio que los españoles han creído deberle en la larga serie de batallas que tuvieron sus abuelos con los nuestros por la posesión de esa península. En sus historias veo que, estando el rey Don Ramiro con un puñado de vasallos suyos rodeado de un ejército innumerable de moros, y siendo su pérdida inevitable, se le apareció el tal héroe, llamado Santiago, y le dijo que al amanecer del día siguiente, sin cuidar del número de sus soldados ni el de sus enemigos, se arrojase sobre ellos, confiado en la protección que él le traía del cielo. Añaden los historiadores que así lo hizo Don Ramiro, y ganó una batalla tan gloriosa como hubiera sido temeraria si se hubiese graduado la esperanza por las fuerzas. Los que han escrito los anales de España refieren esto mismo. Dime qué hay en ello [1].

---

[1] Ante la tradición popular de la aparición de Santiago en la batalla de Clavijo, el ilustrado Cadalso se siente obligado a dar una interpretación a la vez crítica y comprensiva, como se verá en la carta siguiente.

CARTA LXXXVII

Gazel a Ben-Beley,
RESPUESTA DE LA ANTERIOR

He cumplido con tu encargo. He comunicado a Nuño tu reparo sobre el punto de su historia que menos nos puede gustar, si es verdadera, y más nos haga reír si es falsa; y aún he añadido algunas reflexiones de mi propia imaginación. Si el cielo, le he dicho yo, si el cielo quería levantar tu patria del yugo africano, ¿había menester las fuerzas humanas, la presencia efectiva de Santiago, y mucho menos la de su caballo blanco, para derrotar el ejército moro? El que ha hecho todo de la nada, con solas palabras y con sólo su querer, ¿necesitó acaso una cosa tan material como la espada? ¿Creéis que los que están gozando del eterno bien bajen a dar cuchilladas y estocadas a los hombres de este mundo? ¿No te parece idea más ajustada a lo que creemos de la esencia divina el pensar: Dios dijo «huyan los moros», y los moros huyeron?

Esta conversación entre un moro africano y un cristiano español es odiosa; pero entre dos hombres racionales de cualquier país o religión, puede muy bien tratarse sin entibiar la amistad.

A esto me suele responder Nuño con la dulzura natural que le acompaña y la imparcialidad que hacen tan apreciables sus controversias:

—De padres a hijos nos ha venido la noticia de que Santiago se apareció a Don Ramiro en la memorable batalla de Clavijo, y que su presencia dio a los cristianos la victoria sobre los moros. Aunque esta época de nuestra historia no sea artículo de fe, ni demostración de geometría, y que por tanto pueda cualquiera negarlo sin merecer el nombre de impío ni el de irracional, parece no obstante que tradición tan antigua se ha consagrado en España por la piedad de nuestro carácter español, que nos lleva a atribuir al cielo las ventajas que han ganado nuestros brazos, siempre que éstas nos parecen extraordinarias; lo cual contradice la vanidad y orgullo que nos atribuyen los extraños. Esta humildad misma ha causado los mayores triunfos que ha tenido nación alguna del orbe. Los dos mayores hombres que ha producido esta península experimentaron en lances de la mayor entidad la importancia de esta piedad en el vulgo de España: Cortés en América y Cisneros en África [1] vieron a sus soldados obrar portentos de un valor verdaderamente más que humano, porque sus ejércitos vieron o creyeron ver la misma aparición. No hay disciplina militar, ni armas, ni ardides, ni método que infunda al soldado fuerzas tan invencibles y de efecto tan conocido como la idea de que los acompaña un esfuerzo sobrenatural y que los guía un caudillo bajado del cielo; de cuya verdad quedamos tan persuadidas las generaciones inmediatas, que duró muchos tiempos en los ejércitos españoles la costumbre de invocar a Santiago al tiempo del ataque. La disciplina más capaz de hacer superior un ejército sobre otro, se puede copiar fácilmente por cualquiera; la mayor destreza en el manejo de las armas y la más científica construcción de ellas, pueden imitarse; el mayor número de auxiliares aliados y mercenarios, se pueden lograr con dinero; con el mismo método se logran las espías y se corrompen los confidentes. En fin, ninguna nación guerrera puede tener la menor ventaja en una campaña, que no se le igualen los enemigos en la siguiente. Pero la creencia de que baja un campeón celeste a auxiliar a una tropa, la llena de un vigor inimitable. Mira,

---

[1] Junto al papel repetidamente reconocido (Cartas IX, XVI y LXXX) a Cortés, como héroe y conquistador durante el reinado de Carlos V, era necesaria una figura emblemática de la época de los Reyes Católicos: la del fundador de la Universidad de Alcalá, confesor de la reina Isabel y regente de Castilla, cardenal Cisneros.

Gazel, los que pretenden disuadir al pueblo de muchas cosas que cree buenamente, y de cuya creencia resultan efectos útiles al estado, no se hacen cargo de lo que sucedería si el vulgo se metiese a filósofo y quisiese indagar la razón de cada establecimiento [2]. El pensarlo me estremece, y es uno de los motivos que me irritan contra la secta hoy reinante, que quiere revocar en duda cuanto hasta ahora se ha tenido por más evidente que una demostración de geometría. De los abusos pasaron a los usos, y de lo accidental a lo esencial. No sólo niegan y desprecian aquellos artículos que pueden absolutamente negarse sin faltar a la religión, sino que pretenden ridiculizar hasta los cimientos de la misma religión. La tradición y revelación son, en dictamen de éstos, unas meras máquinas que el Gobierno pone en uso según parece conveniente. Conceden que un ser soberano inexplicable nos ha producido, pero niegan que su cuidado trascienda del mero hecho de criarnos. Dicen que, muertos, estaremos donde y como estábamos antes de nacer, y otras mil cosas dimanadas de éstas. Pero yo les digo: aunque supongamos por un minuto que todo lo que decís fuese cierto, ¿os parece conveniente publicarlo y que todos lo sepan? La libertad que pretendéis gozar no sólo vosotros mismos, sino esparcir por todo el orbe, ¿no sería el modo más corto de hundir al mundo en un caos moral espantoso, en que se aniquilasen todo el gobierno, economía y sociedad? Figuraos que todos los hombres, persuadidos por vuestros discursos, no esperan ni temen estado alguno futuro después de esta vida: ¿en qué creéis que la emplearán? En todo género de delitos, por atroces y perjudiciales que sean.

Aun cuando vuestro sistema arbitrario y vacío de todo fundamento de razón o de autoridad fuese evidente con todo el rigor geométrico, debiera guardarse oculto entre pocos individuos de cada república. Éste debiera ser un secreto de estado, guardado misteriosamente entre muy

---

[2] *establecimiento*, «ley, ordenanza, estatuto» (*Aut.*).

pocos, con la condición de severo castigo a quien lo violase [3].

A la verdad, amigo Ben-Beley, esta última razón de Nuño me parece sin réplica. O lo que los libertinos se han esmerado en predicar y extender es verdadero, o es falso. Si es falso, como yo lo creo, son reprensibles por querer contradecir a la creencia de tantos siglos y pueblos. Y si es verdadero, este descubrimiento es al mismo tiempo más importante que el de la piedra filosofal y más peligroso que el de la magia negra [4]; y por consiguiente no debe llegar a oídos del vulgo.

CARTA LXXXVIII

BEN-BELEY A GAZEL

Veo y apruebo lo que me dices sobre los varios trámites por donde pasan las naciones desde su formación hasta su ruina total. Si cabe algún remedio para evitar la encadenación de cosas que han de suceder a los hombres y a sus comunidades, no creo que lo haya para prevenir los daños de la época del lujo. Éste tiene demasiado atractivo para dar lugar a otra cualquiera persuasión; y así, los que nacen en semejantes eras se cansan en balde si pretenden contrarrestar la fuerza de tan furioso torrente. Un pueblo acostumbrado a delicadas mesas, blandos lechos, ropas finas, modales afeminados, conversaciones amorosas, pasatiempos frívolos, estudios

---

[3] Cadalso intenta una vez más su difícil equilibrio conciliador: considera preferible una creencia popular, aunque sea falsa, a que le lleguen al vulgo las ideas de «la secta hoy reinante».

[4] *piedra filosofal:* ver Carta LXXXII, nota 3. *Magia negra* «es el abominable arte de invocar al demonio y hacer pacto con él, para hacer con su ayuda cosas admirables y extraordinarias» *(Aut.).*

dirigidos a refinar las delicias y lo restante del lujo, no es capaz de oír la voz de los que quieran demostrarle lo próximo de su ruina. Ha de precipitarse en ella como el río en el mar. Ni las leyes suntuarias, ni las ideas militares, ni los trabajos públicos, ni las guerras, ni las conquistas, ni el ejemplo de un soberano parco, austero y sobrio, bastan a resarcir el daño que se introdujo insensiblemente.

Reiráse semejante nación del magistrado que, queriendo resucitar las antiguas leyes y austeridad de costumbres, castigue a los que las quebranten; del filósofo que declame contra la relajación; del general que hable alguna vez de guerras; del poeta que canta los héroes de la patria. Nada de esto se entiende ni se oye; lo que se escucha con respeto y se ejecuta con general esmero, es cuanto puede completar la ruina universal. La invención de un sorbete, de un peinado, de un vestido y de un baile, es tenido por prueba matemática de los progresos del entendimiento humano. Una composición nueva de una música deliciosa, de una poesía afeminada, de un drama amoroso, se cuentan entre las invenciones más útiles[1] del siglo. A esto reduce la nación todo el esfuerzo del entendimiento humano; a un nuevo muelle[2] de coche, toda la matemática; a una fuente extraña y un teatro agradable, toda la física; a más olores fragantes, toda la química; a modos de hacernos más capaces de disfrutar los placeres, toda la medicina; y a romper los vínculos de parentesco, matrimonio, lealtad, amistad y amor de la patria, toda la moral y filosofía.

Buen recibimiento tendría el que se llegase a un joven de dieciocho años, diciéndole: Amigo, ya estás en edad de empezar a ser útil a tu patria; quítate esos vestidos,

---

[1] *las invenciones más útiles:* en O, «los jefes de obras». La intención de evitar la expresión gálica *chef d'oeuvre* es indudable en todos los demás manuscritos. Vid. nota siguiente.

[2] *muelle:* en O «resorte». También aquí se ha eliminado el galicismo *ressort,* introducido por entonces y que todavía no registra el *Dicc. de Aut.* Figura entre los censurados por Iriarte en *Los literatos en cuaresma.* Vid., sin embargo, Carta LIX, nota 6.

ponte uno de lana del país; deja esos manjares deliciosos y conténtate con un poco de pan, vino, hierbas, vaca y carnero; no pases siquiera por teatros y tertulias; vete al campo, salta, corre, tira la barra, monta a caballo, pasa el río a nado, mata un jabalí o un oso, cásate con una mujer honrada, robusta y trabajadora.

Poco mejor le iría al que llegase a la mujer y le dijese: ¿Tienes ya quince años? Pues ya no debes pensar en ser niña: tocador, gabinete, coche, mesas, cortejos, máscaras, teatros, nuditos, encaje, cintas, parches, blondas, aguas de olor, batas, desabillés [3], al fuego desde hoy. ¿Quién se ha de casar contigo, si te empleas en estos pasatiempos? ¿Qué marido ha de tener la que no cría sus hijos a sus pechos, la que no sabe hacerle las camisas, cuidarle en una enfermedad, gobernar la casa y seguirle si es menester a la guerra?

El pobre que fuese con estos sermones recibiría en pago mucha mofa y burla. Esta especie de discursos, aunque muy ciertos y verdaderos en un siglo, apenas se entienden en otro. Sucede al pie de la letra a quien los profiere como sucedería al que resucitase hoy en París hablando galo, o en Madrid hablando el lenguaje de la antigua Numancia; y si al estilo añadía el traje y ademanes competentes, todos los desocupados, que son la mayor parte de los habitantes de las cortes, irían a verle por curiosidad, como quien va a oír a un pájaro o un monstruo venido de lejanas tierras.

---

[3] Esta serie de sustantivos forman un compendio de las costumbres y modas de las damitas de la época: las íntimas estancias de las casas en donde se componían (en el *tocador* «se peinan y adornan la cabeza las señoras»; el *gabinete,* que sirve para lo mismo, tiene sus paredes, según *Aut.,* «adornadas de espejos, pinturas y figuras pequeñas, y otras semejantes bujerías (baratijas) que la hacen vistosa y divertida»); ciertas costumbres (el *cortejo* era el amigo o acompañante de la mujer casada, con consentimiento del marido); objetos, lugares, adornos (la *blonda,* otro francesismo, es el encaje de color de la seda cruda, pero *Aut.* sólo registra todavía el adj. *blondo* «rubio») y prendas de vestir (el crudo galicismo *deshabillé,* para indicar el salto de cama o prenda semejante, ya señalado entre las formas del habla gálica de las petimetras, en Carta XXXV, notas 3 y 9).

Si como me hallo en África, apartado de la corte del emperador, separado del bullicio, y en una edad ya decrépita, me viese en cualquiera corte de las principales de Europa, con pocos años, algunas introducciones y mediana fortuna, aunque me hallase con este conocimiento filosófico, no creas que yo me pusiese a declamar contra este desarreglo ni a ponderar sus consecuencias. Me parecería tan infructuosa empresa como la de querer detener el flujo y reflujo del mar o el oriente y ocaso de los astros.

CARTA LXXXIX

Nuño a Gazel

Las cartas familiares que no tratan sino de la salud y negocios domésticos de amigos y conocidos son las composiciones más frías e insulsas del mundo. Debieran venderse impresas y tener los blancos necesarios para la firma y la fecha, con distinción de cartas de padres a hijos, de hijos a padres, de amos a criados, de criados a amos, de los que viven en la corte a los que viven en la aldea, de los que viven en la aldea a los que viven en la corte. Con este surtido, que pudiera venderse en cualquiera librería a precio hecho, se quitaría uno el trabajo de escribir una resma de papel llena de insulseces todos los años y de leer otras tantas de la misma calidad, dedicando el tiempo a cosas más útiles.

Si son de esta especie las contenidas en el paquete que te remito y que me han enviado desde Cádiz para ti, no puedo menos de compadecerte. Pero creo que entre ellas habrá muchas del viejo Ben-Beley, en las cuales no puede menos de hallarse cosas más dignas de tu lectura.

Te remitiré en breve un extracto de cierta obra de un amigo mío que está haciendo un paralelo entre el sistema de las ciencias en varios siglos y países. Es increíble que, habiéndose adelantado tan poco en lo esencial, haya sido tanta la variedad de los dictámenes en diferentes épocas.

Hay nación en Europa (y no es la española) que pocos siglos ha prohibió la imprenta, después todos los teatros, luego toda la filosofía opuesta al peripateticismo, y sucesivamente el uso de la quina; y luego ha dado en el extremo opuesto. Quiso la misma hacer salir de la cáscara, en su propio país frío y húmedo, los pájaros traídos dentro de sus huevos desde su clima natural que es caliente y seco. Otros de sus sabios se empeñaron en sostener que los animales pueden procrearse sin ser producidos del semen. Otros apuraron el sistema de la atracción neutoniana, hasta atribuir a dicha atracción la formación de los fetos dentro de las madres. Otros dijeron que los montes se habían formado de la mar. Esta libertad ha trascendido de la física a la moral. Han defendido algunos que lo de *tuyo* y *mío* eran delitos formales; que en la igualdad natural de los hombres es vicioso el establecimiento de las jerarquías entre ellos; que el estado natural del hombre es la soledad, como la de la fiera en el monte. Los que no ahondamos tanto en las especulaciones, no podemos determinarnos a dejar las ciudades de Europa y pasar a vivir con los hotentotes, patagones, araucos, iroqueses, apalaches y otros tales pueblos, que parece más conforme a la naturaleza, según el sistema de estos filósofos, o lo que sean [1].

---

[1] La idea de la fraternidad universal, característica de los ilustrados —aunque aquí se refiera irónicamente a ciertos nuevos «filósofos»— lleva al recuerdo o idealización frecuente, incluso en poesía, de los pueblos primitivos: desde la raza negra del África austral (*hotentotes*) a las poblaciones americanas: *araucos* o araucanos, primitiva población de Chile; *iroqueses* o indígenas de la América septentrional; *apalaches,* de la costa septentrional del golfo de Méjico; y *patagones,* de la América del sur, única voz, aunque no como gentilicio, que registra *Aut.,* remitiendo a *patón:* «el que tiene grandes y disformes pies o patas» (cfr. Carta LIX, nota 2).

CARTA XC

GAZEL A NUÑO

En la última carta de Ben-Beley que me acabas de remitir, según tu escrupulosa costumbre de no abrir las que vienen selladas, me hallo con noticias que me llaman con toda prontitud a la corte de mi patria. Mi familia acaba de renovar con otra ciertas disensiones antiguas, en las que debo tomar partido, muy contra mi genio, naturalmente opuesto a todo lo que es facción, bando y parcialidad. Un tío que pudiera manejar aquellos negocios está lejos de la corte, empleado en un gobierno sobre las fronteras de los bárbaros, y no es costumbre entre nosotros dejar las ocupaciones del carácter público por las del interés particular. Ben-Beley, sobre ser muy anciano, se ha apartado totalmente de las cosas del mundo, aunque yo me veo indispensablemente precisado a acudir a ellos. En este puerto se halla un navío holandés, cuyo capitán se obliga a llevarme hasta Ceuta, y de allí me será muy fácil y barato el tránsito hasta la corte. Es natural que toquemos en Málaga; dirígeme a aquella ciudad las cartas que me escribas, y encarga a algún amigo que tengas en ella que las remita al de Cádiz, en caso que en todo el mes que empieza hoy no me vea. Te aseguro que el pensamiento solo de que voy a la corte a pretender con los poderosos me desanima increíblemente.

Te escribiré desde Málaga y Ceuta, y a mi llegada. Siento dejar tan pronto tu tierra y tu trato. Ambos habían empezado a inspirarme ciertas ideas nuevas para mí hasta ahora, de las cuales me había privado mi nacimiento y educación, influyéndome otras que ya me parecen absurdas, desde que medito sobre el objeto de las conversaciones que tantas veces hemos tenido. Grande debe de ser la fuerza de la verdad, cuando basta a contrastar dos tan grandes esfuerzos. ¡Dichoso amanezca el día feliz cuyas divinas luces acaben de disipar las pocas tinieblas que aún oscurecen lo oculto de mi corazón! No me ha parecido jamás tan hermoso el sol después de una borrasca, ni el mar tranquilo después de una furiosa agitación, ni el soplo blando del céfiro después del horroroso son del norte, como me pareciera el estado de mi corazón cuando llegué a gozar la quietud que me prometiste y empecé a experimentar en tus discursos. La privación sola de tan grande bien me hace intolerable la distancia de las costas de África a la de Europa. Trataré en mi tierra con tedio los negocios que me llaman, dejando en la tuya el único que merece mi cuidado, y al punto volveré a concluirlo, no sólo a costa de tan corto viaje, pero aunque fuese preciso el de la nave española *La Victoria,* que fue la primera que dio la vuelta al globo.

Hago ánimo de tocar estas especies a Ben-Beley. ¿Qué me aconsejas? Tengo cierto recelo de ofender su rigor, y cierto impulso interior a iluminarle, si aún está ciego, o a que su corazón, si ya ha recibido esta luz, la comunique al mío, y unidas ambas, formen mayor claridad. Sobre esto espero tu respuesta, aun más que sobre los negocios de pretensión, corte y fortuna.

Fin de las Cartas Marruecas

Nota

El manuscrito contenía otro tanto como lo impreso, pero parte tan considerable quedará siempre inédita, por ser tan mala la letra que no es posible entenderla. Esto me ha sido tanto más sensible, cuanto me movió a mayor curiosidad el índice de las cartas, así impresas como inéditas, hasta el número de ciento y cincuenta. Algunos fragmentos de las últimas que tienen la letra algo más inteligible, aunque a costa de mucho trabajo, me aumentan el dolor de no poder publicar la obra completa. Los incluiría de buena gana aquí con los asuntos de las restantes, deseando ser tenido por editor exacto y escrupuloso, tanto por hacer este obsequio al público, cuanto por no faltar a la fidelidad respecto de mi difunto amigo; pero son tan inconexos los unos con los otros y tan cortos los trozos legibles, que en nada quedaría satisfecho el deseo del lector. Y así, nos contentaremos uno y otro con decir que, así por los fragmentos como por los títulos, se infiere que la mayor parte se reducía a cartas de Gazel a Nuño, dándole noticia de su llegada a la capital de Marruecos, su viaje a encontrar a Ben-Beley, las conversaciones de los dos sobre las cosas de Europa, relaciones de Gazel y reflexiones de Ben-Beley, regreso de Gazel a la corte, su introducción en ella, lances que en ella le acaecen, cartas de Nuño sobre ellos, consejos del mismo a Gazel, muerte de Ben-Beley.

Asuntos todos que prometían ocasión de ostentar Gazel su ingenuidad y su imparcialidad Nuño, y muchas noticias del venerable anciano Ben-Beley. Pero tal es el mundo y tal los hombres, que pocas veces vemos sus obras completas.

Protesta literaria
del editor de las *Cartas Marruecas*

¡Oh tempora! ¡Oh mores!, exclamarán con mucho juicio algunos al ver tantas páginas de tantos renglones cada una. ¡Obra tan voluminosa!, ¡pensamientos morales!, ¡observaciones críticas!, ¡reflexiones pausadas! ¿Y esto en nuestros días? ¡A nuestra vista!, ¡a nuestras barbas! ¿Cómo te atreves, malvado editor, o autor, o lo que seas, a darnos un libro tan pesado, tan grueso, y sobre todo tan fastidioso? ¿Hasta cuándo has de abusar de nuestra benignidad? Ni tu edad, que aún no es madura, ni la nuestra, que aún es tierna, ni la del mundo, que nunca ha sido más niño, te pueden apartar de tan pesado trabajo. Pesado para ti, que has de concluirlo, para nosotros, que lo hemos de leer, y para la prensa, que ahora habrá de gemir. ¿No te espanta la suerte de tanto libro en folio, que yace entre el polvo de las librerías, ni te estimula la fortuna de tanto libro pequeño, que se reimprime millares de veces, sin bastar su número a tanto tocador y chimenea que toma por desaire el verse sin ellos? Satirilla mordaz y superficial, aunque sea contra nosotros mismos, suplemento o segunda parte de ella, versos amorosos y otras producciones de igual ligereza [1],

---

[1] Cadalso se refiere, sin duda, a obras suyas publicadas: *Los eruditos a la violeta* (1772), será la «satirilla mordaz y superficial»; el «suplemento o segunda parte de ella», es el *Suplemento al papel intitulado «Los eruditos a la violeta»* (1772); y los «versos amorosos», los *Ocios de mi juventud* (1773). Todas estas obras aparecieron con el seudónimo de José Vázquez.

pasen en buena hora de mano en mano, su estilo de boca en boca, y sus ideas de cabeza en cabeza; pasen, vuelvo a decir, una y mil veces enhorabuena: nos agrada nuestra figura vista en este espejo, aunque el cristal no sea lisonjero; nos gusta el ver nuestros retratos pasar a la posteridad, aunque el pincel no nos adule. Pero cosas serias, como patriotismo, vasallaje, crítica de la vanidad, progresos de la filosofía, ventajas o inconvenientes del lujo, y otros artículos semejantes, no, en nuestros días; ni tú debes escribirlas ni nosotros leerlas. Por poco que permitiésemos semejantes ridiculeces, por poco estímulo que te diésemos, te pondrías en breve a trabajar sobre cosas totalmente graves. El estilo jocoso en ti es artificio; tu naturaleza es tétrica y adusta. Conocemos tu verdadero rostro y te arrancaremos la máscara con que has querido ocultarla. No falta entre nosotros quien te conozca. De este conocimiento inferimos que desde la oscuridad de tu estudio no has querido subir de un vuelo a lo lucido de la literatura, sino que has primero rastreado, después elevado un poco más las alas, y ahora no sabemos hasta dónde te quieres remontar. Alguno de los nuestros sabe que preparas al público, con estos papelillos, para cosas mayores. Tememos que, manifestándote favor, imprimas luego algún día *Los elementos del patriotismo,* ¡pesadísima obra! Quieres reducir a sistema las obligaciones de cada individuo del estado, de su clase, y las de cada clase al conjunto. Si tal hicieras, esparcirías una densísima nube sobre todo lo brillante de nuestras conversaciones e ideas; lograrías apartarnos de la sociedad frívola, del pasatiempo libre y de la vida ligera, señalando a cada uno la parte que le tocaría de tan gran fábrica, y haciendo odiosos los que no se esmerasen en su trabajo. No, Vázquez[2], no lograrías este fin, si como eficaz medio para él esperas congraciarte con nosotros. Vamos a cortar la raíz del árbol que puede dar tan malos

---

[2] *Vázquez,* segundo apellido de Cadalso, que utilizó como seudónimo. Vid. nota anterior.

frutos. Has de saber que nos vamos a juntar todos en plena asamblea, y prohibir a nosotros mismos, a nuestros hijos, mujeres y criados, tan odiosa lectura; y aun si así logras que alguno te lea, también lograremos darte otras pesadumbres. Nos dividiremos en varias tropas; cada una te atacará por distinta parte: unos dirán que eres malísimo cristiano en suponer que un moro como Ben-Beley dé tan buenos consejos a su discípulo; otros gritarán que eres más bárbaro que todos los africanos en decir que nuestro siglo no es tan feliz como decimos nosotros, como si no bastara que nosotros lo dijéramos; y así los otros asuntos de tus Cartas africanas, escritas en el centro de Castilla la Vieja, provincia seca y desabrida que no produce sino buen trigo y leales vasallos.

Esto soñé la otra noche que me decían con ceño adusto, voz áspera, gesto declamatorio y furor exaltado unos amigos, al ver estas cartas. Soñé también que me volvieron las espaldas con aire majestuoso, y me echaron una mirada capaz de aterrar al mismo Hércules.

Cuál quedaría yo en este lance, es materia dignísima de la consideración caritativa de mi piadoso, benévolo y amigo lector, a más de que soy pusilánime, encogido y pobre de espíritu. Despertéme del sueño con aquel susto y ardor que experimenta el que acaba de soñar que ha caído de una torre, o que le ha cogido un toro, o que le llevan al patíbulo. Y medio soñando y medio despierto, extendiendo los brazos por detener a mis furibundos censores y moverles a piedad, hincándome de rodillas y juntando las manos (postura de ablandar deidades, aunque sea Jove con su rayo, Neptuno con su tridente, Marte con su espada, Vulcano con su martillo, Plutón con sus furias, *et sic de ceteris)*, les dije, dudando si era sueño o realidad: sombras, visiones, fantasmas, protesto que desde hoy día de la fecha no escribiré cosa que valga un alfiler; así como así, no vale mucho más lo que he escrito hasta hoy; con que sosegaos y sosegadme, que me dejáis cual dice Ovidio que quedó en cierta ocasión aun menos tremenda que ésta:

Haud aliter stupui quam qui, Jovis ignibus ictus
Vivit, et est vitae nescius ipse suae [3]

Ya veis cuán pronta es mi enmienda, pues ya empiezo uno de los infinitos rumbos de la ligereza, cual es la pedantería de estas citas, traídas de lejos, arrastradas por los cabellos y afectadas sin oportunidad.

Rompo los cuadernillos del manuscrito que tanto os enfadan; quemo el original de estas cartas, y prometo, en fin, no dedicarme en adelante sino a cosas más dignas de vuestro concepto.

---

[3] Versos de las elegías ovidianas llamadas *Tristes*.

Noches lúgubres

Imitando el estilo de las que escribió en inglés el doctor **Young**

Crudelis ubique
Luctus, ubique pavor, et plurima noctis imago [1]

(Virgil., *Aen.*, 2, v. 368.)

---

[1] *noctis imago:* tanto en este lugar como en la LXVII de las *Cartas Marruecas* cita estos versos como «noctis imago», cuando en la *Eneida,* tras la destrucción de Troya, todo era llanto, miedo y «mortis imago». La confusión puede explicarse, como insinúa Glendinning, por un cruce entre la expresión virgiliana y otra muy semejante de Ovidio: «tristissima noctis imago».

NOCHES LÚGUBRES.

POR

EL CORONEL

D. José Cadalso.

ZARAGOZA:
IMPRENTA NACIONAL.

—

1843.

NOCHE PRIMERA

TEDIATO *y un* SEPULTURERO

Diálogo

TEDIATO

¡Qué noche! La oscuridad, el silencio pavoroso, interrumpido por los lamentos que se oyen en la vecina cárcel, completan la tristeza de mi corazón. El cielo también se conjura contra mi quietud, si alguna me quedara. El nublado crece. La luz de esos relámpagos..., ¡qué horrorosa! Ya truena. Cada trueno es mayor que el que le antecede, y parece producir otro más cruel. El sueño, dulce intervalo en las fatigas de los hombres, se turba. El lecho conyugal, teatro de delicias; la cuna en que se cría la esperanza de las casas; la descansada cama de los ancianos venerables; todo se inunda en llanto..., todo tiembla. No hay hombre que no se crea mortal en este instante... ¡Ay, si fuese el último de mi vida, cuán grato sería para mí! ¡Cuán horrible ahora! ¡Cuán horrible! Más lo fue el día, el triste día que fue causa de la escena en que ahora me hallo [2].

---

[2] Obsérvese, ya en el primer párrafo, la búsqueda de un estilo con resonancias sentimentales, por la forma entrecortada, las aposiciones nominales, la escasez de verbos, los puntos suspensivos sugeridores, las exclamaciones y las conscientes reiteraciones de vocablos y secuencias. Todo ello tiende a producir efectos rítmicos, fortalecidos por el empleo de unidades métricas incrustadas en la prosa.

Lorenzo no viene. ¿Vendrá, acaso? ¡Cobarde! ¿Le espantará este aparato[3] que Naturaleza le ofrece? No ve lo interior de mi corazón... ¡Cuánto más se horrorizaría! ¿Si la esperanza del premio le traerá? Sin duda..., el dinero... ¡Ay, dinero, lo que puedes! Un pecho sólo se te[4] ha resistido... Ya no existe... Ya tu dominio es absoluto... Ya no existe el solo pecho que se te ha resistido[5]. Las dos están al caer... Ésta es la hora de cita para Lorenzo... ¡Memoria! ¡Triste memoria![6] ¡Cruel memoria! Más tempestades formas en mi alma que esas nubes en el aire. También ésta es la hora en que yo solía pisar estas mismas calles en otros tiempos muy diferentes de éstos. ¡Cuán diferentes! Desde aquélla a éstos todo ha mudado en el mundo; todo menos yo.

¿Si será de Lorenzo aquella luz trémula y triste que descubro? Suya será. ¿Quién sino él, y en este lance, y por tal premio, saldría de su casa? Él es. El rostro pálido, flaco, sucio, barbado y temeroso; el azadón y pico que trae al hombro, el vestido lúgubre, las piernas desnudas, los pies descalzos, que pisan con turbación; todo me indica ser Lorenzo, el sepulturero del templo, aquel bulto, cuyo encuentro horrorizaría a quien le viese. Él

---

[3] *aparato,* como «pompa, suntuosidad» *(Aut.),* es vocablo adecuado a esta atmósfera recargada y al énfasis expresivo que requiere: lo aplica aquí a la naturaleza, después a gente en comitiva (nota 47) y, por último, como más significativo, al cortejo de la muerte (nota 57).

[4] *se te:* corrijo el trastrueque de los pronombres («se te» en vez de «te se»), ya que parece errata evidente de la primera edición, no sólo por aparecer así en las demás y en el manuscrito, sino porque apenas dos líneas después lo evita y con el mismo verbo. No parece, en efecto, atribuible a la intencionalidad del escritor un cambio tan inmediato y en idéntico contexto. Sin embargo, como muestra de las vacilaciones propias de la época, véase la nota 32 y las *Cartas Marruecas,* XLIII, nota 2.

[5] Clara alusión a la excepcional incorruptibilidad de María Ignacia.

[6] Acepto la forma *memoria,* en vez de *memorial,* repetida estas dos veces en la primera edición, cuya *l* puede atribuirse a la confusión con el signo exclamativo; lo cierto es que lo exige la uniformidad lingüística, ya que inmediatamente después, incluso en la edición que seguimos, consta: «¡cruel memoria!»

es, sin duda; se acerca: desembózome, y le enseño mi luz. Ya llega. ¡Lorenzo! ¡Lorenzo!

LORENZO

Yo soy. Cumplí mi palabra. Cumple ahora tú la tuya: ¿el dinero que me prometiste?

TEDIATO

Aquí está. ¿Tendrás valor para proseguir la empresa [7], como me lo has ofrecido?

LORENZO

Sí; porque tú también pagas el trabajo.

TEDIATO

¡Interés, único móvil del corazón humano! Aquí tienes el dinero que te prometí. Todo se hace fácil cuando el premio es seguro; pero el premio es justo una vez ofrecido.

LORENZO

Cuán pobre seré cuando me atreví a prometerte lo que voy a cumplir! ¡Cuánta miseria me oprime! Piénsala [8] tú, y yo... harto haré en llorarla. Vamos.

TEDIATO

¿Traes la llave del templo?

---

[7] *empresa:* palabra muy cargada semánticamente en el texto, como «acción y determinación de emprender algún negocio arduo y considerable, y el esfuerzo, valor y acometimiento con que se procura lograr el intento» (*Aut.*). Véanse también las notas 13 y 59.

[8] *piénsala:* en la edición de Glendinning, «piénsalo». Ignoro si es ésa la lección del manuscrito, ya que el hispanista inglés no señala la variante, o si se trata de mera errata, o de un intento de racionalizar el texto.

LORENZO

Sí; ésta es.

TEDIATO

La noche es tan oscura y espantosa.

LORENZO

Y tanto, que tiemblo y no veo.

TEDIATO

Pues dame la mano y sigue; te guiaré y te esforzaré.

LORENZO

En treinta y cinco años que soy sepulturero, sin dejar un solo día de enterrar alguno o algunos cadáveres, nunca he trabajado en mi oficio hasta ahora con horror.

TEDIATO

Es que en ella [9] me vas a ser útil; por eso te quita el cielo la fuerza del cuerpo y del ánimo. Ésta es la puerta.

LORENZO

¡Que tiemble yo!

TEDIATO

Anímate... Imítame.

---

[9] *ella:* en esta peculiar sintaxis de sobreentendidos y de referencias psicológicas, *ella* no se refiere a ningún antecedente próximo; hay, pues, que conexionarla con *empresa,* obsesivamente presente en Tediato. Vid. nota 7.

LORENZO

¿Qué interés tan grande te mueve a tanto atrevimiento? Paréceme cosa difícil de entender.

TEDIATO

Suéltame el brazo. Como me lo tienes asido con tanta fuerza, no me dejas abrir con esta llave... Ella parece también resistirse a mi deseo... Ya abre: entremos.

LORENZO

Sí..., entremos... ¿He de cerrar por dentro?

TEDIATO

No; es tiempo perdido y nos pudieran oír. Entorna solamente la puerta porque la luz no se vea desde afuera si acaso pasa alguno... tan infeliz como yo, pues de otro modo no puede ser.

LORENZO

He enterrado por mis manos tiernos niños, delicias de sus mayores; mozos robustos, descanso de sus padres ancianos [10]; doncellas hermosas, y envidiadas de las que quedaban vivas; hombres en lo fuerte de su edad, y colocados en altos empleos; viejos venerables, apoyos del Estado... Nunca temblé. Puse sus cadáveres entre otros muchos ya corruptos, rasgué sus vestiduras en busca de alguna alhaja de valor; apisoné con fuerza y sin asco sus fríos miembros, rompíles las cabezas y huesos; cubrílos de polvo, ceniza, gusanos y podre, sin que mi corazón palpitase..., y ahora, al pisar estos umbrales, me caigo..., al ver el reflejo de esa lámpara me deslumbro..., al tocar esos mármoles me hielo..., me avergüenzo de mi flaqueza: no la refieras a mis compañeros. ¡Si lo supieran, harían mofa de mi cobardía!

---

[10] He suprimido la coma que aparece entre «padres» y «ancianos» en la primera edición.

Más harían de mí los míos, al ver mi arrojo. ¡Insensatos, qué poco saben!... ¡Ah! Me serían tan odiosas [11] por su dureza como yo sería necio en su concepto por mi pasión.

Tu valor me alienta. Mas ¡ay, nuevo espanto! ¿Qué es aquello? Presencia humana tiene... Crece conforme nos acercamos... Otro fantasma más le sigue... ¿Qué será? Volvamos mientras podemos; no desperdiciemos las pocas fuerzas que aún nos quedan... Si aún conservamos algún valor, válganos para huir.

¡Necio! Lo que te espanta es tu misma sombra con la mía, que nacen de la postura de nuestros cuerpos respecto de aquella lámpara. Si el otro mundo abortase esos prodigiosos entes [12], a quienes nadie ha visto, y de quienes todos hablan, sería el bien o el mal que nos traerían siempre inevitables. Nunca los he hallado; los he buscado.

¡Si los vieras!

---

[11] *odiosas:* tanto en la primera edición como en el manuscrito que utiliza Glendinning figura esta forma femenina. No creo que deba corregirse por el masculino, como hace el ilustre hispanista. En esta sintaxis, como ya hemos indicado en la nota número 9, no cuenta la lógica gramatical, sino los engarces psicológicos. Las pausas son situaciones pasionales no expresadas. En este caso, el femenino plural puede referirse a *palabras,* a esas palabras no manifestadas, sino supuestas, en «harían mofa de mi cobardía».

[12] *prodigiosos entes:* en el énfasis léxico-semántico del texto adquieren inusitado relieve vocablos como *ente* que, según *Aut.,* es «térm. usado en la Philosophía: dícese de todo lo que realmente existe». Véanse también las notas 18, 28 y 64.

Aún no creería a mis ojos. Juzgara tales fantasmas monstruos producidos por una fantasía llena de tristeza: ¡fantasía humana, fecunda sólo en quimeras, ilusiones y objetos de terror! La mía me los ofrece tremendos en estas circunstancias... Casi bastan a apartarme de mi empresa [13].

LORENZO

Eso dices porque no los has visto; si los vieras, temblaras aún más que yo.

TEDIATO

Tal vez en aquel instante, pero en el de la reflexión me aquietara. Si no tuviese miedo de malgastar estas pocas horas, las más preciosas de mi vida, y tal vez las últimas de ella, te contara con gusto cosas capaces de sosegarte...; pero dan las dos... ¡Qué sonido tan triste el de esa campana! El tiempo urge. Vamos, Lorenzo.

LORENZO

¿Adónde?

TEDIATO

A aquella sepultura; sí, a abrirla.

LORENZO

¿A cuál?

TEDIATO

A aquélla.

LORENZO

¿A cuál? ¿A aquella humilde y baja? Pensé que querías abrir aquel monumento alto y ostentoso, donde en-

---

[13] *mi empresa*, en posición final relevante, como poco después, en idéntica posición enfática, «nuestra empresa» (en el cuarto de los siguientes parlamentos de Tediato).

terré pocos días ha al duque de Tausto, timbrado [14], que había sido muy hombre de palacio y, según sus criados me dijeron, había tenido en vida el manejo de cosas grandes; figuróseme que la curiosidad o [15] interés te llevaba a ver si encontrabas algunos papeles ocultos, que tal vez se enterrasen con su cuerpo. He oído, no sé dónde, que ni aun los muertos están libres de las sospechas y aun envidias de los cortesanos.

TEDIATO

Tan despreciables son para mí muertos como vivos, en el sepulcro como en el mundo, podridos como triunfantes, llenos de gusanos como rodeados de aduladores... No me distraigas... Vamos, te digo otra vez, a nuestra empresa.

LORENZO

No; pues al túmulo inmediato a ése, y donde yace el famoso indiano, tampoco tienes que ir; porque aunque en su muerte no se le halló la menor parte de caudal que se le suponía, me consta que no enterró nada consigo, porque registré su cadáver: no se halló siquiera un doblón en su mortaja.

TEDIATO

Tampoco vendría yo de mi casa a su tumba por todo el oro que él trajo de la infeliz América a la tirana Europa.

LORENZO

Sí será, pero no extrañaría yo que vinieses en busca de su dinero. Es tan útil en el mundo...

---

[14] *duque de Tausto, timbrado:* no está claro a quién se refiere, aunque bien pudiera pensarse en un nombre supuesto. En la edición de Glendinning se transcribe «Faustotimbrado», considerado como una formación burlesca. En cualquier caso, la alusión sigue oscura.

[15] *o:* en el manuscrito que sigue Glendinning, «u», forma que, sin embargo, rechaza. Vid. *Cartas Marruecas*, Introducción, nota 3.

Poca cantidad, sí, es útil, pues nos alimenta, nos viste y nos da las pocas cosas necesarias a la breve y mísera vida del hombre; pero mucha es dañosa.

LORENZO

¡Hola! ¿Y por qué?

TEDIATO

Porque fomenta las pasiones, engendra nuevos vicios y a fuerza de multiplicar delitos invierte todo el orden de la Naturaleza; y lo bueno se sustrae de su dominio sin el fin dichoso... Con él no pudieron arrancarme mi dicha. ¡Ay! Vamos.

LORENZO

Sí, pero antes de llegar allá hemos de tropezar en aquella otra sepultura, y se me eriza el pelo cuando paso junto a ella.

TEDIATO

¿Por qué te espanta ésa más que cualquiera de las otras?

LORENZO

Porque murió de repente el sujeto que en ella se enterró. Estas muertes repentinas me asombran.

TEDIATO

Debiera asombrarte el poco número de ellas. Un cuerpo tan débil como el nuestro, agitado por tantos humores, compuesto de tantas partes invisibles, sujeto a tan frecuentes movimientos, lleno de tantas inmundicias, dañado por nuestros desórdenes y, lo que es más, movido por una alma ambiciosa, envidiosa, vengativa, iracunda, cobarde y esclava de tantos tiranos..., ¿qué puede durar? ¿Cómo puede durar? No sé cómo vivimos. No sue-

317

na campana que no me parezca tocar a muerto. A ser yo ciego, creería que el color negro era el único de que se visten... [16] ¿Cuántas veces muere un hombre de un aire que no ha movido la trémula llama de una lámpara? ¿Cuántas de una agua que no ha mojado la superficie de la tierra? ¿Cuántas de un sol que no ha entibiado una fuente? ¡Entre cuántos peligros camina el hombre el corto trecho que hay de la cuna al sepulcro! [17] Cada vez que siento el pie, me parece hundirse el suelo, preparándome una sepultura... Conozco dos o tres hierbas saludables; las venenosas no tienen número. Sí, sí..., el perro me acompaña, el caballo me obedece, el jumento lleva la carga..., ¿y qué? El león, el tigre, el leopardo, el oso, el lobo e innumerables otras fieras nos prueban nuestra flaqueza deplorable.

LORENZO

Ya estamos donde deseas.

TEDIATO

Mejor que tu boca, me lo dice mi corazón. Ya piso la losa, que he regado tantas veces con mi llanto y besado tantas veces con mis labios. Ésta es. ¡Ay, Lorenzo! Hasta que me ofreciste lo que ahora me cumples, ¡cuántas tardes he pasado junto a esta piedra, tan inmóvil como si parte de ella fuesen mis entrañas! Más que sujeto sensible, parecía yo estatua, emblema del dolor. Entre otros días, uno se me pasó sobre ese banco. Los que cuidan de este templo, varias veces me habían sacado del letargo, avisándome ser la hora en que se cerraban las puertas. Aquel día olvidaron su obligación y mi delirio: fuéronse y me dejaron. Quedé en aquellas sombras, rodeado de sepulcros, tocando imágenes de muerte, envuelto en

---

[16] ¿Quién es el sujeto de «visten»? Puede pensarse en los hombres o en los vivos; es decir, algo no explícitamente expresado, sugerido por «no sé cómo vivimos».

[17] de la cuna al sepulcro; para una expresión casi idéntica, cfr. Cartas Marruecas, LIII, nota 1.

tinieblas, y sin respirar apenas, sino los cortos ratos que la congoja me permitía, cubierta mi fantasía, cual si fuera con un negro manto de densísima tristeza. En uno de estos amargos intervalos, yo vi, no lo dudes, yo vi salir de un hoyo inmediato a ése un ente [18] que se movía, resplandecían sus ojos con el reflejo de esa lámpara, que ya iba a extinguirse. Su color era blanco, aunque algo ceniciento. Sus pasos eran pocos, pausados y dirigidos a mí... Dudé... Me llamé cobarde... Me levanté... y fui a encontrarle... El bulto proseguía, y al ir a tocarle yo, él a mí: óyeme.

LORENZO

¿Qué hubo, pues?

TEDIATO

Óyeme... Al ir a tocarle yo y él horroroso vuelto a mí [19], en aquel lance de tanta confusión... apagóse del todo la luz.

LORENZO

¿Qué dices? ¿Y aún vives? [20]

TEDIATO

Sí; y con grande atención.

---

[18] *ente:* véase nota 12.
[19] En el manuscrito del Museo Británico, «y el horroroso bulto a mí». Puede ser admisible, dado que está también en las ediciones posteriores a la primera.
[20] En el manuscrito, tras ambas preguntas, se intercala como respuesta de Tediato: «Y viviré, pues no morí entonces. Escucha.» Y es Lorenzo, no Tediato, quien contesta: «Sí, y con grande atención. En aquel apuro...», etc. El hecho de que no aparezca este añadido en ninguna de las ediciones me lleva a rechazarlo. Sin duda, con él se gana en coherencia, pero la frase tiene el aspecto de querer dar continuidad lógica al diálogo. esa lógica que no es precisamente característica sintáctica del texto que comentamos.

En aquel apuro, ¿qué hiciste? ¿Qué pudiste hacer?

TEDIATO

Me mantuve en pie, sin querer perder el terreno que había ganado a costa de tanto arrojo y valentía. Era invierno. Las doce serían cuando se esparció la oscuridad por el templo; oí la una..., las dos..., las tres..., las cuatro... Siempre haciendo el oído el mismo oficio de la vista [21].

LORENZO

¿Qué oíste? Acaba, que me estremezco.

TEDIATO

Una especie de resuello, no muy libre. Procurando tentar, conocí que el cuerpo del bulto huía de mi tacto: mis dedos parecían mojados en sudor frío y asqueroso; y no hay especie de monstruo, por horrendo, extravagante e inexplicable que sea, que no se me presentase. Pero ¿qué es la razón humana si no sirve para vencer a todos los objetos y aun a sus mismas flaquezas? Vencí todo estos espantos; pero la primera impresión que hicieron, el llanto derramado antes de la aparición, la falta de alimento, la frialdad de la noche y el dolor que tantos días antes rasgaba mi corazón, me pusieron en tal estado de debilidad, que caí desmayado en el mismo hoyo de donde había salido el objeto terrible. Allí me hallé por la mañana en brazos de muchos concurrentes piadosos que habían acudido a dar al Criador las alabanzas y cantar los himnos acostumbrados. Lleváronme a mi casa, de donde volví en breve al mismo puesto. Aquella misma tarde hice conocimiento contigo y me prometiste lo que ahora va a finalizar.

---

[21] En el manuscrito seguido por Glendinning, «siempre en pie; haciendo el oído el oficio de la vista».

LORENZO

Pues esa misma tarde eché menos [22] en casa (poco te importará lo que voy a decirte, pero para mí es el asunto de más importancia), eché menos un mastín que suele acompañarme, y no pareció hasta el día siguiente. ¡Si vieras qué ley me tiene! Suele entrarse conmigo en el templo, y mientras hago la sepultura, ni se aparta un instante de mí. Mil veces, tardando en venir los entierros, le he solido dejar echado sobre mi capa, guardando la pala, el azadón y demás trastos de mi oficio.

TEDIATO

No prosigas, me basta lo dicho. Aquella tarde no se hizo el entierro; te fuiste, el perro se durmió dentro del hoyo mismo. Entrada ya la noche se dispertó [23], nos encontramos solos él y yo en la iglesia (mira qué causa tan trivial para un miedo tan fundado al parecer), no pudo salir entonces, y lo ejecutaría al abrir las puertas y salir el sol, lo que yo no pude ver por causa de mi desmayo.

LORENZO

Ya he empezado a alzar la losa de la tumba: pesa infinito. ¡Si verás en ella a tu padre! Mucho cariño le tienes cuando por verle pasas una noche tan dura... Pero ¡el amor de hijo! Mucho merece un padre.

TEDIATO

¡Un padre! ¿Por qué? Nos engendran por su gusto, nos crían por obligación, nos educan para que los sirvamos, nos casan para perpetuar sus nombres, nos co-

---

[22] *echar menos,* por «echar de menos», era frecuente en nuestros clásicos y considerado portuguesismo.

[23] *se dispertó:* en el manuscrito londinense, aceptado por Glendinning, «despertó», sin la forma pronominal. El *Dicc. de Aut.* recoge como normal también *dispertar,* aunque remitiendo a *despertar.*

rrigen por caprichos, nos desheredan por injusticia, nos
abandonan por vicios suyos [24]

LORENZO

Será tu madre... Mucho nos debe una madre [25]

TEDIATO

Aún menos que el [26] padre. Nos engendran también por
su gusto, tal vez por su incontinencia. Nos niegan el
alimento de la leche, que Naturaleza las [27] dio para este
único y sagrado fin; nos vician con su mal ejemplo, nos
sacrifican a sus intereses, nos hurtan las caricias que nos
deben y las depositan en un perro o en un pájaro.

LORENZO

¿Algún hermano tuyo te fue tan unido que vienes a
visitar los huesos?

---

[24] En la edición del *Correo de los ciegos,* base de la nuestra,
aparece sin más indicación la nota siguiente, que en posteriores
reimpresiones fue atribuida al autor, aunque más bien parece del
propio editor, temeroso seguramente del escandaloso alcance de
la frase pensada en general: «Esta moralidad se ha de entender
de los malos padres, y del mismo modo las siguientes.»

[25] *Mucho nos debe una madre,* puede entenderse como «a mucho está obligada con nosotros» y, como consecuencia, nosotros
a ella. La frase, en relación con lo que sigue, se presenta como
gramaticalmente incoherente, pero mantiene un paralelismo rít-
mico-sintáctico con la anterior de Lorenzo: «Mucho merece un
padre.» Ello me lleva, contra toda lógica de sentido, a mantener
esta lección, que está en todas las ediciones, frente a la del manuscrito londinense, completamente racionalizada: «Mucho debemos a una madre.» Es innegable, de todos modos, que esta
última es la única interpretación posible.

[26] *el:* en el manuscrito, por lógica consecuencia con lo dicho en
nota anterior, aparece *al.*

[27] Mantengo, porque lo considero más genuino que el manuscrito, el laísmo de la primera edición, normal en la lengua literaria de la época. Vid. *Cartas Marruecas.* VI, nota 5

¿Qué hermano conocerá la fuerza de esta voz? Un año más de edad, algunas letras de diferencia en el nombre, igual esperanza de gozar un bien de dudoso derecho y otras cosas semejantes imprimen tal odio en los hermanos que parecen fieras de distintas especies y no frutos de un vientre mismo.

LORENZO

Ya caigo en lo que puede ser: aquí yace sin duda algún hijo que se te moriría en lo más tierno de su edad.

TEDIATO

¡Hijos! ¡Sucesión! Éste que antes era tesoro con que Naturaleza regalaba a sus favorecidos, es hoy un azote con que no debiera castigar sino a los malvados. ¿Qué es un hijo? Sus primeros años..., un retrato horrendo de la miseria humana. Enfermedad, flaqueza, estupidez, molestia y asco... Los siguientes años..., un dechado de los vicios de los brutos, poseídos en más alto grado..., lujuria, gula, inobediencia... Más adelante, un pozo de horrores infernales..., ambición, soberbia, envidia, codicia, venganza, traición y malignidad; pasando de ahí... ya no se mira el hombre como hermano de los otros, sino como a un ente supernumerario [38] en el mundo. Créeme, Lorenzo, créeme. Tú sabrás cómo son los muertos, pues son el objeto de tu trato...; yo sé lo que son los vivos... Entre ellos me hallo con demasiada frecuencia... Éstos son..., no..., no hay otros; todos a cual peor... Yo sería peor que todos ellos si me hubiera dejado arrastrar de sus ejemplos.

LORENZO

¡Qué cuadro el que pintas!

---

[38] *supernumerario*, «lo que está o se pone sobre el número señalado y establecido» (*Aut.*). El sintagma *ente supernumerario* es claramente enfático. Vid. nota 11.

La Naturaleza es el original; no adulo, pero tampoco la agravio. No te canses, Lorenzo; nada significan esas voces que oyes de padre, madre, hermano, hijo y otras tales; y si significan el carácter que vemos en los que así se llaman, no quiero ser ni tener hijo, hermano, padre, madre, ni me quiero a mí mismo, pues algo he de ser de todo esto.

LORENZO

No me queda que preguntarte más que una cosa, y es a saber, si buscas el cadáver de algún amigo.

TEDIATO

¿Amigo? ¿Eh? ¿Amigo? ¡Qué necio eres!

LORENZO

¿Por qué?

TEDIATO

Sí; necio eres, y mereces compasión, si crees que esa voz tenga el menor sentido. ¡Amigos! ¡Amistad! Esa virtud sola haría feliz a todo el género humano. Desdichados son los hombres desde el día que la desterraron o que ella los abandonó. Su falta es el origen de todas las turbulencias de la sociedad. Todos quieren parecer amigos; nadie lo es. En los hombres, la apariencia de la amistad es lo que en las mujeres el afeite y composturas. Belleza fingida y engañosa... Nieve que cubre un muladar... [29] Darse las manos y rasgarse los corazones; ésta es la amistad que reina. No te canses; no busco el ca-

---

[29] *Nieve que cubre un muladar* es expresión que, referida a la belleza femenina, relaciona oportunamente Glendinning con el «muladar cubierto de nieve», aplicado por Fray Luis de Granada al cuerpo humano. *Muladar* es, en efecto, «el lugar o sitio donde se echa el estiércol o basura que sale de las casas» (*Aut.*).

dáver de persona alguna de los que puedes juzgar. Ya no es cadáver [30].

LORENZO

Pues si no es cadáver, ¿qué buscas? Acaso tu intento sería hurtar las alhajas del templo, que se guardan en algún soterráneo [31], cuya puerta te se [32] figura ser la losa que empiezo a levantar.

TEDIATO

Tu inocencia te sirva de excusa. Queden en buena hora esas alhajas establecidas por la piedad [33] y trabaja con más brío.

LORENZO

Ayúdame; mete esotro [34] pico por allí y haz fuerza conmigo.

TEDIATO

¿Así?

LORENZO

Sí, de este modo; ya va en buen estado.

---

[30] No alcanzo a ver en esta frase ningún «posible recuerdo» de *La difunta pleiteada,* como pretende Glendinning. No se trata de que la amada no esté muerta, sino de que *ya* no es ni un cadáver. Poco después nos dirá que su carne está convertida en gusanos vivos.

[31] *soterráneo,* «el lugar que está debaxo de tierra. Dícese también soterraño y subterráneo...» *(Aut.).*

[32] *te se:* respeto aquí la sucesión pronominal de la primera edición, aunque en el ms. se encuentre el orden regular. Véase la nota 4.

[33] En este punto, a juzgar por el manuscrito del Museo Británico, el primer editor suprimió lo siguiente, que bien podía ser objeto de censura: «aumentadas por la superstición de los pueblos; y atesoradas por la codicia de los ministros del altar.—LORENZO: No te entiendo.—TEDIATO: Ni conviene. Trabaja con más brío».

[34] *esotro* no está registrado en el *Dicc. de Aut.,* pero sí *estotro:* «Pron. compuesto de *este* y *otro,* que demuestra y señala la cosa tercera como presente.»

¿Quién me diría dos meses ha que me había de ver en este oficio? Pasáronse más aprisa que el sueño, dejándome tormento al despertar, desapareciéronse como humo que deja las llamas abajo y se pierde en el aire. ¿Qué haces, Lorenzo?

LORENZO

¡Qué olor! ¡Qué peste sale de la tumba! No puedo más.

TEDIATO

No me dejes; no me dejes, amigo. Yo solo no soy capaz de mantener esta piedra.

LORENZO

La abertura que forma ya da lugar para que salgan esos gusanos que se ven con la luz de mi farol.

TEDIATO

¡Ay, qué veo! Todo mi pie derecho está cubierto de ellos. ¡Cuánta miseria me anuncian! En éstos, ¡ay!, ¡en éstos se ha convertido tu carne! ¡De tus hermosos ojos se han engendrado estos vivientes asquerosos! ¡Tu pelo, que en lo fuerte de mi pasión llamé mil veces no sólo más rubio, sino más precioso que el oro, ha producido esta podre! ¡Tus blancas manos, tus labios amorosos se han vuelto materia y corrupción! ¡En qué estado estarán las tristes reliquias de tu cadáver! ¡A qué sentido no ofenderá la misma que fue el hechizo de todos ellos! [35]

LORENZO

Vuelvo a ayudarte, pero me vuelca ese vapor... Ahora empieza. Más, más, más; ¿qué lloras? No pueden ser

---

[35] Obsérvese la sintaxis elíptica y concentrada: la que hechizaba los sentidos ofende ahora a cada uno de ellos.

sino lágrimas tuyas las gotas que me caen en las manos... ¡Sollozas! ¡No hablas! Respóndeme.

TEDIATO

¡Ay! ¡Ay!

LORENZO

¿Qué tienes? ¿Te desmayas?

TEDIATO

No, Lorenzo.

LORENZO

Pues habla. Ahora caigo en quién es la persona que se enterró aquí... ¿Eras pariente suyo? No dejes de trabajar por eso. La losa está casi vencida, y por poco que ayudes, la volcaremos, según vemos. Ahora, ahora, ¡ay!

TEDIATO

Las fuerzas me faltan.

LORENZO

Perdimos lo adelantado.

TEDIATO

Ha vuelto a caer.

LORENZO

Y el sol va saliendo, de modo que estamos en peligro de que vayan viniendo las gentes y nos vean.

TEDIATO

Ya han saludado al Criador algunas campanas de los vecinos templos en el toque matutino. Sin duda lo habrán ya ejecutado los pájaros en los árboles con música

327

más natural y más inocente y, por tanto, más digna [36]. En fin, ya se habrá desvanecido la noche. Sólo mi corazón aún permanece cubierto de densas y espantosas tinieblas. Para mí nunca sale el sol. Las horas todas se pasan en igual oscuridad para mí. Cuantos objetos veo en lo que llaman día, son a mi vista fantasmas, visiones y sombras cuando menos...; algunos son furias infernales.

Razón tienes; podrán sorprendernos. Esconde ese pico y ese azadón; no me faltes mañana a la misma hora y en el propio puesto. Tendrás menos miedo, menos tiempo se perderá. Vete, te voy siguiendo.

Objeto antiguo de mis delicias... ¡Hoy objeto de horror para cuantos te vean! Montón de huesos asquerosos.... ¡En otros tiempos conjunto de gracias! ¡Oh tú, ahora imagen de lo que yo seré en breve! Pronto volveré a tu tumba, te llevaré a mi casa, descansarás en un lecho junto al mío; morirá mi cuerpo junto a ti, cadáver adorado, y expirando incendiaré mi domicilio, y tú yo nos volveremos ceniza en medio de las de la casa.

Fin de la primera noche

---

[36] En la *música más natural y más inocente* pudo muy bien Cadalso recordar el canto «no aprendido» de las aves, de fray Luis de León. Pero lo significativo no es esa posible derivación, sino el que se considere *más digna* del Creador esa música que la de las campanas de los templos.

NOCHE SEGUNDA

Tediato, *la* Justicia[37] *y después un* Carcelero

Diálogo

TEDIATO

¡Qué triste me ha sido ese día! Igual a la noche más espantosa me ha llenado de pavor, tedio[38], aflicción y pesadumbre. ¡Con qué dolor han visto mis ojos la luz del astro, a quien llaman benigno los que tienen el pecho menos oprimido que yo! El sol, la criatura que dicen menos imperfecta imagen del Criador, ha sido objeto de mi melancolía. El tiempo que ha tardado en llevar sus luces a otros climas me ha parecido tormento de duración eterna... ¡Triste de mí! Soy el solo viviente a quien sus rayos no consuelan. Aun la noche, cuya tardanza me hacía tan insufrible la presencia del sol, es menos gustosa, porque en algo se parece al día. No está tan oscura como yo quisiera la luna[39]. ¡Ah, luna! Escóndete, no mires en este puesto al más infeliz mortal.

¡Que no se hayan pasado más que dieciséis horas des-

---

[37] *justicia:* vid. *Cartas Marruecas,* LXIX, nota 2.

[38] Surge espontánea la relación fónica que suscita la palabra «tedio», dicha por el apesadumbrado y empavorecido protagonista, con su mismo nombre, Tediato, que pretende reflejar una actitud vital: la desgana y la inadaptabilidad que habrán de caracterizar al héroe romántico.

[39] En el manuscrito y edición de Glendinning: «No está tan oscura como yo quisiera. ¡La luna!» Es decir, que *oscura* se refiere a la noche y no a la luna.

de que dejé a Lorenzo! ¿Quién lo creyera? ¡Tales han sido para mí! Llorar, gemir, delirar... Los ojos fijos en su retrato, las mejillas bañadas en lágrimas, las manos juntas pidiendo mi muerte al cielo, las rodillas flaqueando bajo el peso de mi cuerpo, así desmayado; sólo un corto resuello me distinguía de un cadáver. ¡Qué asustado quedó Virtelio [40], mi amigo, al entrar en mi cuarto y hallarme de esa manera! ¡Pobre Virtelio! ¡Cuánto trabajaste para hacerme tomar algún alimento! Ni fuerza en mis manos para tomar el pan, ni en mis brazos para llevarlo a la boca, si alguna vez llegaba. ¡Cuán amargos son bocados mojados con lágrimas! Instante... [41], me mantuve inmóvil. Se fue sin duda cansado... ¿Quién no se cansa de un amigo como yo, triste, enfermo, apartado del mundo, objeto de la lástima de algunos, del menosprecio de otros, de la burla de muchos? ¡Qué mucho me dejase! Lo extraño es que me mirase alguna vez. ¡Ah, Virtelio! ¡Virtelio! Pocos instantes más que hubieses permanecido mío, te hubieran dado fama de amigo verdadero. Pero ¿de qué te serviría? Hiciste bien en dejarme; también te hubiera herido la mofa de los hombres. Dejar a un amigo infeliz, conjurarte con la suerte contra un triste, aplaudir la inconstancia [42] del mundo,

---

[40] Con Virtelio podría aludir, según los distintos críticos, a Bernardo de Iriarte, tío de Tomás (Cotarelo); a Ortelio, es decir, García de la Huerta (Helman); o al científico Gómez Ortega (Glendinning). Pero en este caso hay que dar crédito a lo que dice la carta de «M. A.», que «Virtelio era su barbero». En efecto, lo confirma así el propio Cadalso en sus *Apuntaciones autobiográficas,* cuando habla de gratificar, tras su enfermedad, «al único que fue mi constante amigo, a saber: mi barbero». El nombre convencional puede pretender sugerir el ideal del tipo humano en la época, es decir, el virtuoso ilustrado.

[41] *instante:* teniendo en cuenta que tras esta frase viene un «se fue» sin sujeto inmediato, que hay que atribuir, por encima de los incisos de tono afectivo intercalados en esta sintaxis alógica, a Virtelio, este «instante» pudiera ser un participio de presente referido al mismo Virtelio («instante él»). Es decir, Tediato permanecía inmóvil a pesar de las instancias o insistencias de su amigo.

[42] *inconstancia:* en la edición del *Correo* y en las sucesivas, «constancia». Corrijo, pues, según la lección del manuscrito.

imitar lo duro de las entrañas comunes, acompañar con tu risa la risa universal, que es eco de los llantos de un mísero... Sigue, sigue... Éste es el camino de la fortuna... Adelántate a los otros: admirarán tu talento. Yo le vi salir... Murmuraba de la flaqueza de mi ánimo. La Naturaleza sin duda murmuraba de la dureza del suyo. Éste es el menos pérfido de todos mis amigos; otros ni aun eso hicieron. Tediato se muere, dirían unos; otros repetirían: se muere Tediato. De mi vida y de mi muerte hablarían como del tiempo bueno o malo suelen hablar los poderosos, no como los pobres a quien [43] tanto importa el tiempo. La luz del sol, que iba faltando, me sacó del letargo cruel. La tiniebla me traía el consuelo que arrebata a todo el mundo. Todo el consuelo que siente toda la naturaleza al parecer el sol, le sentí todo junto al ponerse. Dije mil veces preparándome a salir: bien venida seas, noche, madre de delitos, destructora de la hermosura, imagen del caos de que salimos. Duplica tus horrores; mientras más densas, más gustosas me serán tus tinieblas. No tomé alimento; no enjugué las lágrimas; púseme el vestido más lúgubre; tomé este acero, que será..., ¡ay!, sí; será quien consuele de una vez todas mis cuitas. Vine a este puesto; espero a Lorenzo.

Desengañado de las visiones y fantasmas, duendes, espíritus y sombras, me ayudará con firmeza a levantar la losa: haré el robo... ¡El robo! ¡Ay! Era mía; sí, mía; yo, suyo. No, no [44], la agravio; me agravio: éramos uno [45].

---

[43] Todavía en el siglo XVIII se utilizaba la forma «quien» con antecedente no singular, que es lo clásico; luego se sintió como arcaísmo, aunque ni aun hoy ha desaparecido del todo, razón por la cual las ediciones posteriores de las *Noches* corrigieron con el plural. Muestra, en cambio, del uso vacilante es la frase que corresponde a la nota 53: «hombres a quienes». Cfr. *Cartas Marruecas*, X, nota 2.

[44] Añado una coma tras el segundo «no», con arreglo a la interpretación del manuscrito; en éste, en cambio, no constan, según Glendinning, las expresiones bien necesarias «era mía; sí, mía; yo, suyo».

[45] *uno:* en la edición del *Correo*, «unos», que corrijo. Variante, por cierto, no señalada por Glendinning.

Su alma, ¿qué era sino la mía? La mía, ¿qué era sino la suya? Pero ¿qué voces se oyen? Muere, muere, dice una de ellas. ¡Que me matan!, dice otra voz. Hacia mí vienen corriendo varios hombres. ¿Qué haré? ¿Qué veo? El uno cae herido al parecer... Los otros huyen retrocediendo por donde han venido. Hasta mis plantas viene batallando con las ansias de la muerte [46]. ¿Quién eres? ¿Quién eres? ¿Quiénes son los que te siguen? ¿No respondes? El torrente de sangre que arroja por boca y por herida me mancha todo... Es muerto, ha expirado asido de mi pierna. Siento pasos a este otro lado. Mucha gente llega; el aparato [47] es de ser comitiva de la justicia.

JUSTICIA

Pues aquí está el cadáver, y ese hombre está ensangrentado, tiene la espada en la mano, y con la otra procura desasirse del muerto: parece indicar no ser otro el asesino. Prended a ese malvado. Ya sabéis lo importante de este caso. El muerto es un personaje cuyas calidades no permiten el menor descuido de nuestra parte. Sabéis los antecedentes de este asesinato que se proponían [48]. Atadle. Desde esta noche te puedes contar por muerto, infame. Sí, ese rostro, lo pálido de su semblante, su turbación, todo indica, o aumenta los indicios que ya tenemos... En breve tendrás muerte ignominiosa y cruel.

TEDIATO

Tanto más gustosa... Por extraño camino me concede el cielo lo que le pedí días ha con todas mis veras...

------

[46] El octosílabo «con las ansias de la muerte» es recuerdo consciente o inconsciente de las famosas coplas que empiezan «puesto ya el pie en el estribo», citadas y glosadas no sólo por Cervantes, sino también por Lope. en al menos cuatro de sus comedias.
[47] *aparato:* véase nota 3.
[48] En el manuscrito, «y los fines que se proponían».

¡Cuál se complace con su delito!

¡Delito! Jamás le tuve. Si lo hubiera tenido, él mismo hubiera sido mi primer verdugo, lejos de complacerme en él. Lo que me es gustosa es la muerte... Dádmela cuanto antes, si os merezco alguna misericordia. Si no sois tan benigno, dejadme vivir; ése será mi mayor tormento. No obstante, si alguna caridad merece un hombre, que la pide a otro hombre, dejadme un rato llegar más cerca de ese templo, no por valerme de su asilo[49], sino por ofrecer mi corazón a...

Tu corazón en que engendras maldades.

No injuries a un infeliz; mátame sin afrentarme. Atormenta mi cuerpo, en quien tienes dominio, no insultes una alma que tengo más noble..., un corazón más puro.... sí, más puro, más digna habitación del Ser Supremo, que el mismo templo en que yo quería... Ya nada quiero... Haz lo que quieras de mí... No me preguntes quién soy, cómo vine aquí, qué hacía, qué intentaba hacer, y apuren los verdugos sus crueldades en mí; las verás todas vencidas por mi fineza.

Llevadle aprisa, no salgan al encuentro sus compañeros.

---

[49] *asilo*, el «lugar de refugio de los delincuentes, donde no pueden ser castigados, ni de donde pueden ser extraídos para la pena» (*Aut.*, con la grafía *asylo*).

Jamás los tuve: ni en la maldad, porque jamás fui malo; ni en la bondad, porque ninguno me ha igualado en lo bueno. Por eso soy el más infeliz de los hombres. Cargad más prisiones [50] sobre mí. Ministros feroces: ligad más esos cordeles con que me arrastráis cual víctima inocente. Y tú, que en ese templo quedas, únete a tu espíritu inmortal, que exhalaste entre mis brazos, si lo permite quien puede, y ven a consolarme en la cárcel, o a desengañar a mis jueces. Salga yo valeroso al suplicio o inocente al mundo. ¡Pero no! Agraviado o vindicado, muera yo, muera yo y en breve.

JUSTICIA

Su delito le turba los sentidos; andemos, andemos.

TEDIATO

¿Estamos ya en la cárcel?

JUSTICIA

Poco falta.

TEDIATO

Quien encuentre la comitiva de la justicia llevando a un preso ensangrentado, pálido, mal vestido, cargado de cadenas que le han puesto y de oprobios que le dicen, ¿qué dirá? Allá va un delincuente. Pronto lo veremos en el patíbulo; su muerte será horrorosa, pero saludable espectáculo. ¡Viva la justicia! Castíguense los delitos. Arránquese [51] de la sociedad los que turben su quietud.

---

[50] *prisiones,* «se llaman también los grillos, cadenas y otros instrumentos de hierro, con que en las cárceles se aseguran los delincuentes». *(Aut.)*

[51] *arránquese:* en Glendinning, sin señalar la variante (por lo que no se sabe si está en el manuscrito, o si se trata de corrección del editor), «arránquense». De ser corrección, no estaría justificada, por ser *castíguense* forma pasiva que concierta con su

De la muerte de un malvado se asegura la vida de muchos buenos. Así irán diciendo de mí; así irán diciendo. En vano les diría mi inocencia. No me creerían; si la jurara, me llamarán [52] perjuro sobre malvado. Tomaría por testigos de mi virtud a esos astros; darían su giro sin cuidarse del virtuoso que padece ni del inicuo que triunfa.

JUSTICIA

Ya estamos en la cárcel.

TEDIATO

Sepulcro de vivos, morada de horror, triste descanso en el camino del suplicio, depósito de malhechores, abre tus puertas; recibe a este infeliz.

JUSTICIA

Este hombre quede asegurado; nadie le hable. Ponedle en el calabozo más apartado y seguro; doblad el número y peso de los grillos acostumbrados. Los indicios que hay contra él son casi evidentes. Mañana se le examinará. Prepáresele el tormento por si es tan obstinado como inicuo. Eres responsable de este preso, tú, carcelero; te aconsejo que no le pierdas de vista; mira que la menor compasión que para con él puedes tener es tu perdición.

CARCELERO

Compasión yo, ¿de quién? ¿De un preso que se me encarga? No me conocéis. Años ha que soy carcelero, y en el discurso de ese tiempo he guardado los presos que he tenido como si guardara fieras en las jaulas. Pocas

_____

sujeto pospuesto, y *arránquese,* la impersonal activa que no puede concordar con su complemento.

[52] Parece mejor tanto la forma «llamarían» del manuscrito como «llamaran», que aparece en las ediciones posteriores a la que seguimos. El que sólo aparezca la forma del texto en esta primera edición, puede hacer dudar de ella.

palabras, menos alimento, ninguna lástima, mucha dureza, mayor castigo y continua amenaza. Así me temen. Mi voz entre las paredes de esta cárcel es como el trueno entre montes. Asombra a cuantos la oyen. He visto llegar facinerosos de todas las provincias, hombres a quienes los dientes y las canas habían salido entre muertes y robos... [53] Los soldados, al entregármelos, se aplaudían [54] más que de una batalla que hubiesen ganado. Se alegraban de dejarlos en mis manos más que si de ellas sacaran el más precioso saqueo de una plaza sitiada muchos meses; y todo esto no obstante..., a pocas horas de estar bajo mi dominio han temblado los hombres más atroces.

JUSTICIA

Pues ya queda asegurado; adiós otra vez.

CARCELERO

Sí, sí; grillos, cadenas, esposas, cepo, argolla, todo le sujetará.

TEDIATO

Y más que todo mi inocencia.

CARCELERO

Delante de mí no se habla; y si el castigo no basta a cerrarte la boca, mordazas hay.

TEDIATO

Haz lo que quieras; no abriré mis labios. Pero la voz de mi corazón..., aquella voz que penetra el firmamento, ¿cómo me privarás de ella?

---

[53] En el manuscrito se halla aquí intercalada la siguiente frase no recogida en ninguna de las antiguas ediciones: «El camino por donde habían venido había quedado horrorizado.»

[54] *Se aplaudían*, en forma pronominal, con el valor de «se alababan». Cfr. *Cartas Marruecas*, X, nota 5.

Éste es el calabozo destinado para ti. En breve volveré.

TEDIATO

No me espantan sus tinieblas, su frío, su humedad, su hediondez; no el ruido que han hecho los cerrojos de esa puerta, no el peso de mis cadenas. Peor habitación [55] ocupa ahora... ¡Ay, Lorenzo! Habrás ido al señalado puesto, no me habrás hallado. ¡Qué habrás juzgado de mí! Acaso creerás que miedo, inconstancia... ¡Ay! No, Lorenzo; nada de este mundo ni del otro me parece espantoso, y constancia no me puede faltar, cuando no me ha faltado ya sobre la muerte, de quien vimos ayer cadáver medio corrompido; me acometieron mil desdichas: ingratitud de mis amigos, enfermedad, pobreza, odio de poderosos, envidia [56] de iguales, mofa de parte de mis inferiores... La primera vez que dormí, figuróseme que veía el fantasma que llaman fortuna. Cual suele pintarse la muerte con una guadaña que despuebla el universo, tenía la fortuna una vara con que volvía a todo el globo. Tenía levantado el brazo contra mí. Alcé la frente, la miré. Ella se irritó; o me sonreí, y me dormí; segunda vez se venga de mi desprecio. Me pone, siendo yo justo y bueno, entre facinerosos hoy; mañana tal vez entre las manos del verdugo; éste me dejará entre los

---

[55] La lección seguida es la del manuscrito, que se revela como la más aceptable. En la edición que seguimos consta «peor ocupación ocupo ahora», muy probablemente errata mecánica, que a su vez fue retocada en las ediciones siguientes con «me ocupa». Una vez más hay que tener presente el encadenamiento psicológico de las ideas que explica ciertas incoherencias sintácticas. Las condiciones presentes de Tediato le llevan a pensar en su amada enterrada y, naturalmente, en la cita con Lorenzo. Tampoco debe descartarse la posible lectura, aunque no documentada, «peor ocupación ocupa ahora», refiriéndose exclusivamente a Lorenzo.

[56] *envidia:* tanto en el manuscrito como en la primera edición, «envidiado». Excepcionalmente parece oportuno adoptar la corrección de las ediciones siguientes, porque la cadena de sustantivos yuxtapuestos así lo pide; es muy fácil, además, explicar la confusión por el cruce involuntario entre «envidia de» y «envidiado».

brazos de la muerte. ¡Oh muerte!, ¿por qué dejas que te llamen daño, el mayor de ellos, el último de todos? ¡Tú, daño! Quien así lo diga, no ha pasado lo que yo.

¡Qué voces oigo (¡ay!) en el calabozo inmediato! Sin duda hablan de morir. ¡Lloran! ¡Van a morir, y lloran! ¡Qué delirio! Oigamos lo que dice el mísero insensato que teme burlar de una vez todas sus miserias. No, no escuchemos. Indignas voces de oírse son las que articula el miedo al aparato [57] de la muerte.

¡Ánimo, ánimo, compañero! Si mueres dentro del breve plazo que te señalan, poco tiempo estarás expuesto a la tiranía, envidia, orgullo, venganza, desprecio, traición, ingratitud... Esto es lo que dejas en el mundo. Envidiables delicias dejas por cierto a los que se queden en él; te envidio el tiempo que me ganas; el tiempo que tardaré en seguirte.

Ha callado el que sollozaba, y también dos voces que le acompañaban, una hablándole de... Sin duda fue ejecución secreta. ¿Si se llegarán ahora los ejecutores a mí? ¡Qué gozo! [58] Ya se disipan todas las tinieblas de mi alma. Ven, muerte, con todo tu séquito. Sí, ábrase esa puerta; entren los verdugos feroces manchados aún con la sangre que acaban de derramar a una vara de mí. Si el ser infeliz es culpa, ninguno más reo que yo. ¡Qué silencio tan espantoso ha sucedido a los suspiros del moribundo! Las pisadas de los que salen de su calabozo, las voces bajas con que se hablan, el ruido de las cadenas que sin duda han quitado al cadáver, el ruido de la puerta estremece lo sensible de mi corazón, no obstante lo fuerte de mi espíritu. Frágil habitación de una alma superior a todo lo que Naturaleza puede ofrecer, ¿por qué tiemblas? ¿Ha de horrorizarme lo que desprecio? ¡Si será sueño esta debilidad que siento! Los ojos se me cierran, no obstante la debilidad que en ellos ha dejado el llanto. Sí; reclínome. Agradable concurso, música deliciosa, espléndida mesa, delicado lecho, gustoso sueño

---

[57] *aparato:* véase nota 3.
[58] En la primera edición dice «fue gozo» por errata

encantarán a estas horas a alguno en el tropel del mundo. No se envanezca, lo mismo tuve yo; y ahora... una piedra es mi cabecera, una tabla mi cama, insectos mi compañía. Durmamos. Quizá me despertará una voz que me diga. Ven al tormento, u otra que me diga: Ven al suplicio. Durmamos. ¡Cielos! Si el sueño es imagen de la muerte... ¡Ay! Durmamos.

¡Qué pasos siento! Una corta luz parece que entra por los resquicios de la puerta. La abren; es el carcelero, y le siguen dos hombres. ¿Qué queréis? ¿Llegó por fin la hora inmediata a la de mi muerte? ¡Me la vais a anunciar con semblante de debilidad y compasión o con rostro de entereza y dominio!

CARCELERO

Muy diferente es el objeto de nuestra venida. Cuando me aparté de ti, juzgué que a mi vuelta te llevarían al tormento, para que en él declarases los cómplices del asesinato que se te atribuía; pero se han descubierto los autores y ejecutores de aquel delito. Vengo con orden de soltarte. Ea, quítenle las cadenas y grillos: libre estás.

TEDIATO

Ni aun en la cárcel puedo gozar del reposo que ella me ofrece en medio de sus horrores. Ya iba yo acomodando los cansados miembros de mi cuerpo sobre esta tarima, ya iba tolerando mi cabeza lo duro de esa piedra, y me vienes a despertar, ¿y para qué? Para decirme que no he de morir. Ahora sí que turbas mi reposo... Me vuelves a arrojar otra vez al mundo, al mundo de donde se ausentó lo poco bueno que había en él. ¡Ay! Decidme, ¿es de día?

CARCELERO

Aún faltará una hora de noche.

Pues voyme. Con tantas contingencias como ofrece la suerte, ¿qué sé yo si mañana nos volveremos a ver?

CARCELERO

Adiós.

TEDIATO

Adiós. Una hora de noche aún falta. ¡Ay! Si Lorenzo estuviese en el paraje de la cita, tendríamos tiempo para concluir nuestra empresa [59]; se habrá cansado de esperarme.

Mañana, ¿dónde le hallaré? No sé su casa. Acudir al templo parece más seguro. Pasaréme ahora por el atrio. ¡Noche!, dilata tu duración; importa poco que te esperen con impaciencia el caminante [60] para continuar su viaje y el labrador para seguir su tarea. Domina, noche, domina, y más y más sobre un mundo que por sus delitos se ha hecho indigno del sol. Quede aquel astro alumbrando a hombres mejores que los de estos climas. Mientras más dure tu oscuridad, más tiempo tendré de cumplir la promesa que hice al cadáver encima de su tumba, en medio de otros sepulcros, al pie de los altares y bajo la bóveda sagrada del templo. Si hay alguna cosa más santa en la tierra, por ella juro no apartarme de mi intento; si a ello faltase yo, si a ello faltase... ¿Cómo había de faltar?

Aquella luz que descubro será..., será acaso la que arde alumbrando a una imagen que está fija en la pared exterior del templo. Adelantemos el paso. Corazón, esfuérzate, o saldrás en breve victorioso de tanto susto, cansancio, terror, espanto y dolor, o en breve dejarás de

---

[59] *empresa:* véase nota 7.

[60] Ejemplo bien claro de la sintaxis elíptica que caracteriza al texto, según nuestro enfoque. Tediato pide a la noche que dilate su duración; de ello se deduce que el día ha de tardar; y a esa luz del día, sobreentendida por contraste en la dilación de la noche, tiene que referirse el «importa poco que te esperen con impaciencia el caminante... y el labrador...»

palpitar en ese miserable pecho. Sí, aquélla es la luz; el aire la hace temblar de modo que tal vez se apagará antes que yo llegue a ella. Pero ¿por eso he de temer la oscuridad? Antes debe serme más gustosa. Las tinieblas son mi alimento. El pie siente algún obstáculo... ¿Qué será? Tentemos. Un bulto, y bulto de hombre. ¿Quién es? Parece como que sale de un sueño. ¡Amigo! ¿Quién es? Si eres algún mendigo necesitado que de flaqueza has caído, y duermes en la calle por faltarte casa en que recogerte y fuerzas para llegarte a un hospital, sígueme; mi casa será tuya; no te espanten tus desdichas; muchas y grandes serán, pero te habla quien las pasa mayores. Respóndeme, amigo... Desahóguese en mi pecho el tuyo; tristes como tú busco yo; sólo me conviene la compañía de los míseros; harto tiempo viví con los felices. Tratar con el hombre en la prosperidad es tratarle fuera del mismo. Cuando está cargado de penas, entonces está cual es: cual Naturaleza lo entrega a la vida, y cual la vida le entregará a la muerte; cual [61] fueron sus padres, y cuales serán sus hijos. Amigo, ¿no respondes? Parece joven de corta edad. Niño, ¿quién eres? ¿Cómo has venido aquí?

NIÑO

¡Ay, ay, ay!

TEDIATO

No llores; no quiero hacerte mal. Dime, ¿quién eres? ¿Dónde viven tus padres? ¿Sabes tu nombre? ¿Y el de la calle en que vives?

NIÑO

Yo soy... Mire usted... Vivo... Venga usted conmigo para que mi padre no me castigue. Me mandó quedar

---

[61] *cual:* ésta es la lección del manuscrito y de la primera edición. No hay motivo, pues, para corregir injustificadamente, como hace Glendinning, con «cuales», que demuestra, por otra parte, incomprensión gramatical de la frase.

aquí hasta las dos, y ver si pasaba alguno por aquí muchas veces, y que fuera a llamarle. Me he quedado dormido.

TEDIATO

Pues no temas; dame la manita, toma ese pedazo de pan que me he hallado, no sé cómo, en el bolsillo y llévame a casa de tu padre.

NIÑO

No está lejos.

TEDIATO

¿Cómo se llama tu padre? ¿Qué oficio tiene? ¿Tienes madre y hermanos? ¿Cuántos años tienes tú y cómo te llamas?

NIÑO

Me llamo Lorenzo, como mi padre; mi abuelo murió esta mañana; tengo ocho años, y seis hermanos más chicos que yo. Mi madre acaba de morir de sobreparto. Dos hermanos tengo muy malos con viruelas, otro está en el hospital, mi hermana se desapareció desde ayer de casa; mi padre no ha comido en todo hoy un bocado de la pesadumbre.

TEDIATO

¿Lorenzo dices que se llama tu padre?

NIÑO

Sí, señor.

TEDIATO

¿Y qué oficio tiene?

NIÑO

No sé cómo se llama.

TEDIATO

Explícame lo que es.

342

NIÑO

Cuando uno se muere, y lo llevan a la iglesia, mi padre es quien...

TEDIATO

Ya te entiendo; sepulturero, ¿no es verdad?

NIÑO

Creo que sí pero aquí estamos ya en casa.

TEDIATO

Pues llama, y recio.

SEPULTURERO

¿Quién es?

NIÑO

Abra usted, padre; soy yo y un señor.

SEPULTURERO

¿Quién viene contigo?

TEDIATO

Abre, que soy yo.

SEPULTURERO

Ya conozco la voz. Ahora bajaré a abrir.

TEDIATO

¡Qué poco me esperabas aquí! Tu hijo te dirá dónde le he hallado; me ha contado el estado de tu familia. Mañana nos veremos en el mismo puesto para proseguir nuestro intento, y te diré por qué no nos hemos visto esta noche hasta ahora. Te compadezco tanto como a mí mismo, Lorenzo, pues la suerte te ha dado tanta miseria y te las multiplica en tus deplorables hijos... Eres sepulturero... Haz un hoyo muy grande, entiérralos todos ellos vivos, y sepúltate con ellos. Sobre tu losa me mataré y moriré diciendo: Aquí yacen unos niños tan felices ahora como eran infelices poco ha, y dos hombres, los más míseros del mundo.

NOCHE TERCERA

TEDIATO *y el* SEPULTURERO

Diálogo

TEDIATO

Aquí me tienes, fortuna, tercera vez expuesto a tus caprichos; pero ¿quién no lo está? ¿Dónde, cuándo, cómo sale el hombre de tu imperio? Virtud, valor, prudencia, todo lo atropellas; no está más seguro de tu rigor el poderoso en su trono, el sabio en su estudio, que el mendigo en su muladar [62], que yo en esta esquina lleno de aflicciones, privado de bienes, con mil enemigos por fuera y un tormento interior, capaz por sí solo de llenarme de horrores, aunque todo el orbe procura mi felicidad [63].

¿Si será esta noche la que ponga fin a mis males? La primera, ¿de qué me sirvió? Truenos, relámpagos, conversación con un ente [64] que apenas tenía la figura humana, sepulcros, gusanos y motivos de cebar mi tristeza en los delitos y flaqueza de los hombres. Si más hubie-

---

[62] *muladar:* véase nota 29.
[63] *procura mi felicidad:* si admitiéramos, como en el manuscrito londinense y en la edición de Glendinning, «procurara mi infelicidad», ¿a quién o a qué se opone esa concesiva, si acaba de afirmar que tiene un tormento interior que le llena de horrores? La interpretación es que, a pesar de la felicidad dada, Tediato, con su tormento, está seguro del rigor de la fortuna.
[64] *ente:* véase nota 12.

ra sido mi mansión al pie de la sepultura, ¿cuál sería el éxito de mi temeridad? Al acudir al templo el concurso religioso, y hallarme en aquel estado, creyendo que... ¿Qué hubieran creído? Gritarían: Muera ese bárbaro que viene a profanar el templo con molestia de los difuntos y desacato a quien los crió.

La segunda noche..., ¡ay!, vuelve a correr mi sangre por las venas con la misma turbación que anoche. Si no has de volver a mi memoria para mi total aniquilación, huye de ella, ¡oh, noche infausta! Asesinato, calumnia, oprobios, cárcel, grillos, cadenas, verdugos, muerte y gemidos... Por no sentir mi último aliento, huya de mí un instante la tristeza; pero apenas se me concede gozar el aire, que está libre para las aves y brutos, cuando me vuelve a cubrir con su velo la desesperación. ¿Qué vi? Un padre de familias [65], pobre, con su mujer moribunda, hijos parvulillos y enfermos, uno perdido, otro muerto aun antes de nacer, y que mata a su madre aun antes de que ésta le acabe de producir. ¿Qué más vi? ¡Qué corazón el mío, qué inhumano, si no se partió al ver tal espectáculo!... Excusa tiene... Mayores son sus propios males, y aún subsiste. ¡Oh Lorenzo! ¡Oh! Vuélveme a la cárcel, Ser Supremo, si sólo me sacaste de ella para que viese tal miseria en las criaturas.

Esta noche, ¿cuál será? ¡Lorenzo, Lorenzo infeliz! Ven, si ya no te detiene la muerte de tu padre, la de tu mujer, la enfermedad de tus hijos, la pérdida de tu hija, tu misma flaqueza. Ven: hallarás en mí un desdichado que padece no sólo sus infortunios propios, sino los de todos los infelices a quienes conoce, mirándolos a todos como hermanos; ninguno lo es más que tú. ¿Qué importa que nacieras en la mayor miseria y yo en cuna

---

[65] *padre de familias:* en Glendinning, «padre de familia», sin que conste la interesante variante lingüística del texto. Si fuera corrección y no estuviera en el manuscrito, resulta claramente desafortunada. En el *Dicc. de Aut.*, tras la expresión con el sustantivo «familia» en singular, se advierte: «Dícese comúnmente Padre de Familias. Lat. *Pater familias.*» Sin embargo, en la XXVIII de las *Cartas Marruecas,* «padres de familia».

más delicada? Hermanos nos hace un superior destino, corrigiendo los caprichos de la suerte que divide en arbitrarias clases [66] a los que somos de una misma especie: todos lloramos..., todos enfermamos..., todos morimos.

El mismo horroroso conjunto de cosas de la noche antepasada vuelve a herir mi vista con aquella dulce melancolía... Aquel que allí viene es Lorenzo... Sí, Lorenzo. ¡Qué rostro! Siglos parece haber envejecido en pocas horas; tal es el objeto del pesar, semejante al que produce la alegría o destruye nuestra débil máquina en el momento que la hiere o la debilita para siempre al herirnos en un instante.

LORENZO

¿Quién eres?

TEDIATO

Soy el mismo a quien buscas... El cielo te guarde.

LORENZO

¿Para qué? ¿Para pasar cincuenta años de vida como la que he pasado lleno de infortunios..., y cuando apenas tengo fuerzas para ganar un triste alimento... hallarme con tantas nuevas desgracias en mi mísera familia, expuesta toda a morir con su padre en las más espantosas infelicidades? Amigo, si para eso deseas que me guarde el cielo, ¡ah!, pídele que me destruya.

TEDIATO

El gusto de favorecer a un amigo debe hacerte la vida apreciable, si se conjuraran en hacértela odiosa todas las calamidades que pasas. Nadie es infeliz si puede hacer a otro dichoso. Y, amigo, más bienes dependen de tu mano que de la magnificencia de todos los reyes. Si fue-

---

[66] Por razones de censura, pudo haberse suprimido en la primera edición un significativo adjetivo que consta en el manuscrito: «arbitrarias *e inútiles* clases».

ras emperador de medio mundo..., con el imperio de todo el universo, ¿qué podrías darme que me hiciese feliz? ¿Empleos, dignidades, rentas? Otros tantos motivos para mi propia inquietud y para la malicia ajena. Sembrarías en mi pecho zozobras, recelos, cuidados, tal vez ambición y codicia..., y en los de mis amigos..., envidia. No te deseo con corona y cetro para mi bien... Más contribuirás a mi dicha con ese pico, ese azadón..., viles instrumentos a otros ojos..., venerables a los míos... Andemos, amigo, andemos [67]

Fin de la tercera noche

---

[67] Tanto el manuscrito como la edición del *Correo de Madrid* terminan con estas palabras. No son auténticas ni la conclusión de la *Noche* tercera, que se añadió a partir de la edición de 1815, ni la cuarta *Noche,* que publica la edición de 1822 y alguna otra.

En la conclusión citada, Tediato y Lorenzo entran en el templo, continúan con sus normales diálogos, hábilmente imitados, hasta que Tediato pide a Lorenzo que, en cuanto esté con su amada, le cierre la losa y le deje dentro esperando la muerte con ella. Un ruido les interrumpe y aparece el Justicia, que le impide llevar a cabo su intento; también llega el Juez en ese instante, y expresa su afecto y preocupación por el delirio del protagonista, razón por la cual le manda al destierro para impedirle su loca acción.

El editor de 1822 aclara que llegó a sus manos una nueva *Noche,* que publica, a pesar de contradecir los amores del autor según los había expuesto en la introducción, para satisfacer los deseos del público lector. En ella, entran Tediato y Lorenzo en el sepulcro, abren la tumba, siguen sus habituales consideraciones, transportan la caja en unas andas hasta la casa de Tediato, pide éste a Lorenzo que nada diga de lo oído y hecho, y se queda solo preparando el fuego que ha de incendiar la casa y a él con el cadáver de su amada; y termina con un adiós a la Humanidad.

¿Si será de Lorenzo aquella luz
tremula y triste que descubro?

Colección Letras Hispánicas

DE PRÓXIMA APARICIÓN